科学育人

关键领域校本学生评价变革

主　编　倪继明

副主编　翁慧俐

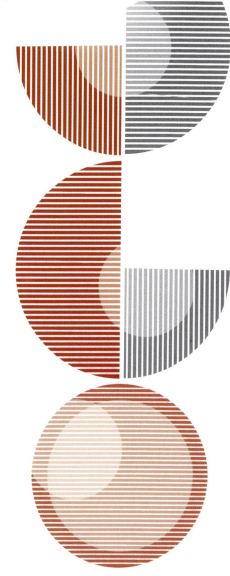

上海教育出版社
SHANGHAI EDUCATIONAL
PUBLISHING HOUSE

编委会

时任团市委书记王宇参加我校召开的上海市少先队争章推优学生综合素质评价现场会

上海市教委"绿色指标"综合评价现场会在我校召开，时任市教委副主任贾炜，市教委基教处、教研室领导朱蕾、纪明泽参加并讲话，张人利校长做主题发言。

时任上海市教委副主任贾炜携市教委教研室专家到学校开展小学阶段学业质量个体评价的现场调研并听取学校介绍

上海市教委德育处调研员江伟鸣参加我校召开的上海市少先队争章推优学生综合素质评价现场会

上海市少先队专家沈功玲和上海市少工委主任、少先队总辅导员赵国强等领导参与学校上海市少先队重点课题开题活动

第六期上海市德育实训基地学员开展"科学育人：关键领域校本学生评价变革"的项目研讨活动

张人利校长在长三角基础教育质量评价研讨会上分享"科学育人：关键领域校本学生评价变革"的研究成果

倪继明书记在上海市少先队工作会议上介绍学校的JECAS奖章评价体系

翁慧俐老师在上海市课程领导力项目研究中介绍学校综合评价的实践

倪继明书记为学校JECAS综合评价体系的金章、银章、铜章少年颁发荣誉奖章并合影

静教院附校综合评价体系JECAS奖章系列

上海市少先队重点课题"融入红领巾争章活动的学生综合评价"研究团队开展专题研讨活动

序

　　上海市静安区教育学院附属学校是在上海乃至全国都有着重要影响的名校,该校的后"茶馆式"的课堂教学改革在全国都享有盛誉。课堂教学的改革与校本学生评价是一项完整教育改革不可分割的左右两翼。这在泰勒(Ralph W. Tyler)领导的课程与评价"八年研究"中就可以看出。课堂教学改革需要评价来加以检验、诊断与保障,评价也需要根据课堂教学的改革来不断调整自己的价值取向、关注重点与途径手段。

　　今天我们读到的这本《科学育人:关键领域校本学生评价变革》,就是继该校后"茶馆式"的课堂教学改革之后,全面阐述课堂教学改革与校本学生评价关系的一本新作。请各位读者千万别把它只当作评价手段方式改革的一本著作来看。它讲的是评价,然而,始终围绕的是校本评价如何服务于、推动着课堂教学改革的,两者融为一体。离开了该校的后"茶馆式"的课堂教学,本书就缺少了灵魂。当然,如果没有评价的诊断与保障,后"茶馆式"的课堂教学改革也很难得到全面的发展与提升。

　　在本书的书名中,我们就读到了几个关键词:科学育人、关键领域与校本评价。

　　第一,科学育人。在义务教育阶段,科学育人最重要的就是学校要关注人的发展的全面性与协调性,要关注的是学生心智的发展、人格的完善。"红领巾争章"活动、趣谱课程评价与综合实践活动课程评价平台等等举措,都是旨在促进学生人文素养提升、科技创新意识升华、跨学科核心素养培育的活动。该校在理论与实践结合的层面上对此都做了探讨。一篇篇带着"泥土味"的生动案例,是很能给不少学校的教师带来共鸣的。

　　第二,关键领域。评价是在事实判断基础上的价值判断。人的思想、认知能力等都是内蕴的,人无法看到他人在想什么与怎么想。然而,一定的思想与认知能力总是通过行为反映出来的,因而,通过其行为来判断其思想、观念、认知能力与水平就成了必然的手段。然而,人的日常行为又是琐碎的,与特定的环境有着密不可分关系的,尤其对于未成年人来说,甚至是不稳定的。所以学校就要区分学生所有活动中的关键活动,在特定环境中关键的表现,在关键情景中的稳定的行为。只有这样才有可能准确判断学生的心智发展、人格完善的程度。

马克思说:"如果事物的表现形式和事物的本质会直接合而为一,一切科学就都成为多余的了。"(《马克思恩格斯全集》第 25 卷,第 923 页)。当然,马克思这里主要是针对科学与科学研究而言的。马克思主义认为:任何事物都有本质和现象两个方面。世界上不存在不表现为现象的本质,也没有离开本质而存在的现象。现象是事物本质的外部表现,是局部的、个别的、丰富的、多变的、表面的东西,用感官即能感知。假象从否定方面表现事物的本质,给人一种与事物完全相反的印象,掩盖着本质。因而,科学研究就要有一个"将丰富的感觉材料加以去粗取精、去伪存真、由此及彼、由表及里的改造制作工夫"(毛泽东《实践论》)。

其实,这段话对于我们教育工作者来说更有启示意义:在义务教育阶段,学生贪玩、调皮,这是他们的天性。学生贪玩并不可怕,可怕的是让学习成为可怕的事。我一直认为,教育改革说到底就是供给侧的改革,它通过学校提供的课程引导学生在玩中求真、向善、尚美;通过评价助力他们在玩中明智厚德,释回增美。

静安区教育学院附属学校很关注教育的细节,然而,这些细节都是关键的细节。"提升教师命题素养的研究"是该校的一项上海市市级研究课题。在学校的组织下,教师从作业的分层、分类开始,努力使命题更加精确,抓住了最敏感、最综合的试卷设计作为学业成绩评价工具研究的重点,让学生通过作业、学习更有成效。习题或者试题,是教育目标的重要表达形式之一。研究习题,就是研究教育目标,研究具体的教育目标,或者说,研究教育目标的具体化。抓住具体化的关键教育目标,习题以一当十,减负增效,这可能是该校学生学习低负担高质量的秘诀之一吧。张人利校长有句名言:作业是让学生来做的,而主要地并不是让学生来写的。让学生来做与让学生来写有很大差别。让学生来写，潜在意识中就是熟能生巧，因此，反复刷题就成了学校的习惯。让学生来做，就是让学生少用笔，更多地走近生活、走近社会，手脑并用，形成智慧，完善人格。

第三，校本评价。校本的一定是充满个性，从学校实际出发的。教学需要从学生的兴趣爱好、个性特长出发，评价更应是如此。评价要关注每个学生的差别，从每个学生的差别出发，给每个孩子以个性化的教育。当然，这是一个非常艰巨的任务。

国家、民族与社会对教育有着殷切的期望，满足这些期望是教育的"应然"，遗憾的是很多学校"实然"的现状离"应然"状态还有一定的距离，他们有意或无意地加入到校际的"内卷"之中。这种"内卷"苦的是孩子，还有部分教师。改变这一状态呼唤学校的领导与教师要有一种"超然"的追求：带着健全学生人格，完善学生心智的价值追求，按照教育教学规律，认认真真地做好每一件教育教学的小事，尤其是关键的小事。上海市静安区教育学院附属学校一直在追求着这一境界，本书记录的是他们在这一追求过程中的一些片段。相信读者在读完本书后一定会有同样的感觉。

华东师范大学终身教授
于华东师范大学丽娃河畔

2022.9.18

目　　录

第一章　溯源:教育评价的历史沿革和发展趋势

第一节　国内外教育评价的历史沿革

教育评价是指在一定教育价值观的指导下,依据确立的教育目标,通过使用一定的技术和方法,对所实施的各种教育活动、教育过程和教育结果进行科学判定的过程。纵观教育评价理论与实践的历史发展,教育评价事关教育发展方向,有什么样的评价指挥棒,就有什么样的办学导向。教育评价的改革关系着国家发展、社会进步的方向,教育评价改革对于加快推进教育现代化、建设教育强国、办好人民满意的教育,培育具有家国情怀和国际视野、引领未来和造福人类的领军人才,塑造中国乃至全世界的未来发展格局具有现实意义。

一、回溯国外教育评价的研究与发展

教育评价起源比较晚,主要来源于 1933 年到 1940 年美国"八年研究",当时提出教育评价概念的是美国教育专家 Ralph W. Tyler(泰勒),他提出了一个对现在和未来都影响深远的"泰勒原理",也由它诞生并发展形成现代教育评价学。美国教育评价学者林肯和巴龙经过研究认为人类一共经历了五代教育评价的发展。[①]

(一) 第一代教育评价——测量

这个时期主要追求测量结果的客观化、标准化,着力于测量技术与手段的研究,建设大量题库,力求实现教育评价的客观和标准,1923 年美国出版了第一个标准化成绩测验——《斯坦福成绩测验》,这个成绩测验基本奠定了后来的学业测验和学业水平考试的基础。

---

① 张勇.中国教育评价改革与国际教育评价发展趋势[J].基础教育论坛(下旬刊),2017(9).

（二）第二代教育评价——描述

进入 20 世纪 30 年代至 50 年代，教育评价研究的开展注重对测验结果的描述，对每一次测验的结果进行描述，或描述性分析。进而检测教育活动是否达到了预期的目标以及达到程度如何。在这个时期也产生了很多教育评价方式、方法，这里值得关注的就是"泰勒模式"，一共八大条，我们今天所运用的测量评价方式包括出题、试题试卷的分析评估，包括对学生、老师的评价等，都源自这个模式及其发展，是最基本的也是到目前为止最完善的一个模式。

（三）第三代教育评价——判断

20 世纪 50 年代至 70 年代末，教育评价更凸显学生的主体价值，学生是多元化的、个性化的，所以在判断学生价值上就出现了冲突。教育评价需要制定一定的价值判断标准，追求对学生认知的多元化评价，以多元化的价值标准来判定学生的发展，多元和个性的概念就产生于这个历史时期。这个时期是教育评价史上关键性的转变时期，产生了大量的跨世纪的人物，产生了各种教育评价的、教育考试的方式和方法。如：美国学者斯塔弗尔比姆（Stufflebeam，D.L.）提出了"评价最重要的意图不是为了证明而是为了改进"。同时，他还提出了以决策为中心的 CIPP 评价模式，通过找出"实际是什么"与"应该是什么"之间的差异来为决策者服务。

（四）第四代教育评价——建构

第四代教育评价打破了教育评价以往的常规思想，主张用全面参与、共同协商、积极回应的价值观点看待教育评价，也就是共同建构。它从教育评价方法和模式上走向了从单向评定到通过积极的回应和协商达成共识，这是教育评价的一个巨大的历史性进步。简单说，评价老师要对老师进行回应和协商，评价学生要对学生进行回应和协商。它不仅仅以测量和被调查的数据或事实为判断或探索性依据，必须有积极的回应——出现了不理解的问题、有不同看法的问题，必须积极协商而建构共识，这个共识才是教育评价的目的所在。这个观点也是当今国际学术界共同提出的观点，参与评价的各方都能有交流、互动，能就不同的问题和困难通过积极的"协商"和"回应"，达成共同建构，这是采用了第四代教育评价思想、理论和方法。

（五）第五代教育评价——综合

2009 年一个标志性的事件,就是最早建立"SAT 考试"的两大组织之一——哈佛大学的校长联合 400 多个高校签名阐述一个重要的观点叫作"反 SAT 运动"。这个"反 SAT 运动"实际上是反标准化考试。这个反标准化考试,并不是否定它,而是认为标准化考试已经不足以承担对学生评定和预测。由此,全球主要教育发达国家开始采用了包括"学业水平考试＋能力测试＋综合素质评价"这样一种三位一体化的综合评价。教育评价就开启了从过去量化研究为主,到量化研究与质性研究并重,到关注学生的认知、能力、素养增长,包括各种潜能挖掘、全面综合发展,教育评价进入综合评价时代。

二、我国教育评价的研究与发展

借鉴我国学者对于我国教育评价发展历史的文献,可以对我国教育评价的发展时期做以下划分。[①]

（一）20 世纪初到新中国成立前——间续发展阶段

这一时期,随着西方教育评价理论的传入,我国学者在翻译、引进的同时,结合中国的具体情况做了修订、改造,并积极开展了自己的探索和研究工作,先后出版了一大批教育评价理论著作。

（二）新中国成立后到文革前——跌宕起伏阶段

我国经过 20 世纪二三十年代教育测验运动而积累的研究成果,在全面学习苏联的热潮中,统统被贴上"资产阶级"的标签而遭全盘否定。此时我国的教育评价研究,实际上主要是学习以五分制为核心的苏式考评法。

（三）改革开放初期——理论积累阶段

随着教育改革和发展的深入,在系统引进和学习国外教育评价理论和方法的基础上,加强了中国同国外教育评价界的联系和交流,教育评价实践活动在国内外有组织地展开。1984 年 1 月中国正式签署了入会文件,加入"国际教育成就评价协会"。1985 年 5 月,中共中央颁布了《中共中央关于教育体制

---

① 刘尧.中国教育评价发展历史述评[J].北京工业大学学报(社会科学版),2003,3(3).

改革的决定》,明确提出要对教育进行评价的问题。于是,在全国开展了教育评价研究和试点工作,探索评价规律,建立评价理论和方法体系,为评价工作的全面展开铺路。在教育评价研究和试点工作以及国内外各种学术交流活动的基础上,出现了一批教育评价研究成果,出版和发表了一批著作和论文,初步形成了具有中国特色的教育评价理论和方法体系。

(四)90年代至今——持续发展阶段

1993年2月《中国教育改革和发展纲要》颁布,对教育评价的地位、作用有了明确的规定:"建立各级各类教育的质量标准和评价指标体系,各地教育部门要把检查评价学校教育质量作为一项经常性的任务。"我国教育评价在反思历史、重建秩序、除旧布新的改革实践中,逐步进入创建中国特色教育评价理论的持续发展时期。

第二节　教育评价政策的未来趋势

在我国教育评价改革进程中,中央及教育部相继在2002年、2010年、2013年、2014年和2020年发布了一系列文件,对中小学教育评价改革提出了越来越清晰,也越来越紧迫的要求和目标任务。[①]

一、中小学教育评价与考试制度改革

2002年,教育部发布了《关于积极推进中小学教育评价与考试制度改革的通知》。该文件指出了中小学评价与考试制度改革的原则,针对学生、教师和学校的三类评价的目的、要求和基本框架体系,提出了中小学升学考试与招生制度改革、普通高中会考制度改革、高考招生录取制度改革的总体要求,以及组织实施的总体思路。

二、中小学教育质量评价改革

2010年被称为"中国当代教育改革元年",《国家中长期教育改革和发展规划纲要(2010—2020年)》正式发布。文件中专门论述要改革教育质量评价和人才评价制度。对教育质量评价的改革,强调第一要根据培养目标和人才

---

① 张勇.教育评价改革再认识[J].教育科学论坛,2015(04).

理念,建立科学、多样的评价标准;第二要社会各界参与;第三要完善学生的综合素质评价;第四要探索促进学生全面发展的多种评价方式。该文件的出台,再一次把教育质量评价标准多元化、评价方式多元化、完善学生的综合素质评价以及评价结果要取得各利益相关方的认同这四大要求提升到了战略改革的层面。

三、中小学教育质量综合评价改革

2013年被称为"中国教育史上具有里程碑意义的一年"。党的十八届三中全会通过了《中共中央关于全面深化改革若干重大问题的决定》,教育部发布了《关于推进中小学教育质量综合评价改革的意见》(以下简称《意见》)及《综合评价指标框架(试行)》(以下简称《指标(试行)》),后者给出了中小学教育质量综合评价改革的总体要求(指导思想、基本原则、总体目标)、综合评价体系要求(建立综合评价指标体系、健全评价标准、改进评价方式方法、科学运用评价结果)、保障机制要求、组织实施要求;《中共中央关于全面深化改革若干重大问题的决定》则明确提出了教育评价、考试改革的时间表和路线图,被称为"我国教育考试招生制度系统性与综合性最强的一次改革"。

四、中小学教育质量综合评价教育评价改革实验

2014年被称为中国"全面深化教育改革元年",标志性事件是教育部指定的全国30个中小学教育质量综合评价改革实验区以及中国教育学会管理的实验区先后启动,由此拉开了中国教育史上规模最大、计划时间最长的教育评价改革实验。当年9月,国务院发布《关于深化考试招生制度改革的实施意见》,正式提出了以"学生学业水平考试成绩和统一考试成绩为两种依据,以综合素质评价结果为参考的高考招生方案",并先在上海市和浙江省试点。

五、新时代教育评价改革总纲领

2019年7月8日中共中央、国务院印发了《关于深化教育教学改革全面提高义务教育质量的意见》,这是第一个聚焦义务教育阶段教育教学改革的重要文件,是新时代我国深化教育教学改革、全面提高义务教育质量的纲领性文件。2020年6月30日,中央全面深化改革委员会第十四次会议审议通过《深化新时代教育评价改革总体方案》,明确提出"改进结果评价,强化过程评价,探索增值评价，健全综合评价，着力破除唯分数、唯升学、唯文凭、唯论文、唯帽子的顽瘴痼疾，建立科学的、符合时代要求的教育评价制度和机制"。① 这是继习近平总书记在全国教育大会上强调"扭转不科学的教育评价导向，坚决克服唯分数、唯升学、唯文凭、唯论文、唯帽子的顽瘴痼疾，从根本上解决教育评价指挥棒问题"之后，教育评价领域的又一份纲领性文件，提出了党和国家对教育评价改革的新要求，是对全国教育大会会议精神的深化落实，也是指导中国教育评价改革的行动指南。

上述一系列的政策、规划、制度以及意见类文件，基本完成了我国教育评价改革的顶层设计和实现路线。这种设计体现了全球教育评价发展的总体趋势，即教育评价进入了多元化、个性化、全面综合发展评价的时代。教育评价，尤其是有关学生学业的评价，将会成为未来一个时期教育教学改革与发展的重点、难点和新的事业发展点。

第三节　校本学生评价的价值意蕴

20 世纪 90 年代以后，世界各国和地区普遍掀起了一股教育改革浪潮。

进入 90 年代中期，西方基础教育领域兴起了"为了学习的评价"（Assessment for Learning），其理念核心是促进学生的学习。校本学生评价就是从"校本"这一视角来审视学生评价。由此，校本学生评价成为教育评价改革中又一个重要的研究领域。

一、校本学生评价的内涵解析

（一）校本学生评价的界定

"校本"一词在英文中是"school-based"，有时也被译为"以学校为基础的"。校本学生评价可以理解为是一种基于学校、在学校中和为了学校发展的评价方式。其含义大约有三层：一是为了学校，二是在学校中，三是基于学

---

① 中央深改委（审议通过）.深化新时代教育评价改革总体方案［EB/OL］.（2020－07－01）（2020－07－03）.

校。① 其中,"为了学校"指的是现有的教育措施、变革应该为了学校的发展及地位的凸显,为了教学质量的提高以及学生的更大进步;"在学校中"则是指问题的发现、措施的制定、计划的实施以及反馈发生在学校范围之内,由学校相关人员,如校长等管理人员、教师、学生等完成;而"基于学校"则是指上述计划或方案都应该以学校的实际情况为基础,结合校内外资源,凸显学校的办学特色。

校本学生评价可以分为学校和课堂两个层面:前一种是由学校管理者和教育决策者收集与反馈学生总体现状的信息;后一种则是任课教师在教学过程中通过对学生的观察从而得到的关于学生的有价值的信息,是一种基于学习情境的评价方式。② 学校层面的学生评价能够判断教师教学质量与学校教学水平,课堂层面的学生评价功能则更为细致,但二者并不是相互独立而是相互联系的。此外,学者胡中峰借助国家课程标准的主要理念,将校本学生评价领域主要划分为学生知识与技能评价、学生学习过程与方法评价、学生情感态度与价值观评价、学生品德评价、学生综合素质评价五个部分。③

(二) 校本学生评价的内涵和功能

经历了 30 余年的研究,国内外学者对校本评价形成了一些普遍的共识,表现为:第一,校本学生评价是发生在学校层面的,是学校成员自主对自身事务进行的检查与反思;第二,校本学生评价是一种多元主体参与的评价,参与评价的主体不限于单个个体;第三,校本学生评价强调过程性与民主性,评价是不断协商对话的过程;第四,校本学生评价提倡学校内部评价和外部评价相结合,体现评价的科学性。

对于校本学生评价,我国有学者认为其基本功能是改进与提高学校的管理与教学,评价的核心价值取向是促进和形成学生、教师和学校的发展。通过

---

① 郑金洲.校本研究指导[M].教育科学出版社,2002,4.
② 王凯.发展性校本学生评价研究[D].上海:华东师范大学,2004:15,16,61.
③ 胡中峰.校本评价:方法与案例[M].广州:广东高等教育出版社,2011.

自我反思性评价，来改进和提高教育教学工作，达到促进学生、教师、学校和课程更好发展的目的。因此，促进发展是校本学生评价的核心价值取向。校本评价的另一个重要功能是为修订教学计划、调控教学实施、改善学校课程提供基本依据。校本评价还有为外部评价提供具体、真实、丰富的内在基础，从而为选拔学生提供重要依据的功能，学校平时的各种评价档案，更加具体真实地反映学生的客观发展状况，这种选择依据更有说服力。[①] 也有学者认为，校本评价是学校管理的内在机制，因此更注重形成性评价的运用，促进学校教育在原有基础上的不断提高与进步，但也不排斥终结性评价，在评价过程中应有机地将形成性评价与终结性评价结合起来。[②]

二、校本学生评价的实施研究

（一）基于 PISA 测试和绿色指标的评价研究

PISA 是经济合作与发展组织共同开发的国际评价学生项目，包括阅读素养、数学素养和科学素养，用于了解学生是否具备适应未来生活的知识以及技能。评价对象是处于义务教育阶段末期的 15 岁学生。PISA 从 2000 年开始举办，每三年测评一次。2009 年，上海市作为中国的样本，第一次参加 PISA 测评。PISA 评价有别于我国传统教育评价的 6 大特点：

1. 评价的目的是为了改进教育政策，而不是为了给学生或者学校排名。

2. 测评重点是学生素养，而不是知识。

3. 测评由情境和问题构成，而不是单纯的问题呈现。

4. 测评的三个领域都有题目，需要学生自己建构答案，而不是固定僵化。

5. 测评具有严格的流程以及测评方法。

6. 测评的内容也与时俱进，随着时代变迁增添新的内容。

由此我国开始借鉴 PISA 测试的评价理念和方法，率先在上海开展了"上海市中小学学业质量绿色指标"的研究，对追求正确、科学、全面的质量观，建立健全评价标准，改进评价方式方法，科学使用评价结果，完善教育评价体系

---

① 彭钢.促进发展：校本评价的核心价值取向[J].教育发展研究,2005,9.
② 黄威,贾汇亮.校本评价：理念与方法[J].教育理论与实践,2004(4):37-40.

等方面开展了理论与实践的探索。上海所有的中小学都参与了"绿色指标"评价的测试,学校科学解读绿色指标的评价结果,以评价促改进。

(二) 基于信息技术的个性化评价研究

伴随着信息技术的快速发展和应用,教育也步入"互联网+"时代,信息技术变革着中小学传统课堂,也对教育评价提出了一系列新的挑战:如何更及时、更精准、更快捷地评价学生课堂学习过程中的不同表现? 如何发挥评价对学生的激励作用? 如何汇总不同学科教师对同一学生的奖章、奖券、五角星等物化的评价记录? 越来越多的学校开始尝试开发校本网络平台、开发信息化教学软件等,多角度、全方位地对学生进行数据信息记录,应用现代教育测量技术,根据自身办学需要和特色,研究和运用基于标准的测试、问卷、访谈、表现性评价等适用的评价手段来开展校本化综合评价实践,探索了个性化、现代化的评价手段和方法。为落实《深化新时代教育评价改革总体方案》中提出的评价手段"充分利用信息技术,提高教育评价的科学性、专业性、客观性"提供了多样化的学校样例。

第四节　教育评价改革的校本实践

上海市静安区教育学院附属学校,简称静教院附校,是一所九年一贯制公立学校。学校办学初期也正是上海市二期课程改革推行之时,当时提出了以学生发展为本的课改理念,确定知识、技能,过程、方法,情感、态度和价值观三维目标,把立德融入所有课程的实施之中。推行基础型、拓展型和研究型三类课程,不但关注学生共性发展,而且关注学生个性发展。上海市二期课改给全市各中小学提供了可以发展自我的广阔空间。静教院附校紧紧抓住了这一学校发展机遇,全面贯彻国家的教育方针,以减轻学生过重课业负担,提高教育教学质量为方向,以深入开展教育科学研究为途径,以深化课程教学改革为突破口,全面关注学生的健全人格塑造与生活质量提升。在张人利校长和全体师生的共同努力下,学校仅用20余年的时间完成了一所典型的薄弱学校到社会热捧的名校的华丽蜕变。

在20余年的课程与教学改革的探索中,学校对于教育评价的研究融入到学校课程与改革推进的关键事件之中,逐渐形成了校本学生评价的关键领域。

一、后"茶馆式"教学——学生学业成绩评价

(一) 后"茶馆式"教学研究

1. 归纳弊端形成研究设想

学校聚焦一个核心问题:怎样才能使学生真正学会。归纳日常课堂教学中的弊端:(1)教师总体讲得太多,但绝大部分教师并没有意识到自己讲得太多,常常把自己的讲解作为学生学习的唯一途径。(2)暴露学生学习中的问题不够,解决更少,教师仅仅告诉学生什么是正确的,没有关注学生是怎么想的。(3)许多教师不明白自己每个教学行为的价值取向究竟何在,常常带有盲目性。(4)教师没有正视学生间差异,即使有关注,也只是在学业成绩上,除了布置大量练习和补课之外,缺少其他办法。在集约、提炼茶馆式教学为代表的系列教学改革基础上,传承、发展和创新为后"茶馆式"教学。即:遵循学生认知(学习)规律,由教师帮助,学生自己学习的教学。将课堂真正交还给学生,变教师"讲堂"为学生"学堂"。

2. 循环实证改变教师行为

刚提出后"茶馆式"教学时并没有得到静教院附校教师的接受,学校运用教学效果即时测量的评价方法,从一门学科、一堂课开始,基于数据的分析触动教师参与后"茶馆式"教学改革。由一位教师上两节内容相同的物理课,两个班学生学业基础相仿,都没有预习的要求。第一节按他原来的方式、方法上,基本上是以教师认为的学科体系为线索进行讲解。第二节改变了课堂教学的逻辑结构,以后"茶馆式"教学的基本要求进行教学。课后,由其他教师命题,对学生进行测评。结果,第一个班成绩不如第二个班。授课老师有所触动:"十余年来,难道我讲了许多不应该讲的话?"但是,他还没有完全信服,要求用第一种教学再上第三个班。由于测评的题目他已经知道,课堂上他的讲解似乎更加突出了"重点""难点"。然而,结果使他更加郁闷:第三个班的成绩还是不如第二个班。这样,不但震撼了这位授课教师,而且激发了物理组全体教师探索的兴趣,开始了物理学科的研究实践。半年之后,效果凸显,不但学

生学习兴趣增加了，而且学业成绩也提高了，师生关系得到改善，补课、辅导减少。学校把这种研究方法应用于其他教研组，且从中学推广到小学，同时，配以报告、座谈和研讨等其他途径，使后"茶馆式"教学在校内各学科、各年级中开展。

3. 智慧凝练形成教学成果

教师在具体的教学实践中，产生了大量的教学实践案例，学校又从典型案例中提炼出后"茶馆式"教学的操作体系，构建起后"茶馆式"教学的操作体系，包括教学基本特征：学生自己能学会的教师不讲（教学论的阐释），关注"相异构想"的发现与解决（认识论的阐论）。教学方式：组织方式为独立学习和合作学习，认知方式为"书中学"和"做中学"。教学策略：课堂教学与教学评价融为一体，学生先解疑，教师后解疑等 8 项策略。教学手段："脚手架"创设——具有后"茶馆式"教学特征的特定手段，信息技术应用——具有后"茶馆式"教学特征的特定应用。教学方法，进行了分学段、学科和课型的多种方法探索。

后"茶馆式"教学提高了教学效能，取得了显著的实效。2013 年获上海市教学成果特等奖，2014 年获教育部教学成果一等奖。

（二）后"茶馆式"教学发展研究

社会科学成果不同于自然科学成果，不但有普适性，往往还有差异性。我们发觉，教学理念、教学特征、教学方式、教学策略等普适性强，教学手段、教学方法差异性强。差异性越强，复杂程度越高，有必要展开深入研究。于是，2013 年学校的"后'茶馆式'教学的发展研究"成功立项上海市教育科学重点课题、教育部重点课题，2017 年获评全国教育科研优秀课题。此项研究中学校在后"茶馆式"教学操作体系的基础上，开展教学微手段、微方法的研究与实践。因为，当课堂教学的改革方向确定之后，往往是细节决定成败。教学微手段、微方法的探索引起了教师的广泛兴趣，也收到了更大的成效。

由于后"茶馆式"教学的课堂，已把教学与评价融为一体，问题、习题的研究成为后"茶馆式"教学发展的必然，并且把课内作业的研究延伸到课外。学校又立项了上海市级课题"提升教师命题素养的研究"，作业的分层、分类，作业的多样性使评价更加精确和有效。

二、绿色指标综合评价——学生学业质量评价

（一）绿色指标评价的学校实践

2007年到2010年，教育部"中小学生学业质量分析、反馈与指导系统"项目组对上海市部分区、部分学校进行学生质量评价。2009年上海市部分15周岁的中学生作为中国的样本，第一次参加OECD组织的国际学生评估项目PISA的学业质量评价。2011年起上海市作为教育质量综合评价改革的国家实验区，面向全市所有区、县中小学开展了"中小学学业质量绿色指标"评价改革实践。在"绿色指标"这套全新的教育评价模式下，学生的考试分数从"唯一"变成了"十分之一"。通过教育评价体系的顶层设计，打破"唯分数论"，上海市义务教育转型找到了一个有效的突破口。

2007年到2012年，我校先后参加了教育部、上海市学业质量综合评价，表现十分突出：每项指标都超过了市平均值，其中，"学生睡眠时间"高于市平均值二十个百分点，"学生课外作业时间"低于市平均值四十个百分点！而且，"学生校外补课"少，"对学校认同度"高。"教学方式指数"我校高于市平均值四十个百分点！学生"高层次思维能力"强，"学生学习自信心"强，"学生内部学习动机"高。五年中，学业成绩每年都有提高，表现为"A档"逐年增加，"C档""D档"逐年减少。学生走向"轻负担、高质量"。

学校积极参与上海市教委组织的"上海市基础教育质量综合评价改革深化试点"和"上海市中小学以校为本的教育质量保障体系建设试点"项目研究，上海市教委教研室开展的"基于绿色指标的区校评价实践研究"项目，理解"绿色指标"的评价维度和评价标准，解读学校的"绿色指标"检测数据，开展基于"绿色指标"评价的学校"改进"和"坚持"。

（二）小学等第制评价的率先示范

2014年上海市教委开展了小学"基于课程标准的评价"试点工作，尝试在小学推进"零起点"教学、"等第制"评价，进一步为小学生减负。教师通过课堂观察及时评价学生表现，记录分析学生完成任务的情况，综合评价学生全方位的能力。做到"五不"，就是不拔高教学要求，不争抢教学进度，不加大教学难度，不忽视学生差异，不扼杀学生兴趣。"等第制"评价从小学低年段向中高年

段延伸,同时低年段"等第制"评价还从语数外扩展至所有学科。

学校积极响应上海市教委的小学等第制评价改革要求,确定了综合评价的四个维度:即学习态度、学习习惯、学习兴趣以及学业成果。确定关键的、必需的、可检测的检测点及评价指标,研发小学学业质量个体综合评价平台,充分运用信息技术,对不同学生取得学业成绩的过程进行记录、统计、归纳等处理,产生了个性化评价结果,也取得了体现教育评价的科学性、专业性、客观性的效果。

学校的率先示范得到了上海市教委领导的充分重视,专门组织"小学等第制"评价改革的项目组成员与我校小学部校长、教师、学生开展整整一天的实地调研,深度了解我校小学学业质量个体综合评价的设计规划、信息化平台的操作运行、学科教师的实践体验、学生的参与感受。调研结束,对于我校的小学等第制改革大加赞赏,值得在市级层面加以推广,激发小学校长们参与评价改革的热情。

三、深度整合式教学——学生综合素养评价

(一) 提升学生完整学力的趣谱课程建设

教是为了不教。教学的更高境界不仅在于让学生学会了多少,而是更加关注学生自己是否会学习。学生不但需要会学文本,获得间接知识,而且会从实践中自己获得直接知识;学生不但需要会学结论,而且会自己探索、研究获得结论;学生不但要会学单一学科,而且要会进行跨学科学习;学生不但要会学习系统的知识体系,而且要会应用知识分析问题、解决问题;不但要会在教室里学习,而且要会在校外其他场馆学习。这样,基础型课程的课堂教学改革——后"茶馆式"教学就显现不足。需要我们全面转变教学方式,包括教学的组织方式、认知方式、内容方式和活动方式。

学校于2013年开启了全面转变教学方式的课程统整的研究,学校把劳动技术、信息科技和社会纳入课程统整范围。另外,把部分拓展型探究课(即校本课程)的课时加入,增加了学生学习的时间。建设起突出主题学习、探究性学习、跨学科学习和实践性学习的趣谱课程。以主题为载体进行有机整合,每一项主题从课程背景、课程目标、课程内容、课程实施和课程评价5个方面进行课程设计。从内容分析、学情分析、教学目标、教学过程和教学反思 5 个方面作具体教学设计,不断完善课程统整的进程。其中,已把原来基础课程中的知识、技能体系融入在主题学习和项目学习之中。

此项研究聚焦学生关键能力的提升,包括认知能力、合作能力、创新能力和职业能力,对于校本学生评价提出了新的研究方向:学生的关键能力可评、可测吗?

(二) 融入少先队争章活动的学生综合评价研究

2019 年上海开启了新中考制度改革,公布了中考改革配套文件《上海市初中学业水平考试实施办法》《上海市初中学生综合素质评价实施办法》。新中考制度改革增加了大量的社会实践活动,学生需要完成小调查、小论文、创新成果,呈现出一个评价的全新领域——综合评价,不仅要评价学生的基础知识和基本技能,还要评价学生的关键能力。区别于以往开设的课程的试卷测量式的评价方法和评价工具,需要确立学生综合素质评价的框架,设计评价的内容及标准,评价方式与工具,结果分析与应用等问题。

学校尝试将少先队的争章活动与学生综合评价相融合,依托信息技术精准、快捷、大存储、易操作的特点,设计开发出学生综合评价的信息平台,支撑起教师、学生、家长全员参与,全程记录,实时互动,可视化的评价系统。实现过程性评价、结论性评价、激励性评价、描述性评价、表现性评价等多元评价方式的综合应用,形成一个完整的评价链,引导学生培养关键能力,增强综合素质。

回望教育评价的发展历程,评价改革引领着基础教育的转型发展,始终是课程与教学改革的重要组成部分。评价改革,不仅是方法的改变,更是一项复杂的系统工程。包含观念更新、思想转变、理论创新、内容深化、实践探索、工具改进、手段更新等。

展望教育评价的校本探索,引导学校注重课程、教学、评价的内在统一,破解课程与教学改革中的热点、难点和堵点,通过评价研究转变教育观念,改善教师教学行为,促进学生全面发展。

第二章 攻坚:关键领域校本学生评价的变革

本校为一所九年一贯制公办学校。20多年来,紧紧把握课程与教学改革契机,让学校获得长足发展。为了进一步落实科学育人目标,学校又开启了一项全新的教育研究——关键领域校本学生评价变革。此实践研究智慧地应用信息科技,改进结果评价,强化过程评价,探索增值评价,健全综合评价,有力地促进了学生科学发展。不但在本校取得显著成效,且不断向外辐射,影响深远。

第一节 校本学生评价变革的产生缘由

一、校本学生评价变革的内涵

1. 教育评价是多方面的,但核心是学生评价。其原因在于:不仅学生评价是关键,因为办学的根本目的是为了学生,而且教育评价中的教师评价、学校评价都与学生评价有关,甚至由学生评价决定。

2. “校本”体现在:基于学校,把发现、分析、归纳本校学生评价中的弊端作为本实践研究的逻辑起点。针对弊端展开评价变革研究,为了学校,以评价引领学生发展,从而促进教师、学校共同发展;但不限于学校,依靠校内外教育资源,服务于本校学生评价中的问题解决。研究完善的同时,结合上海市重大教育改革项目,如加强初中、城乡互助等教育改革,积极推广研究成果。

3. 本研究不是构建完整的学生评价体系,而是以科学育人为价值取向,直面教育的关键领域,研究、改进、完善本校学生评价。

二、归纳本校学生评价的弊端

1. 学业成绩评价忽视小学、初中不同学段应有的不同特征;学业成绩呈现只给总分,学生(家长)不清楚自己(孩子)学习水平的强弱所在。对作为学业成绩的评价工具——命题的研究远远不够，从而使具有评价功能的作业，难以通过提高"质"来控制"量"。

2. 常常把学业质量混淆为学业成绩，学业质量评价很少关注学生取得成绩的过程和方法，以及与成绩有关的其他方面。

3. 重智育、轻全面。学校缺乏较完善的反映学生德、智、体、美、劳诸方面的综合评价工具、方法和途径，甚至唯分数、唯升学。对于学生实践性、研究性和跨学科学习等方面的评价工具研究更为欠缺。

以上 3 个弊端，聚焦于一个问题：如何以科学育人为目标导向，针对学生在关键领域评价中的弊端，进行校本评价变革的实践研究。

三、校本学生评价变革的基本假设

1. 教育评价变革是学校教育改革的重要研究领域。学生评价变革尤为重要，具有特殊的、不可或缺的作用。

2. 学校能依靠自身的研究力量进行一项教育关键领域学生评价变革的实践研究。

3. 把信息技术运用到学生评价，是顺应时代发展的必然选择。然而，必须是教师把教育智慧赋予信息技术，信息技术才会赋能学生评价。

4. 校本学生评价变革的贡献，不仅深刻影响广大学生，还会积极地促进教师专业发展和学校整体进步。

第二节　校本学生评价变革的实践研究

本研究改变了通常行动研究的逻辑顺序，把评价结论作为研究的逻辑起点，产生了新的研究方法——"逆向行动研究方法"，并且把案例研究、文献研究的方法融入其中。以下是以主题形式阐释实践研究过程，其研究路线见图2-1。

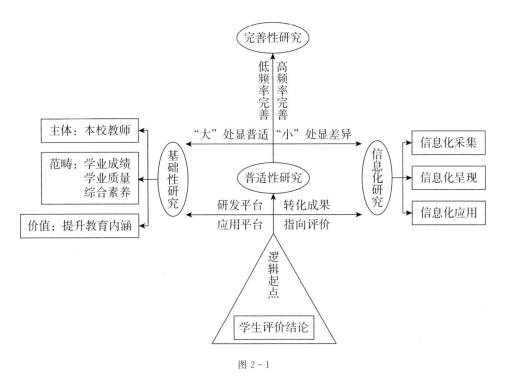

图 2-1

一、关键领域学生评价变革的基础性研究。确定研究主体,提炼评价价值,研究评价领域、检测点、工具等评价要素

1. 研究主体:教师为校本学生评价变革的研究主体。义务教育阶段的学生处于未成年阶段,一般以"他律"为主,"自律"为辅。再者,校本评价变革的研究,是以分析本校学生评价的弊端作为研究起点,毫无疑问本校教师最了解评价现状。因此,教师是校本学生评价变革的研究主体,他们是设计者、实施者,也是完善者。在教师指导下,学生、家长等共同参与评价。

2. 评价要素:研究学生评价领域、检测点、工具等。对学生评价应该是多方面、全过程的,甚至教师的每一个表情、眼神都有可能对学生产生评价作用。本研究以科学育人为价值取向,针对本校学生关键领域评价中的突出问题,确定评价变革的研究领域及相关要素。领域一:学业成绩评价,不但研究成绩总体评价,还研究不同学科的分项评价,分项可以告诉学生学习的强、弱方面。研究具有评价工具功能的试卷、作业设计,记分形式,例如同属"等距"评分,采用"等第制"还是"百分制"；呈现方式，"分类"还是"集中"等，使成绩评价更符合小学、初中不同学段特征。领域二：学业质量评价，既关注学业成绩，更关注取得学业成绩的过程、方法和与学业成绩有关的其他方面，如学习兴趣、态度、习惯等，破解以往难以评价、繁于评价的方面，力争巧妙设计、便捷实用。领域三：综合素养评价，研究认为"综合"不等同"全面"，综合反映了全面评价中最关键、最敏感的领域。研究确定了品德修养、活动经历、创新实践、成就达成和学业表现五个方面。同时，关注学生探究、实践及跨学科学习等方面的评价研究，如：过程性、表现性评价。

3. 评价价值：以学生评价变革提升教育内涵。本实践研究的价值不仅在于对学生进行判断和区分，更是以鲜明的评价变革价值为导向，帮助教师、家长正确地看待学生，改善教育方式和方法，激励广大学生正确看待自己的学业成绩，改进学习行为。学生评价变革提升教育的内涵，让评价研究价值远超越评价本身。

二、评价数据采集、呈现、应用的信息化研究。由本校研究人员智慧地把信息科技与学生评价变革的基础性研究成果高度融合，研发学生评价信息化平台

将信息技术运用到学生评价，不但能提高学生评价的质量，还能减轻教师评价的负担。然而，没有直面关键领域的学生评价信息化平台，需要创造性实践研发。

1. 评价数据的信息化采集研究。数据采集的研究，有检测点、工具设计、评价时段和评价者确定等多方面，但是不同领域研究的侧重面不同。学业成绩数据采集，由总分变成分项。如：数学成绩分计算、应用、概念等，不同学科，分项不同。学业质量数据采集，需要研究既信度高又方便的检测点。例如：学习态度，这项评价应该是贯穿于学生学习全过程的，本研究智慧地选择了教师每天都已经在记录的学生作业加以统计。基本假设是义务教育阶段，特别是小学阶段，作业认真的学生，学习态度是端正的。这样，不但能采集学生学习态度的数据，且可以形成"指数"。当然，不同学科、不同年级有不同的作业要求，均在评价中体现出来。更为重要的是，评价的意义就不局限于学生在学习态度上的区分,而是可以让学生更认真地对待日常作业。有的则需要研究质量更高的评价工具。例如:学习兴趣,通常采用问卷的形式加以评价,为了提高评价的信度,研究采用以"行为问卷"取代"概念问卷"。再如:综合素养数据采集,不但研究不同领域采集数据的不同方法、途径,而且还形成了一个面向全体教师、家长和学生全时段数据采集的运作机制。数据采集者主要是教师,在不同领域还有学生和家长的介入。家长并不认为参与评价是负担,相反多了一种激励孩子科学发展新的有效手段。

2. 评价数据的信息化呈现研究。研究数据呈现的方法、方式和对象。例如:学业成绩呈现,不同学段(分小学、初中)有不同教育功能,应采用不同的呈现方法和方式。小学主要为目标达成,仅分 A、B、C、D 四个等第,不作分分计较,而且没有等第的比例要求,形成概略评价。初中由目标达成逐步转向常模选拔,采用百分制,甚至 150 分制。为了克服题目的难度、区分度的不同,可以换成"标准分",以"标准分"变化呈现学业成绩的"增量",还可以把标准分作"线性"转换,成为家长能看懂的数据,形成精准评价。又如:学业质量呈现,实践研究从评价方面到评价检测点,从指标到指数。最后,以"柱状图"或"雷达图"来呈现评价结果。再如:综合素养呈现,每位学生的综合素养评价不但反映即时变化,而且还有激励学生进步的评价的进阶。每位学生、家长一般只能看到自己的评价状况,但班主任、年级组长能看到全班、全年级学生评价,但如果所处年级变了,呈现的对象会自动调整。

3. 评价数据的信息化应用研究。应用是多方面的,例如:个性化地寻找学习中存在的问题或"闪光点"。例如学校一次考试,初二语文 83 分以上可达"A 档",蒋某某学生考了 78 分,得了"C 档",感到不满意。如果只给总分,学生不清楚问题所在。现在他可以依照分类评价,知道自己主要失分在文言文,且在课外的文言文上。这样,他就知道了掌握文言文中"实"词的重要性。又如:学生评价大量应用了描述性、过程性、表现性、增值性评价,辅以教育社会性的应用,激励教师、家长正确看待学生,学生正确看待自己。如:综合素养评价不但涉及了多个敏感领域,而且还是递进式激励的,由"积分"转化到铜章、银章,直至金章,符合义务教育阶段学生的特点。又如:学生创新能力采用表现性评价，"晒"的是学生创新作品、小论文、调查报告等。再如：从学生的个体评价延伸到一个教学班整体评价。例如建立起某年级某学科标准分的"常模带"，即研究认为的班级学业成绩标准分的正常变化范围，学生整体成绩，只要在"常模带"范围内都视为合理。高于"常模带"，及时总结教学"亮点"；低于"常模带"，则寻找问题所在。让绝大部分班级成绩都在"常模带"范围之内。这样，消除了教师成绩排名的焦虑，更客观、更科学地反映了学生整体学业成绩。

三、基于证据助推学生评价的完善性研究。通过基于证据的行动研究，让评价结论更加趋向"真值"

物理学中的测量，即便是直接测量，也只是近似地描绘了自然界的现象，总有误差。教育评价中的测量，一般都是间接测量，这种误差往往更大。因此，我们在研究学生评价时，必须通过一个如何以证据为支撑的行动研究，使评价结果趋向"真值"。本研究又把学生评价完善研究分成两类：一类为"低频率"完善，即相对稳定的，如确定的评价领域；另一类为"高频率"完善，即需要不断更新的，如评价工具，试卷。

1."低频率"研究：相对稳定的学生评价完善。校本学生评价变革是基于证据逐步完善的过程，其中包括检测点、评价工具、指数表达等，还包括评价者的确定。例如关于学生睡眠时间的评定。其实，学生的睡眠时间不但与学校布置的课外作业量有关，而且与学生的习惯有关。在学业质量评价中不但增加了"习惯"的评价，而且把习惯的评价者从教师扩大到学生和家长。要求家长如实评价，为孩子做出榜样。实践证明，增加这样的评价者是有效的。当然，这种完善，相对稳定，不需要频繁变动。

2."高频率"研究：不断更新的学生评价完善。例如：需要命题的领域很多，包括考试试卷、单元练习、日常作业、课内习题等，它们都是具有一定评价功能的测量工具。本研究在命题领域紧紧抓住了最敏感、最综合的试卷设计作为学业成绩评价工具研究的重点。由它影响到单元练习及课内日常作业等设计。这种评价的完善，一定是"高频率"的，可以说每次评价后都需进一步完善。这种完善通过"自我修炼""他人帮助"和"帮助他人"三种形式达成。研究之初,每位教师独立设计一份期中试卷,让 A 区教研员、学科专家进行评价,既有量化评价,也有描述性评价,评选出优秀命题者,在不同范围内做分享研究。再由 A 区教研员为我校设计各年级、各学科试卷用于期末考试,并由教研员做命题设计意图的解析。随着研究的推进,又邀请到 B 区、C 区……的教研员继续对本校教师的命题进行指导,这样的循证研究极大地提高了教师对评价工具——试卷的设计能力,同时,深刻影响到单元练习、日常作业等。如图 2-2 所示。当上海市开展"城乡互助"等重大项目时,我校又把为他校命题作为提高评价工具设计的新领域,进一步提升教师自身的命题素养,从而提高学生评价质量。

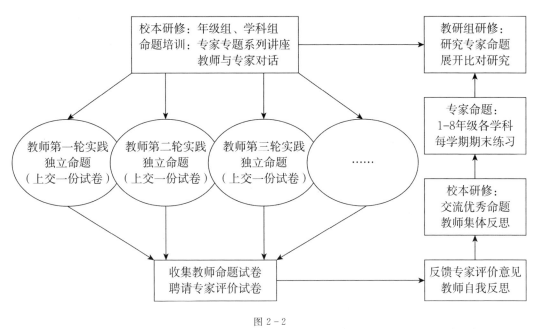

图 2-2

在高频率完善评价工具的过程中,形成定期教师命题评比的反馈激励机制;自我反思、同伴互助、专家引领研修机制;期中期末学业质量个体分析机制等,让学生评价的完善成为学校一种研究常态。

四、评价校本性与普适性的辩证关系研究。面对教育关键领域以本校学生评价中的弊端为研究逻辑起点的研究成果，是否具有普适意义，可供推广应用

本研究借助本校参与的上海市"城乡互助"等重大项目，作为此成果的普适性研究。开始，这些学校最感兴趣的是我们在不断完善中的学生学业成绩的评价工具——试卷，以及单元练习、作业等。然而，同样的试卷在不同学生基础的学校使用的效果并不理想，必须进行调整。相反，一些开始并没引起大家关注的小学、初中不同学段特征的学业成绩的评价，学业质量中的态度、习惯和兴趣的评价，综合素养评价等恰恰最具有普适性，并取得了积极的成效。研究认为校本学生评价的变革，从"大"处着眼，显示普适，原因在于对弊端判断我们有着共同的价值取向——基于科学育人；从"小"处处理，凸显差异，原因在于校与校之间存在较大的差异。这样，本研究中具有学业成绩评价、学业质量评价和综合素养评价三大功能的信息化平台在其他学校推广应用，成效显著。

第三节 校本学生评价变革的成果阐释

本研究的主要成果是依靠自身力量研发的一个符合科学育人、具有教育专业特征、直面评价关键领域、功能分层递进、可供普适推广的学生信息化评价平台。

一、功能一：学生学业成绩评价

1. 小学学业成绩，分"A、B、C、D"四档的等第评价。每档比例原则上参考上海市教委绿色指标学业质量评价，因为它基于课程标准，相对客观。同时，视各年级实际情况作适当调整。各学科作不同分项，图2-3、4、5分别为某学生的语、数、外分项评价。还有加上"权重"之后的整体评价，见图2-6。

分项名称	等第
习惯	A
基础	A
阅读	A
表达	B

图 2-3

分项名称	等第
计算	B
应用	B
概念	A

图 2-4

分项名称	等第
Listening	A
Vocabulary and Grammar	A
Reading	A
Writing	A

图 2-5

	成果
语文	A
数学	B
英语	A

图 2-6

2. 初中学业成绩,一般用百分制或 150 分制。初中学生不但知道自己学业成绩,还能了解大约"位置",即"A、B、C、D、E",其中每档占 20%,见图 2-7。把原始分数转换成"标准分",可以看到各学科的成绩变化,表达增量,见图 2-8。而且,对每位学生、每门学科的每题答题情况作比较分析,寻找自己某门学科中的强项与弱项。

语文 ↑↓		数学 ↑↓		语文 ↑↓		总分 ↑↓	
成绩 ↑↓	档次 ↑↓	成绩 ↑↓	档次 ↑↓	成绩 ↑↓	档次 ↑↓	成绩 ↑↓	档次 ↑↓
93	A	94	C	96	B	283	B

图 2-7

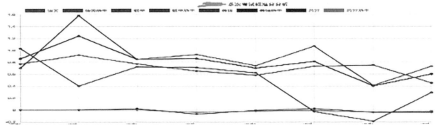

图 2-8

3. 整体学业成绩,以某班某学科学生学业成绩的"常模带"来呈现。该"常模带"反映了多年来一个比较合理的标准分变化范围。班级的标准分只要在这个范围之内,都认为是合理的。图2-9显示某年级语文各班常模带。

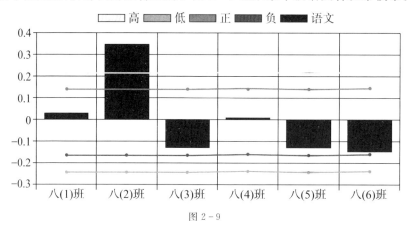

图 2-9

二、功能二:学生学业质量评价

1. 学习态度,主要以学生完成作业的情况来评价。各学科作业要求不同。考试学科以课内外作业评价学习态度,图2-10所示为某年级语文学习态度。非考试学科则以课堂作业和常规要求作为检测点,图2-11所示为某年级美术学习态度。

图 2-10

图 2-11

2. 学习习惯,分校内学习习惯、校外学习习惯、综合学习习惯与分学科学习习惯进行评价。评价方式有自评、他评和互评。图 2-12 所示为某年级语文校内学习习惯评价,图 2-13 所示为校外学习习惯调查问卷。

图 2-12

校外学习习惯　家长问卷

1. 您的孩子平时每天的睡眠时间:

A. 少于 7 小时 B.7-8 小时 C.8-9 小时 D.9-10 小时 E.10 小时以上

2-1（一-二年级）您的孩子每天完成老师布置的口头作业时间:

A. 没有作业　B.少于 1 小时　C.1-2 小时　D.2-3 小时 E.3-4 小时

2-2 （三-五年级）您的孩子每天完成老师布置的书面作业时间:

B. 没有作业　B.少于 1 小时　C.1-2 小时　D.2-3 小时 E.3-4 小时

3. 您的孩子在家作业时，总能抓紧时间，作业保质保量。

A. 非常不符合　B.比较不符合　C.不好确定 D.比较符合 E.非常符合

4. 在家里，您的孩子不需要家长提醒也能主动学习。

A. 非常不符合　B.比较不符合　C.不好确定 D.比较符合 E.非常符合

5. 对自己不喜欢的学科，您的孩子也能努力学习。

A．非常不符合　B.比较不符合　C.不好确定 D.比较符合 E.非常符合

6. 周末的学习和娱乐，您的孩子能提前做好计划。

A.每次都能　B.经常能　C.偶尔能 D.基本不能

7. 您的孩子能每天按照课表整理书包和学习用品吗?

A.每天都能　B.经常能　C.偶尔能 D.基本不能

8. 您的孩子每天能按时完成老师布置的作业吗?

A.每天都能　B.经常能　C.偶尔能 D.基本不能

9. 您的孩子做作业时遇到困难会怎么办?

A. 找老师或同学帮忙解决

B. 找家长帮忙解决

图 2－13

3. 学习兴趣,各年级各学科学习兴趣的评价工具各不相同,但都以对学生的“行为问卷”形式出现,尽可能提高其可信度,图 2－14 所示为某年级语文学科学习兴趣的问卷。

图 2 - 14

4.学习成果,主要是学业成绩,还可以是获得的各级奖项等。

三、功能三:学生综合素养评价

1.呈现综合,包括品德修养(Character)、活动经历(Experience)、创新实践(Job)、成就达成(Achievement)和学业表现(Subject)等方面,形成"JECAS"章。与上海市中考招生制度改革的综合评价对接。(见图 2 - 15)

图 2-15

2. 呈现激励,"横向"的 5 个方面体现评价的综合性,而"纵向"从"JECAS"积分章到铜章、银章、金章的进阶反映激励性,即每积累一定数量的积分章,才能到铜章,直至金章(见图 2-16)。"章"能兑换学生自己喜欢的岗位、奖品等。

图 2-16

3. 呈现即时,每位学生的五个方面的积累是动态的,反映在不同液面的"试管"中,液面越高积累越多(见图 2-17)。

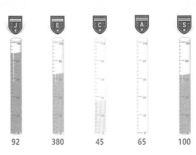

92   380   45   65   100

图 2-17

4.呈现全员,不管班主任、任课教师还是图书馆、实验室管理老师,都有奖励的权力,学生和家长也有,只是各自奖励的分值不同。

第四节　校本学生评价变革的实际效果

一、直面关键领域敏感点的弊端,学生获得成就显著

1.作业:以提高作业的质来控制作业的量。着力于评价工具——试卷、单元测试、课外作业及课内习题、问题设计研究,极大地提高了作业的质,从而有效地控制了量。据上海市绿色指标综合评价显示,我校作业量少于市平均20%,达标在90%以上,可以认为,我校作业量基本得到控制。

2.睡眠:评价校外学习习惯引导学生睡眠充足。在控制作业量的基础上,加强家长对学生进行包括睡眠在内的校外学习习惯评价,促进睡眠保障。上海市综合评价显示,我校学生睡眠时间高于市平均20%,小学生睡眠时间多于9小时的占比高达80%。

3.视力:近视率低于上海市平均值近20%!小眼睛反映大课题。近视产生原因,既有先天,也有后天。后天原因复杂,与体育活动、阳光沐浴、作业控制、睡眠保证和合理使用手机等诸多方面有关联,应该说降低学生近视率是学生评价变革的综合效应。

4.上海市绿色指标综合评价显示,师生关系、课外补课等指标,指数都远优于市平均值。与此同时,学生学业成绩不断提高,中考成绩达提前录取比例从2015年的15%到2021年的85%。

二、校本学生个体评价变革,推动全校整体发展

信息技术赋能学生评价变革,评价撬动唯分数、唯升学论,学校涌现了多项有利于五育并举,有利于学生综合素养提升的新途径,效果显著,例如:

1.增加体育活动时间,纳入学生综合评价。学生每天进行不同年级、不同时间要求的长跑。体育教师自编的"体育舞蹈(J 舞)"风靡全校,形成了1.0版、2.0版等,成为学生喜欢的体育作业。

2.除了规定的劳技课之外,学校自行安排劳动课,包括清洁工作、环境优化等,校内外综合实践活动,纳入学生综合评价。

3. 全体学生都有机会参与每周一次的全校文艺演出——"明星闪亮 30 分",且纳入综合评价,并使之成为一项持续发展的学生活动。

近期,学校获得了两项反映评价变革整体效果,与科学育人密切相关的国家级荣誉称号:"全国文明校园"和"全国未成年人思想道德建设工作先进单位"。

三、基于校本学生评价变革,促进教师专业发展

教师是校本学生评价变革的研究主体,教师专业水平伴随研究迅速提高。

1. 增强科学育人观念。以"常模带"来评价班级的学习成绩,不作名次排队,不计较 1 分、2 分的高低,更科学、客观地看待班级成绩,给教师"松绑"。校本学生评价变革的研究,本质上要回答:如何看待学生学业成绩? 如何关注取得学业成绩的过程方法以及与之相关的其他方面? 又如何培育学生的综合素养? 无疑,本项目研究促进了教师牢固树立科学育人观念。

2. 提高了教师评价素养。据上海市绿色指标综合评价显示:我校教师命题能力等评价素养指数均高于市、区平均值 20%。本实践研究提高的不仅是教师命题能力,而且是教师的评价素养,评价素养无疑是教师专业发展的重要方面。

3. 改变了教师的"角色"。学生评价变革的引导,教师愿意投入校外实践、劳动教育、小辩论、小制作、小发明、小调查的指导,投入课外体育、艺术的指导,教师不仅能完成单一学科教学,而且成为学生科学发展的指导者和帮助者。

四、理念先进智慧评价平台,惠及不同类型学校

研究成果在不同区域、不同基础学校进行推广研究,收效显著。推广的成果既有评价理念、校本变革的方法和途径,更有操作性很强的信息化评价平台,现有 28 所学校使用我校研发的平台。到目前为止,已有近 20 项研究成果在《上海教育科研》等市级刊物发表,文汇报等多家媒体也进行了报道。

五、校本学生评价变革的研究创新点

本研究成果创新点主要体现在评价改革、教育技术和研究方法上的创新。

(一)评价改革的创新:不是依靠外界评价力量撬动学校变革,而是依靠

学校自身力量,以本校教师为研究主体,进行校本学生评价变革实践研究,从而促进学生科学发展。以证据可循,在关键领域,学生所获成就显著,整体得到科学发展。同时,促进了教师专业成长,学校进步显著。

(二) 教育技术的创新:不是使用外界已有的信息化平台,而是依靠本校教师的教育智慧,赋予信息技术灵动的生命,使信息技术更专业地赋能于教育评价。由本校教师拟定需要变革的评价领域、检测点和评价工具等要素,并且,研究信息化数据的采集、归纳和应用,形成直面教育关键领域,符合学生科学发展、分层递进的信息化学生评价平台,服务于本校和他校的学生评价的变革。

(三) 研究方法的创新:不是一般逻辑顺序的行动研究,而是以评价结论为逻辑起点的"逆向"行动研究,服务于校本学生评价的变革。这种研究方法有普适意义,如果与案例研究等方法融合使用可以成为教育评价的应用性研究的有效研究方法。

本评价变革仅仅研究了学生评价的部分关键领域,虽然成效明显,但这项研究仍任重而道远。

第三章 探幽:凸显不同学段评价特征的 学业成绩评价

概 要 陈 述

小学等第制、初中教学"常模带"的创新实践

静教院附校 周璐蓉 逯怀海

静教院附校的学业成绩评价充分体现了小学、初中学段不同评价特征,小学生成绩评价呈现概略,符合目标达成,开展等第制评价探索;中学生成绩评价呈现精准,符合从目标达成到常模选拔,开展教学常模带的探索。

一、小学等第制的创新实践

2016 年上海市在小学全面实施等第制评价,在这一背景下,我校小学部积极稳妥、循序渐进地推进了一系列教学评价变革,取得了一定的成效。现分享语文、体育和跨学科这三门不同类型课程的教学评价案例。

(一) 强化过程性评价,促进行为养成

评价的一大功能是促进学生行为优化,强化学习习惯的养成。为此,对学生的学习评价,要重视过程性评价在学生行为养成与改进中的作用。我们在组织学生开展"100 天读书行动"语文学科活动中,运用过程性评价,促进了学生良好习惯的养成,提高了语文学习兴趣。

1. 行动方案

活动目标:学生通过"100 天读书行动",体验坚持阅读带来的快乐与喜悦,使每天读书逐渐内化为学生的行为习惯。

阅读内容:每位学生从年级推荐的书单中选出准备阅读的 40 本书,包括

套装书和单本书,不能只读套装书或者单本书。

阅读要求:周一至周五每天阅读 20 分钟,双休日每天阅读一小时。

2. 评价方法

评价指标:要求完成 100 天阅读即可,但不强求"一天不落"地连续。顺利完成 100 天阅读的学生会获得 300 积分的奖励。

阅读记录:每天读书都要做好笔记,笔记有两种形式。一是用一本读书笔记,摘录书中喜欢的句子,并用一两句话记录阅读体会或疑惑;二是在书上画出自己喜欢的句子,在空白处批注自己的阅读感受。

及时反馈:学生完成阅读任务之后,将读书笔记拍照上传到评价平台,既能让教师及时了解每位学生的读书进度,又能让学生之间相互激励。

3. 活动效果

这一项学生自主参与的学习活动,学生们积极响应,令人惊讶的是,即使是班级中语文学习较为薄弱的学生,都能坚持下来。正是这种关注学生行为的过程性评价方式,激起了学生阅读的兴趣和坚持的决心,对学生发挥了积极的导向作用。

(二) 强调发展性评价,促进兴趣培育

评价不仅要关注学生现实状况,更要指向未来发展的方向与可能。教学评价应着眼于引导学生发展,促进学生兴趣培育和爱好形成。我校每年都会给低年级学生布置一份"一根绳子"的体育长作业,开展"跳绳晋级"活动,通过对活动的评价标准与方法的设计,激励学生不断挑战自我,激发参与锻炼的积极性,促进自主锻炼意识的形成。

1. 设定晋级标准,激发学生兴趣

为了引发低年级学生对跳绳作业的好奇心,提高学生专注力,我校体育组设计了新颖的跳绳等级表,建立富有挑战性的晋级制度。晋级制度,就是给学生一个明确目标,而不是枯燥的练习。学生原先 1 分钟跳 50 个,通过努力达到 70 个、80 个,甚至 100 个,相应等级就能提升:从能手等级一直提升到超人等级,最终可以获得"超人徽章"。这样的等级制能够让学生产生浓厚的兴趣,喜欢挑战自我的学生为了取得最高等级,会在回家之后轻松、愉快地完成跳绳作业，使学习由被动变主动。

2. 设计绳子颜色，培育跳绳兴趣

借鉴跆拳道以不同颜色表示不同段位，我校也以五种颜色的绳子区分学生跳绳等级，不同水平的学生拿到不同颜色的绳子，让水平高的有自豪感，暂时落后的有赶超欲。这样就形成了一种相互切磋、你追我赶的氛围。

3. 定期进行比赛，强化锻炼习惯

每年3月的冬锻比赛，学生们跳绳的热情高涨，跳绳作业会演变成集训，参赛队员一有空就会拿起绳子在操场上、小区里加紧练习。这样的比赛，能满足学生的表现欲，为他们提供了一个尽情表现的机会，能够激发学生刻苦认真学习，顽强拼搏锻炼，为集体忘我奉献。

学校教育中的教学评价，其根本目的在于通过对教学过程与结果的评估与价值判断，总结经验，发现问题，制定对策，更好地促进教与学的改进。在小学实施的等第制评价，可以模糊"排序"意识，更好地保护学生探究未知世界的好奇心与持续学习的欲望。在这一背景下，我校积极开展教学评价变革的实践探索，针对不同学科，运用过程性评价、发展性评价和互动性评价，有效促进了学生的行为改进、兴趣培育和自我认知，有利于学生全面而富有个性地和谐发展。

二、初中教学"常模带"的创新实践

静教院附校在师资和学生学业基础基本稳定的情况下，以历年学生学业成绩的变化范围区间为依据建立了教学"常模带"。在教学管理过程中，教学"常模带"引导教师形成了科学的教学质量观，改变了教师过度关注学生学业成绩的现象，更及时地发现和推广了部分教师的优秀教学经验，促进了教师的专业提升和学生的全面发展。

（一）教学"常模带"产生的背景

1. "绿色指标"综合评价的价值引领

上海市教委2011年11月起试行了《上海市中小学学生学业质量绿色指标综合评价》，旨在通过对学生的学业成绩、学习动机等指标进行检测，引导教师全面看待学生成长。"绿色指标"综合评价不仅关注学生的学业成绩，而且关注取得学业成绩的过程与方法。它正确区分学业质量与学业成绩的关系，突破了以分数论英雄、以成绩论成败的传统评价形式，以"绿色指标"的达标情况为评价导向，引导学校及教师形成科学的教育质量观。

2. 区域及学校对学业成绩评价的现状

目前，区域教育行政部门对学校学业成绩的评价，以及学校对学生的学业成绩评价，通常用两种方法：一是绝对评价，有百分制或 150 分制，或名次，或标准分等；二是相对评价，常以学业成绩变化为依据。这两种评价均有弊端：(1)绝对评价看地位。由于生源基础不一样，教师教学绝对评价只反映学生目前的学习状态，反映不出教师的教学水平。(2)相对评价看进步。各名次阶段提高的难易程度不一样，例如排名已经是第一名，就很难评价它的提高。第二名到第一名的难度和最后一名往上提高的难度也是不一样的。对学校、班级的评价，仅以进步来评价，是不能公正地反映出教师的教学现状和水平的。(3)目前使用的测量不是直接测量，而是间接测量。直接测量误差相对较小，间接测量误差容易大。通常的间接测量是抽样的方法，将教师依据经验或不同价值取向抽炼出的测试题用来估计学习的全部，误差容易偏大。

3. 学生评价与教师评价有关联但不等同

目前，区域教育行政部门及学校采用的各级各类评价，往往都是对学生学业成绩进行评价。虽然"以学定教"，对学生学业成绩的评价能反映出一定的教师教学水平，但不能反映出全部，甚至很难从中发现教师在教学中存在的问题及影响教学效果的因素。因此，教育行政部门及学校可以考虑通过对教师的评价来影响学生学业水平的发展，促进学业质量的全面提升。

基于以上认识，借鉴"绿色指标"的目标性评价，尝试从学生评价到教师评价的改革，对教师教学评价采用教学"常模带"，通过常模区间反映教师教学是否达标，从而使教师不再过度关注班级成绩一两分的差异、年级一两名的排名，而是形成科学的教学质量观，从而正确看待成绩，聚焦学生的全面发展。

(二) 建构教学"常模带"的操作路径

教学"常模带"是在学校师资和学生学业基础基本稳定的情况下，以历年学生学业成绩的变化范围区间为依据建立的教学常模区间。

1. 建立教学"常模带"的基本假设

基本假设是探索实践的逻辑需求。建立教学"常模带"的基本假设如下：

① 当客观测量工具确定后，在学校生源和师资力量基本不变的情况下，学生学业成绩不可能无限制提高。

② 依据学校多年的课改实践经验，在相同测量条件下，学生学业成绩可能会出现比较稳定的数值范围，能较为客观地反映教师教学的总体水平。

③ 大量教师的教学成绩在"常模带"范围里，即使有差异也是正常的。高于或低于"常模带"就是异常的，更需要分析原因。对于高出"常模带"的，需要提炼总结经验；对于低于"常模带"的，需要及时找出问题，反思改进教学。

④ 通过对教师教学质量评价的改革，可以改变教师过度关注学生学业成绩的情况，引导教师形成更加科学的教学质量观，从而促进学生全面发展。

2. 教学"常模带"的建立与使用

（1）教学"常模带"的架构

为了更科学合理地评价教师教学质量，我校建立了以下教学"常模带"（见表1）。

表 1　教学"常模带"

教学"常模带"	"常模带"的最大值	"常模带"的最小值
A1 标准分正负"常模带"	正标准分的平均数	负标准分的平均数
A2 标准分极值"常模带"	最高标准分的平均数	最低标准分的平均数

A1"常模带"是为了让教师了解学业成绩偏离均值是否在正常范围内。

A2"常模带"是为了了解学业成绩是否偏离太多。

（2）教学"常模带"的建立

数据选择

数据范围：选择2012年至今的所有学生的期中期末成绩作为教学"常模

带"的数据。

数据种类:为了规避考卷的难易度,我校选择标准分。这里的标准分是指我校一个年级一门学科的标准分,五个班级的五个标准分的和为零。

选择说明:2012年至今,学生学业成绩基本稳定,师资力量基本不变,所以这样的数据选择就比较合理。

步骤方法

A1"常模带"的建立

① 把2012年至今的所有六年级学生的某门学科期中期末考试班级标准分分为两类:正标准分和负标准分,算出所有正、负标准分的平均分。以此类推,分别算出七、八、九年级的所有正、负标准分的平均分。

② 把这四个年级的正标准分的平均分进行平均,作为A1"常模带"的上限,再把这四个年级的负标准分的平均分进行平均,作为A1"常模带"的下限。这样可以避免六年级分数太多、权重太大,使分值趋于合理。

③ 若一次测试后,班级标准分在A1"常模带"上下限之间,就属于正常范围;超过A1"常模带"上限,属于优秀范围;低于A1"常模带"下限,属于偏后范围。

大约60%的数值在A1"常模带"内,超出范围的,仍然较多,因此需要再建立一个标准分极值"常模带",即A2"常模带"。

A2"常模带"的建立

① 找出2012年至今的所有六年级学生的某门学科期中或期末考试班级标准分的最大值和最小值,分别计算出所有最大值和最小值的平均分。以此类推,分别计算出这四届七、八、九年级的所有标准分最大值和最小值,计算出所有最大值和最小值的平均分。

② 将四个年级最大值的平均分作为A2"常模带"的上限,最小值的平均分作为A2"常模带"的下限。

③ 若一次考试后,班级标准分在A2"常模带"上下限之间,就属于正常范围;超过上限,就属于超过了教学的一般常态,教师需要总结经验;低于下限的,需要找出问题、吸取教训、改进提升。

（3）静教院附校的教学"常模带"

中学部部分学科的教学"常模带"（见表2、3）

表 2　A1"常模带"

学科	语文	数学	外语	物理	化学
正标准分的平均值	0.14	0.10	0.10	0.14	0.17
负标准分的平均值	−0.14	−0.11	−0.10	−0.16	−0.07
说明： 正标准分的平均值：同一学科历次考试的正标准分的平均值 负标准分的平均值：同一学科历次考试的负标准分的平均值					

表 3　A2"常模带"

学科	语文	数学	外语	物理	化学
年级最高标准分均值	0.24	0.16	0.16	0.21	0.19
年级最低标准分均值	−0.20	−0.18	−0.18	−0.22	−0.10
说明： 年级最高标准分均值：同一学科历次考试,同一年级的最高标准分的平均值 年级最低标准分均值：同一学科历次考试,同一年级的最低标准分的平均值					

一个教学"常模带"的具体解读

静教院附校教师可以通过学校的办公管理信息系统查看教学"常模带"，了解自己任教班级的学业成绩。以 2016 学年第一学期九年级数学期中考试后的数据为例，具体解读教学"常模带"数据图（见图 3 − 1）。

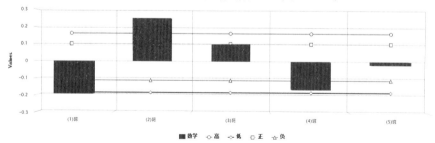

图 3 − 1　九年级数学"常模带"数据图

上图中,高低两条线之间的区域就是 A2"常模带",正负两条线之间的区域就是 A1"常模带"。

可以看出:1 班和 4 班的学业成绩略微偏后,教师需寻找问题、反思改进;2 班的学业成绩大大超出 A2"常模带"的最高值,值得总结经验;3 班和 5 班均在 A1"常模带"范围内,属正常现象。

教学"常模带"的建立与使用,方便教师进行自主评价,并通过教研组"基于数据、分析数据、改进行为"的主题研修,寻找教学中需改进的问题,或总结方法、提炼经验,在实践中再改进、优化,不断提高教师教学专业水平,促进学生学业成绩的全面提升。

（三）教学"常模带"实施的成效

1. 进一步影响并端正了教师的教学质量观

学校对教师教学质量的评价,从最初的绝对分、标准分评价到关注绝对分、标准分变化的评价,再到如今的教学"常模带",经历了较长时间的评价探索。学校通过教学"常模带"的管理,有效减轻了教师过度关注学生学业成绩的压力,舒缓了教师的焦虑情绪,促使教师有更多的精力集中投入教学实践,更加科学地看待学生的学业成绩,关注取得学业成绩的过程与方法,从而促进学生的全面发展。

案例 1:我会被谈话吗?

学校引进的一名新教师——小陆他曾在我校就读初中,大学毕业后回母校就职担任九年级化学教学工作。作为一名曾在"轻负高质"绿色学业环境中成长起来的教师,有着自己对课堂教学的理解。奇光异彩的实验、数字化的教学手段让他的课堂与众不同。学生自主学习的时间多了,纸笔作业量少了,他的课因此深受学生喜爱。但小陆老师毕竟是第一年担任九年级的教学工作,虽然个人十分努力,也经常请教带教导师,但在期中测试中,他任教的班级化学成绩还是落后了。为此,他忐忑不安地问教导主任:"我带的班级这次化学没考好,校长会不会找我谈话?"教导主任打开化学"常模带"后,说他任教的班级化学成绩在"常模带"内,属于正常范围。小陆老师豁然开朗，表示会继续大胆实践后"茶馆式"教学，让更多的学生热爱化学，努力和学生们一起成长。

2. 发现并积极推广教师的优秀教学经验

教学"常模带"是一种评价教师教学质量的工具。我校在此评价探索中发现：大部分教师的任教班级学业成绩会在 A1"常模带"区间里，各科也均有几位教师的任教班级学业成绩几乎每次都高出 A2"常模带"，而低于 A2"常模带"的现象，极其个别。对于这个特殊情况，教学管理部门会通过个别了解情况，帮助教师作更精细的分析，并提出教学改进措施。而对于高出 A2"常模带"的优秀成绩，则会通过教研组研修挖掘好成绩背后的原因，帮助教师提炼总结经验，并搭建平台组织全校交流，一起分享有效的教学方法和经验。在此过程中，学校的确发现了很多教师有后"茶馆式"教学的微方法。

案例 2：用积分换取荣誉作业

一次期中考试结束后，学校发现顾老师所执教的班级数学成绩超出了 A2"常模带"。通过了解，发现顾老师布置荣誉作业的方法与众不同。荣誉作业是我校为满足不同学生对学业的不同需求，对于学习能力偏弱的学生，教师减少作业的量，只要求完成基础部分，而对于学有余力的学生，教师设计荣誉作业，鼓励学生挑战自我。对于荣誉作业的布置，顾老师融入了教学的社会性因素，她给予学生一个挑战的任务，即积累日常作业的质量分，达到一定积分后，才能换取荣誉作业。顾老师的这一举措，很好地应用了心理学的激励机制，让学生明白荣誉作业不是轻易能得到的，得到后也是需要通过一定的努力才能完成的。这一份作业，不仅是一种荣誉，更是学生不断挑战自我、获得成功的证明。顾老师的学生们为了获取这份荣誉作业，人人认真完成日常作业，学习热情高涨，班级数学成绩自然整体领先。

教学"常模带"管理，影响并端正了教师的教学质量观，教师不再为了班级平均分一两分的差异而过度焦虑，不再为了提高自己任教学科的成绩，而让学生大量刷题，而是在实践中融合教学的科学性、社会性和艺术性，智慧巧用各种好方法提高教学质量,使学生爱学习、乐学习,让教学更有效,促进学生全面发展。

(四) 问题与反思

教学"常模带"的实践创新,有效减轻了教师的教学压力,促进了学生的全面发展和教育质量的提高。为使教学"常模带"能更大程度地发挥其对教学质量的科学评价作用,我校会在今后的实践中不断完善改进教学"常模带",也期待能在区域范围内推广。

1. 不断完善教学"常模带"

目前,我校的教学"常模带"仅仅建立了各学科的教学"常模带",且"常模带"数据的选择范围也仅仅累计了近四年的期中期末考试成绩,尚不够细致、精准。因此,我校将在今后的教学实践中,对教学"常模带"做两点改进:一是建立起各学科、各学段、分年级的教学"常模带",使教学"常模带"建构更完整,对各学科各学段的教学质量评价更适切;二是及时将每年的学业测试数据不断扩充到"常模带"数据库中,使各教学"常模带"数值更精确、合理。

2. 期待教学"常模带"发挥更大作用

《学业质量绿色指标综合评价》的目的在于发挥评价的正确导向作用,营造有利于学生健康成长的良好氛围,减轻学生过重的课业负担,促进学生全面发展和教育质量持续提高。

我们分享教学"常模带"这一教学实践创新,期待能为更多的基层学校提供一个较为科学合理地评价教师教学质量的范例,更期待市区教育行政部门在对区域学校进行教学质量检测时,也能通过建构相应的教学"常模带"对学校的教学质量进行客观评价和分析,给予基层学校更多的鼓励和帮助。

操 作 说 明

学生学业成绩评价平台操作说明

学校运用信息化手段呈现学生学业成绩的发展变化,进而对教师的教和学生的学展开精细化的评价,帮助教师发现教学中的问题,帮助学生和家长科学分析学生在学科学习中的知识弱项,帮助学校发现教师团队中的闪光点和薄弱点,进一步促进教师的专业发展。

一、学生学业成绩评价平台的基本功能

此平台以学业成绩查看为主要功能,面向不同的对象开放不同的权限,呈现不同的界面(表 1)。学校校长办公室、教务处、学生处可以看到所有年级、班级、所有学生的各项成绩数据。各个年级组长可以看到所任教年级的全部班级学生的各项数据。班主任老师可以看到所任教班级学生的各项数据。任课老师可以看到所任教班级、所任教学科的成绩数据。年级备课组长可以看到所任教年级、所在备课组的学科成绩数据。教研组长可以看到所有年级,任教学科的成绩数据。学生和家长可以看到某次考试中各小题的扣分情况,也可以看到某门学科多次考试的变化或是多门学科总分的等第变化情况。

表 1 学业成绩评价平台功能列表

用户	查看内容
教师	年级分析(标准分、等第)
	常模分析
	学科分析(对照表、小题平均分、标准分)
	学生成绩
学生	多次考试标准分分析
	小题分

二、学生学业成绩评价平台的操作界面

(一) 教师界面

操作一:查看年级成绩分析,包括班级均分、标准分、标准差等关键信息。

分数段　标准分柱状图
语文常模　数学常模　英语常模　物理常模　化学常模
最高分析线图　最低分析线图
多次总标准分折线图　语文　数学　英语　物理　化学　道法
多次得率折线图　语文　数学　英语　物理　化学　道法

语文	应考	实考	平均分	优良率(%)	优秀率(%)	150		150-135.0		135.0-120.0		120.0-105.0		105.0-90.0		90.0-75.0		75.0-60.0		60.0-45.0		45.0以下	
						人数	百分比(%)	人数	百分比(%)	人数	百分比(%)	人数	百分比(%)	人数	百分比(%)	人数	百分比(%)	人数	百分比(%)	人数	百分比(%)	人数	百分比(%)
九(1)班	38	37	123.68	73	2.7	0	0	1	2.7	26	70.27	10	27.03	0	0	0	0	0	0	0	0	0	0
九(2)班	37	35	125	77.1	2.9	0	0	1	2.86	26	74.29	8	22.86	0	0	0	0	0	0	0	0	0	0
九(3)班	38	38	121.16	65.8	0	0	0	0	0	25	65.79	12	31.58	1	2.63	0	0	0	0	0	0	0	0
九(4)班	39	33	122.39	63.6	3	0	0	1	3.03	20	60.61	12	36.36	0	0	0	0	0	0	0	0	0	0
九(5)班	37	35	121.17	57.1	2.9	0	0	1	2.86	19	54.29	14	40	1	2.86	0	0	0	0	0	0	0	0
九(6)班	31	30	122.7	66.7	0	0	0	0	0	20	66.67	10	33.33	0	0	0	0	0	0	0	0	0	0
总计	220	208	122.67	67.3	1.9	0	0	4	1.92	136	65.38	66	31.73	2	0.96	0	0	0	0	0	0	0	0

数学	应考	实考	平均分	优良率(%)	优秀率(%)	150		150-135.0		135.0-120.0		120.0-105.0		105.0-90.0		90.0-75.0		75.0-60.0		60.0-45.0		45.0以下	
						人数	百分比(%)	人数	百分比(%)	人数	百分比(%)	人数	百分比(%)	人数	百分比(%)	人数	百分比(%)	人数	百分比(%)	人数	百分比(%)	人数	百分比(%)
九(1)班	38	36	136.58	91.7	72.2	0	0	26	72.22	7	19.44	2	5.56	0	0	0	0	0	0	1	2.78	0	0
九(2)班	37	35	137.46	88.6	68.6	0	0	24	68.57	7	20	3	8.57	0	0	0	0	1	2.86	0	0	0	0
九(3)班	38	35	136.8	88.6	77.1	1	2.86	26	74.29	4	11.43	3	8.57	0	0	0	0	0	0	1	2.86	0	0
九(4)班	39	34	140	100	71.9	0	0	23	71.88	9	28.13	0	0	0	0	0	0	0	0	0	0	0	0
九(5)班	37	34	131.56	79.4	55.9	1	2.94	18	52.94	8	23.53	5	14.71	1	2.94	0	0	0	0	1	2.94	0	0
九(6)班	31	30	133.57	86.7	60	0	0	18	60	8	26.67	1	3.33	2	6.67	1	3.33	0	0	0	0	0	0
总计	220	202	136.02	89.1	67.8	2	0.99	135	66.83	43	21.29	14	6.93	3	1.49	2	0.99	0	0	2	1.49	0	0

英语	应考	实考	平均分	优良率(%)	优秀率(%)	150		150-135.0		135.0-120.0		120.0-105.0		105.0-90.0		90.0-75.0		75.0-60.0		60.0-45.0		45.0以下	
						人数	百分比(%)	人数	百分比(%)	人数	百分比(%)	人数	百分比(%)	人数	百分比(%)	人数	百分比(%)	人数	百分比(%)	人数	百分比(%)	人数	百分比(%)
九(1)班	38	36	137.01	94.4	66.7	0	0	24	66.67	10	27.78	2	5.56	0	0	0	0	0	0	0	0	0	0
九(2)班	37	35	135.93	97.1	71.4	0	0	25	71.43	9	25.71	0	0	0	0	0	0	1	2.86	0	0	0	0
九(3)班	37	35	136.5	97.1	74.3	0	0	26	74.29	8	22.86	1	2.86	0	0	0	0	0	0	0	0	0	0
九(4)班	39	32	136.8	93.7	68.7	0	0	22	68.75	8	25	2	6.25	0	0	0	0	0	0	0	0	0	0
九(5)班	37	34	138.57	91.2	79.4	0	0	27	79.41	4	11.76	2	5.88	1	2.94	0	0	0	0	0	0	0	0
九(6)班	31	30	136.57	96.7	66.7	0	0	20	66.67	9	30	1	3.33	0	0	0	0	0	0	0	0	0	0
总计	220	202	136.9	95	71.3	0	0	144	71.29	48	23.76	7	3.47	2	0.99	0	0	0	0	1	0.5	0	0

操作二:查看班级标准分分布,形象直观看到标准分之间的差异。

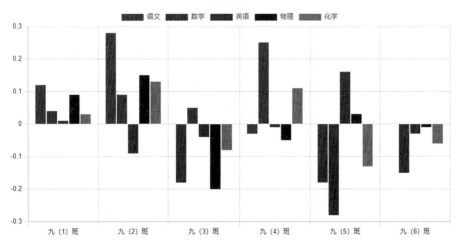

标准分柱状图

操作三:查看学科学业成绩常模分布,以两个常模带为标准进行班级情况分析。

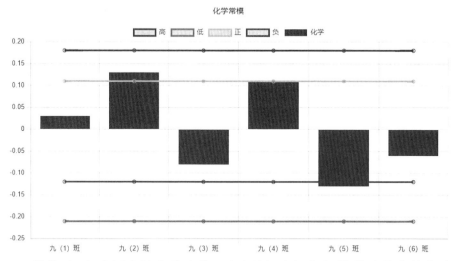

操作四:查看历次标准分变化,可以了解班级各门学科及总分的大致趋势。

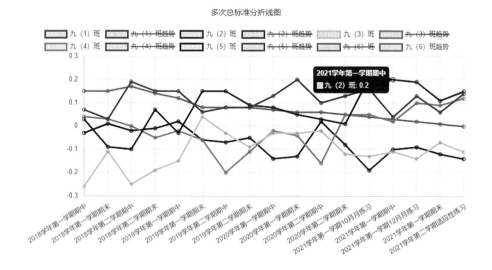

操操作五:查看多次斜率变化,可以在了解大致趋势的情况下,知道变化的快慢。

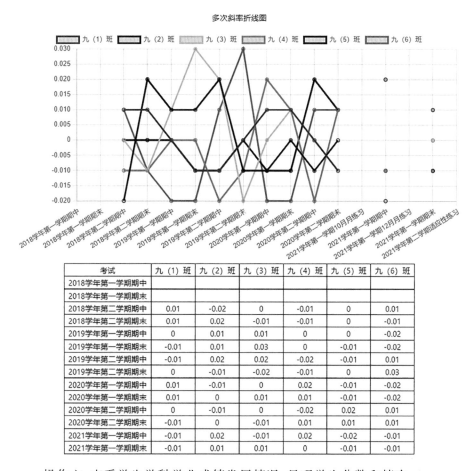

考试	九（1）班	九（2）班	九（3）班	九（4）班	九（5）班	九（6）班
2018学年第一学期期中						
2018学年第一学期期末						
2018学年第二学期期中	0.01	-0.02	0	-0.01	0	0.01
2018学年第二学期期末	0.01	0.02	-0.01	-0.01	0	-0.01
2019学年第一学期期中	0	0.01	0.01	0	0	-0.02
2019学年第一学期期末	-0.01	0.01	0.03	0	-0.01	-0.02
2019学年第二学期期中	-0.01	0.02	0.02	-0.02	-0.01	0.01
2019学年第二学期期末	0	-0.01	-0.02	-0.01	0	0.03
2020学年第一学期期中	0.01	-0.01	0	0.02	-0.01	-0.02
2020学年第一学期期末	0.01	0	0.01	0	0	-0.02
2020学年第二学期期中	0	-0.01	0	-0.02	0.02	0
2020学年第二学期期末	-0.01	0	-0.01	0.01	0.01	0.01
2021学年第一学期期中	-0.01	0.02	-0.01	0.02	-0.02	-0.01
2021学年第一学期期末	-0.01	0.01	0.01	0	-0.01	-0.01

操作六:查看学生学科学业成绩发展情况,呈现学生分数和档次。

操作七：查看各班学生学科小题平均分，小题失分情况及本题年级均分，便于分析得失情况。

语文考试成绩分析表 ⊠ 🖶

学号 ↑↓	姓名 ↑↓	班级 ↑↓	语文	
			成绩 ↑↓	档次 ↑↓
220180201		九 (2) 班	126	A
220180202		九 (2) 班	130	A+
220180203		九 (2) 班	133	A+
220180204		九 (2) 班	129	A+
220180205		九 (2) 班	132	A+
220180206		九 (2) 班	123	A-
220180207		九 (2) 班	123	A-
220180208		九 (2) 班	112	C
220180209		九 (2) 班	114	C
220180210		九 (2) 班	127	A
220180213		九 (2) 班	120	B
220180216		九 (2) 班	128	A
220180217		九 (2) 班	134	A+
220180218		九 (2) 班	132	A+
220180219		九 (2) 班	126	A
220180220		九 (2) 班	130	A+
220180221		九 (2) 班	138	A+

语文小题平均分 ⊠ 🖨

题号	满分	九 (1) 班	九 (2) 班	九 (3) 班	九 (4) 班	九 (5) 班	九 (6) 班	年级
单选10	3.0	2.28	2.58	2.47	2.68	2.34	2.29	2.45
单选12	2.0	0.76	0.50	0.53	0.65	0.69	0.47	0.61
单选14	3.0	2.28	1.33	1.76	1.54	1.69	1.59	1.68
单选22	4.0	4.00	3.94	4.00	3.86	4.00	3.94	3.96
一_1	2.0	2.00	2.00	1.97	1.97	1.97	1.97	1.98
一_2	2.0	1.93	2.00	2.00	1.97	1.91	1.94	1.96
一_3	2.0	2.00	2.00	2.00	2.00	2.00	2.00	2.00
一_4	2.0	1.93	2.00	2.00	1.92	1.97	1.91	1.96
一_5	4.0	4.00	4.00	4.00	4.00	3.97	4.00	3.99
一	12.0	11.86	12.00	11.97	11.86	11.81	11.82	11.88
一6_6	2.0	1.79	1.97	1.68	1.68	1.50	1.88	1.75
一6_7	6.0	4.83	5.22	4.91	4.92	4.63	5.24	4.99
一6_8	4.0	2.55	3.08	2.62	2.51	2.81	2.91	2.76
一6_9	3.0	2.24	1.89	1.82	1.89	1.91	2.09	1.97
一6_11	6.0	4.52	4.50	4.53	4.35	4.44	3.88	4.38
一6	21.0	15.93	16.67	15.56	15.35	15.28	16.00	15.85
二_13	4.0	2.66	2.78	2.82	2.38	2.50	2.59	2.61
二_15	5.0	4.86	4.72	4.88	4.70	4.88	4.65	4.78
二	9.0	7.52	7.50	7.71	7.08	7.38	7.24	7.40
二16_16	5.0	3.79	4.11	4.03	4.32	4.13	3.76	4.02
二16_17	4.0	2.76	2.86	2.85	2.38	2.47	2.68	2.67
二16	9.0	6.55	6.97	6.88	6.70	6.59	6.44	6.70
二18_18	2.0	1.52	1.44	1.68	1.35	1.44	1.50	1.48
二18_19	4.0	3.07	3.25	3.15	3.08	3.13	2.94	3.12
二18	6.0	4.59	4.69	4.82	4.43	4.56	4.44	4.60
二20_20	5.0	3.69	3.92	3.74	3.32	3.81	3.79	3.70
二20	5.0	3.69	3.92	3.74	3.32	3.81	3.79	3.70

题目	满分	得分	得分率	年级均分
全卷	100	95	0.95	86.3
1卷	51	50	0.98	45.7
2卷	49	45	0.92	40.6
单选1	1	1	1	1
单选2	1	1	1	0.8
单选3	1	1	1	1
单选4	1	1	1	1
单选5	1	1	1	1
单选6	1	1	1	1
单选7	1	1	1	0.9
单选8	1	1	1	0.9
单选9	1	1	1	0.9
单选10	1	1	1	1
单选11	1	1	1	0.9
单选12	1	1	1	1
单选13	1	1	1	1
单选14	1	1	1	1
单选15	1	0 ↓	0	0.4
单选16	1	1	1	1

（二）学生界面

操作一:查看个人历次学业成绩情况,可以此分析个人每门学科的变化趋势。

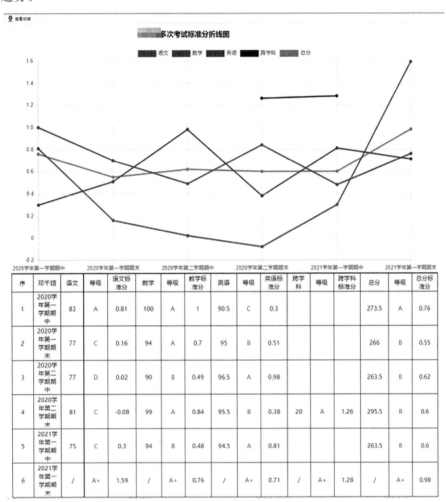

序	邓千翔	语文	等级	语文标准分	数学	等级	数学标准分	英语	等级	英语标准分	跨学科	等级	跨学科标准分	总分	等级	总分标准分
1	2020学年第一学期期中	83	A	0.81	100	A	1	90.5	C	0.3				273.5	A	0.76
2	2020学年第一学期期末	77	C	0.16	94	A	0.7	95	B	0.51				266	B	0.55
3	2020学年第二学期期中	77	D	0.02	90	B	0.49	96.5	A	0.98				263.5	B	0.62
4	2020学年第二学期期末	81	C	-0.08	99	A	0.84	95.5	B	0.38	20	A	1.26	295.5	A	0.6
5	2021学年第一学期期中	75	C	0.3	94	B	0.48	94.5	B	0.81				263.5	B	0.6
6	2021学年第一学期期末	/	A+	1.59	/	A+	0.76	/	A+	0.71	/	A+	1.28	/	A+	0.98

操作二：查看个人某学科考试各小题得分情况，可以与各小题年级均分作对比。

×

数学 ⊠ 🖶

题目	满分	得分	得分率	年级均分
1卷	12	12	1	11.3
2卷	88	87	0.99	76.7
选择题1	2	2	1	2
选择题2	2	2	1	1.8
选择题3	2	2	1	1.9
选择题4	2	2	1	2
选择题5	2	2	1	2
选择题6	2	2	1	1.8
填空题_1	2	2	1	2
填空题_2	2	2	1	1.9
填空题_3	2	2	1	1.9
填空题_4	2	2	1	2
填空题_5	2	2	1	1.9
填空题_6	2	2	1	1.9
填空题_7	2	2	1	1.9
填空题_8	2	2	1	1.9
填空题_9	2	2	1	2
填空题_10	2	2	1	1.4
填空题_11	2	2	1	0.4
填空题_12	2	2	1	1.6

实 践 案 例

基于信息技术环境的教学评价

静教院附校　　熊梦艺

教学评价为什么需要信息技术的支持？信息技术环境下的教学评价如何更好地促进后"茶馆式"教学？本文将通过教学评价在后"茶馆式"课堂教学的重要性、基于信息技术环境的教学评价在课堂教学中的不可替代性、基于信息技术环境的教学评价在后"茶馆式"课堂教学中的实践这三方面进行阐述。

一、教学评价在后"茶馆式"课堂教学的重要性

后"茶馆式"教学在以"茶馆式"教学为代表的系列教学改革基础上发展、创新而成，它继承了这些教学最核心、最本质的部分，即：关注学生，颠覆了课堂教学的逻辑结构。同时，基于基本假设，通过教学实践，对有领导的"茶馆式"教学进行了新发展，建立了后"茶馆式"教学理想模型：一个核心、两个特征、三个发展。一个核心：议。其本质是让教学走向对话、走向合作、走向学习共同体。两个特征：学生自己能学会的，教师不讲；关注"相异构想"的发现和解决。三个发展：教学方式更加多元；教学方法更加灵活；教学手段更加现代化。

后"茶馆式"教学的本质是遵循学生认知（或学习）规律，由教师帮助，学生自己学习的教学。不同于过去传统课堂的教师只重讲解教师认为的"重点""难点"，后"茶馆式"教学强调教师讲学生自己不能学会的，即从教师本位转变到学生本位。因此，要做到学生自己能学会的，教师不讲，则需要让学生自己先学。通过自己先学，暴露出学生自己不能学会的。那么，教师如何知道学生哪些学会了？哪些没有学会呢？由此，教学评价引入课堂并在课堂教学中发挥极其重要的作用。在课堂教学的过程中，教师通过设计学习任务单、学习评价单等可以以一种外显的方式让教师直观地了解到每位学生在学习过程中暴露出的问题，及时调整教学策略，从而优化教学的针对性，提高教学的效率，促

进学生的综合素质发展。

二、基于信息技术环境的教学评价在课堂教学中的不可替代性

新时代背景下的高素质教师核心素养主要表现为对信息技术应用能力的熟练掌握程度,自 2013 年全国实施中小学教师信息技术应用能力提升工程以来,信息技术应用能力在提升教师教育能力和教学意识等方面作用愈加凸显,特别在"全国中小学教师信息技术应用提升工程 2.0"上线后,信息化教学创新和技术变革适应等能力逐步转变为衡量高素质教师的重要依据。基于以上因素,构建现代教学模式的前提环境应当是建立在信息技术环境基础上,而作为支撑现代教育模式开展的理论基础亦是置于信息技术环境下的现代教育模式设计和评价。据此,基于信息技术环境下的教学评价对学生学习效果评价有着十分重要的研究价值和现实意义。

与此同时,新课程教育的评价改革主要表现为"三个注重",一是注重评价促进学生发展功能的发挥;二是注重提高教师的能力素养;三是注重教学实践的改善改进。譬如:教师可以通过对学生课堂学习信息的收集,判断学生学习情况的状态,进行针对性、个性化的教学设计,在促进学生学习的同时,对教师自身而言既是现实挑战,也是自我提升的路径支撑。另外,教学评价必须是通过对评价对象信息的精准分析、精准施策和精准反馈,才能在真正意义上实现教学改进。这也是传统教学评价和反馈因自身局限,受到数据和技术的双重制约而造成的评价反馈延迟、模糊的关键原因。传统教学评价和反馈是在当时技术极不发达的情况下的无奈之举,而随着现代信息技术的不断发展,这种技术融入学习全过程,拥有更多的数据支撑和经验支持,特别对学生学习过程评价信息的积累,能够利用现代技术手段进行细致分析、反馈,通过概率学将数据运用到极致,极为有效地满足各类学生个性化的学习,受到当前主流学者和一线教师的一致认可。

三、基于信息技术环境的教学评价在后"茶馆式"课堂教学中的实践

后"茶馆式"教学认为:学科与学科体系是要靠学生自己建构的,教师的作用在于对学生自己的学习提供帮助。学生自己学习的方式,可以分为独立学习和合作学习。

（1）独立学习的教师评价与学生自我评价

基于信息技术环境中评价的即时性和个体性，教师能及时了解每一个学生独立学习的情况，如哪些内容对学生来说是需要反复推敲的、哪些内容对学生来说是容易造成理解偏差的。本人在三年级上学期 Module 3 Unit 1 My school(Period 3) Our School 的一节区公开课中，借助了信息技术平台 Ai-class。教师设置了学生先学的任务：独立阅读文章并完成教师提前预设的选择题。在阅读文章时，教师将无声的纯文字内容转变成有声的电子书。课上，学生利用 iPad 阅读文本时，只需要点击不认识的单词即能听到发音和看到中文释义。教师在巡视时，可以间接得到一个重要信息：哪些单词对于学生来说是陌生的？哪些单词的发音对于学生是有难度需要反复确认的？通过观察和评价学生独立学习的过程，教师对学生在阅读中遇到的障碍得到反馈，使教师在接下来的教学中有所注意，例如在对某个单词进行语音教学时，能更有针对性地选择刚才遇到困难的学生进行检测，避免了在以往传统语音教学中抽查语音跟读的随机性和模糊性。同时，在有声电子书的帮助下，充分给予学生足够的资源和空间，让学生能根据自己的认知水平和阅读习惯，选择先查看陌生单词再完整阅读文本，或先完整阅读再选择查看生词，抑或者边读边查。与此同时，学生在做题过程中，数据第一时间上传至教师端，教师可以实时看见每个人的作答正确率。教师通过数据的及时反馈，明确了学生自己学习的难点，进行教学上的调整。而学生在整个独立学习的过程中，也是一种学生对自我学习的评价，让自己清晰地知道整篇文章自学后的难点，提示自己在之后的听课中需要特别关注的方向，促进自己更好地学。

（2）小组合作的生生评价

学生先学的组织方式除了独立学习还有合作学习，而基于信息技术环境中评价的多元性也直接实现了生生互评。对于小学英语学习过程中，相异构想越多的问题越适合小组合作。通过小组的讨论，先进行内部纠错，再拍照上传小组最终成果。不仅教师能够看到每个小组的成果，组与组之间也可以互相评价，并且最终还可以通过学生点赞的方式显性地选出最优小组。利用信息技术手段，全员参与的双向评价过程使每个学生都能参与到评价过程中,不会因一个小组局限了思维,也能从点赞中收获鼓励。一方面提高了评价环节的时间利用率,另一方面也能强化不同层次学生的自我评价意识。

(3)课堂延伸外的多元评价

英语作为第二语言学习,语言的环境有限,因此在小学阶段语音的教学非常重要。但学生一天英语课堂学习的时间有限,教师也很难对每一位学生进行语音的检测。同时,小学生的自我意识也正处于所谓的客观化时期,是获得社会自我的时期。在这一阶段,个体显著地受社会文化的影响,是学习角色的最重要时期。因此,教师可以根据小学生自我意识发展的特点,利用基于信息技术环境评价的多元性充分激发学生的学习主动性,同时达到对每位学生语音的检测目标。

例如在低年级的英语教学中,教师可通过在晓黑板发布当天的录音给孩子进行课后巩固。学生需要上传自己的跟读录音并为其他喜欢的录音点赞。获得点赞高的同学会得到口语小能手的称号,并在第二天由老师奖励贴纸。教师通过检查学生的录音,可以及时知道班级的整体和个别情况,了解学生的学情;学生通过点赞评价,对比自己的发音和其他同学的差距,而激发自己不断努力。而正因小学生的个性特点,不少学生因为想得到更多的点赞数和认可,会主动选择第二次、第三次的录音,这大大激发了学生的内在学习动力。

德国第斯多惠说过:"教学的艺术不在于传授的本领,而在于激励、唤醒和鼓舞。"行为科学的实验也证明:一个人在没有受到刺激的情况下,他的能力仅能发挥到 20% 到 30%,如果受到充分的激励,能力就可能发挥到 80% 到 90%。在实践研究的过程中也发现,在学习评价的过程中得到肯定和鼓励的同学(无论其原先的学习基础是较强或是较弱),其表现出的学习积极性、学习主动性会比较高。因此,鼓励性的学习评价无论来自教师还是同伴,对于学生的学习行为都能起到积极作用。

四、信息技术新型课堂的启示

信息技术的支持使教学评价更精准,通过即时、个体的直接反馈使教师能够了解到学生之间的个体差异性和学生英语学习过程,实现学习评价指标的多元化、评价方法的多样化,在后"茶馆式"课堂教学中充分发挥出学生主体作用,促进学生英语学科核心素养的发展。

小学英语练习课有效评讲的实践与思考

静教院附校　楚娟娟

一、小学英语练习评讲课的现状

练习评讲是基本的课型之一。小学英语练习评讲课通常在一次单元练习或是一个模块学习评价后进行,是教师完成练习批改后,基于问题而设计的以矫正、补缺为目的的课型。练习评讲课很少纳入小学英语备课组或教研组的活动内容,教师往往独立备课,也缺乏相应的反思。由于缺乏研究和指导,相当一部分讲评课由教师一讲到底,学生听得累,教师讲得累,讲评效果并不理想。然而由于种种限制,我们不可能在一节课中解决学生所有的问题,只能尽可能地解决学生大部分的问题。而学生犯错不是划一的,即使成绩相同,造成同一成绩的原因不同;即使犯同一错误,但犯错的原因可能也不相同。练习评讲课要尽可能解决学生大部分的问题,我就必须对其教学方法进行研究。

二、小学英语练习有效评讲的方法与实施

后"茶馆式"教学是遵循学生认知规律,由教师帮助,学生自己学习的教学。学生自己能学会的,不仅包括学生个体学会的,也包括学生群体学会的,只要学生自己能学会的,教师都不需要讲,不需要解疑。在此,笔者结合后"茶馆式"教学理念及策略对小学英语练习评讲课进行了探索与实践。我初步总结了这样"三环节"的教学方法:典型错题,共同解疑—个性错题,合作解疑—跟进练习,精准评价。

1. 典型错题,共同解疑

典型错题,共同解疑这一环节主要是由教师帮助学生总结和归纳典型错题并进行共同解疑的方式。典型错题主要通过两方面来界定:(1)根据教学重

点来界定。如果学生的错题与教学目标中的重点相匹配，那么这些错题就被界定为典型错题。(2)根据得分率来界定。如果班级中某一道题的正确率低于80%，这道题也就是典型错题。错误较集中的题，反映了之前教学中的遗漏或学生问题暴露得不够充分的方面。

这个环节在教学中应考虑"学生先解疑，教师后解疑"策略。教师将练习中的典型错题用各种形式进行重现，主要采取大组讨论的方式，让学生再次思考，找到错误原因。在4A牛津英语教材配套的Module 4 单元测验中，我对询问天气这一句型进行了考查。特殊疑问句 How's the weather ... ? 是 Oxford English 4AM4U3 Weather 这一单元中的核心句型，也是教学重点。我将学生所犯的主要错误罗列在了一张幻灯片上（见表1）。有的学生漏了 be 动词；有的学生犯了拼写错误；还有的学生误用了疑问代词。我首先请学生在小组中就这三种错误展开讨论，再请小组代表进行发言解疑。解疑的形式是先请答题正确的学生帮助答题错误的学生进行解疑。实践证明，学生自己能很好地对三种典型错误进行解疑。这里教师就不再进行解疑。但我在这之后进行了一次追问：对天气询问除了使用 How's the weather ... ? 以外，还有其他询问的方式吗？ 如果没有学生可以回答，我就引入 What's the weather like ... ? 这一句型并引导学生理解 What 和 How 的区别，并提醒他们注意两种句型在书写时的区别。

表1　学生错点罗列

1. It's hot and wet in summer.（对画线部分提问）
Student A：How the weather in summer?
Student B：How's the weater in summer?
Student C：What's the weather in summer?

在某次五年级练习中，据统计（见图3-2），我班27人中有12人在第四个填空（Eddie is reading a newspaper.）中失分，得分率仅为56%，我同样把它视作典型错题。

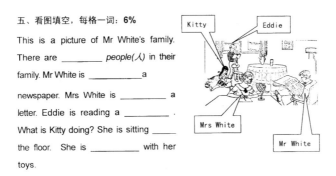

五、看图填空，每格一词：6%

This is a picture of Mr White's family. There are _____ people(人) in their family. Mr White is _____ a newspaper. Mrs White is _____ a letter. Eddie is reading a _____. What is Kitty doing? She is sitting _____ the floor. She is _____ with her toys.

图 3 - 2　五年级典型错题

我先采用了小组讨论的形式让学生先进行自行解疑。但在学生解疑的过程中，部分答对的学生也不能很好地解释这里为什么看报纸是 read a newspaper。原因在于大多数学生受母语影响，认为读报就是看报，不知道中文中的"看"其实包含了多重含义，每一种含义在英语中所对应的单词可能也是不同的。所以，我利用头脑风暴引发学生讨论中文"看"字在英语中的不同释义。在必要时提供例句(见图 3 - 3)，帮助学生学会区别和更加精准地使用 look、read、see、watch 等容易混淆的近义词。由于课堂中学生解疑的具体情况并不好，如下图所示我再进行了方法指导和纠错，进行了教师重点解疑。

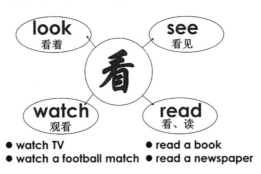

图 3 - 3　"看"字的头脑风暴示意图

这个共同解疑的过程十分重要，解决的是错误集中的典型问题。尽管是集中的错误，每个学生犯错的原因和导致错误的思考轨迹仍不尽相同，所以特别要强调和关注每个学生的认真倾听和积极思考，要引导学生学习拿别人（其他学生和老师）的想法比照自己原有的想法，有疑点立刻提出来请求帮助。

2. 个性错题，合作解疑

个性错题，合作解疑这一环节主要是指由学生自己提出问题，并就其问题进行合作解疑的方式。个性错题是指一次练习中除典型错题之外的，学生各种各样的个性化错误。个性化错误需要个别化解决，但是要在有限的时间里尽可能多地解决大量的个性化错误，教师可采取"四步走"的方式：

（1）学生自省错题

英语习题中的一些个性化错题是学生不良的学习习惯所致，这样的错误学生用一两分钟时间就能自行辨别和订正。例如：学生在书写时字母的大小写错误、标点符号错误、答题时漏抄或错抄单词等一目了然的错误。学生在自省错题的过程中，对于自己犯错但仍不得其解的问题也有了进一步的印象。

（2）小组讨论解疑

小组讨论是解决个性化错题最高效的方法。因为是个性化错题，因此在小组讨论中，大部分错题可以由其他答题正确的学生进行解疑，这时候小组讨论再适合不过了。例如某次五年级单元练习中有这样一篇阅读：

School Librarians needed!

Our school library is still open during the summer holidays. We need two boy helpers and two girl helpers to come into school three hours a day, five days a week to help us. The job will last for four weeks.

- able to speak simple English and Chinese
- confident（自信的）when using the library computer system

Please note that there is no pay for this job. However, the librarians who work for us will receive book vouchers（代金券）worth $500.

For more information, please ask Mrs. Pang in the library on the second floor, any lunchtime.

而此题"A helper needs to work for ＿＿＿＿ hours during the summer holiday"的答案五花八门。小组中某位学生认为文章中提到了 *We need two boy helpers and two girl helpers to come into school three hours a day*,则答案应该是 three。而另一名学生提出题干中出现了时间信息 during the summer holiday,答案应该是整个假期一周五天且维持四周的工作时长,即 sixty hours。该学生这时才恍然大悟,原来是自己没有将题目和文章中的碎片信息进行整合与分析,才导致自己填写了错误的时长信息。因此大多数个人的错题都在这个时候得到解决,没解决的我会要求小组记录下来。

小组合作学习也是一种"非同步"教学,这个小组质疑的、解决的问题不一定是其他小组讨论的。所以教师在小组合作讨论时,需不断巡视,特别关注一些力量较薄弱的小组以及有相似错题的小组,看他们有没有能力自己解决。同时,教师也要收集一些小组学生认为解决但其实并没有正确解决的问题。极个别的问题,教师直接深入该小组进行指导。较为集中的问题,待该环节结束后在全班一起讨论解决。这其实就是第二次学情分析的过程。

（3）全班讨论解疑

小组讨论中未解决的问题和学生认为解决但其实没有正确解决的问题就是全班讨论的内容。例如:我会把这些问题通过投屏或板书并通过"大家来找茬儿"这样的任务驱动来进行全班解疑。大部分学生认为做"纠错能手"是一种荣誉,愿意积极地投入到找错误的行列中来,也十分愿意聆听他人指出的问题,事半功倍。

从第一步到第三步,教师将"个别解疑""小组解疑"和"全班解疑"相结合,将"预设性解疑"和"生成性解疑"相结合,尽可能多地解决个性错题。

（4）教师重点解疑

整个"个性解疑"环节可能到第三步为止,也可能有学生通过合作仍无法解决的问题,这时候则需要教师出场进行点拨,甚至讲解。也可以是教师一个精练的、结构化的小结。这时也能激起学生对教师的崇拜之情，从而提高日常的教学效果。

3. 跟进练习，精准评价

精准评价是基于前两环节解疑后的再一次评价，目的是提供学生"举一反三"的机会，评价教学效果。换句话说，也就是针对上一次习题情况和前半节课解疑的情况设计新的跟进练习。因此，跟进练习可以是预设的，也可以是补充的生成性练习。这个环节要求教师在预设习题时尽可能周全，在这个环节作习题的删减。也有可能要补充预设中没有的练习，教师就需要针对问题马上出题。针对练习的命题既要针对典型错题，又要针对较有代表性的个性错题。教学时，教师要根据课堂时间采用不同方式：可以让学生先完成所有练习再解疑；也可以做一组练习马上解疑，再做第二组。

例如针对前面提到的"看"这题，我在备课中就进行了跟进练习的设计。我将 look、see、watch 和 read 这四个单词的辨析融入了对话情境，学生既要根据上下文判断说话者表达意图并选择合适的词语，也要对四个动词所处的位置进行观察，选择其正确形式进行填空。

Complete the dialogue with the proper forms of the given words.

> look，see，watch，read

A：Do you like _____ movies at home?

B：Yes，I do. But I like _____ books best.

A：Oh，really? I just bought a book called *Interrupting Chicken*. It's very funny.

B：Sounds good! Where did you buy the book?

A：In a new bookshop. _____ over there. Can you _____ a post office?

B：Yes.

A：The bookshop is just behind the post office. You can't miss it.

B:Thank you. I can't wait to _____ around in the shop. _____ you later!

若课堂时间有限,这一环节也可放至课后作为作业。当然,如作为课后作业,教师可先不着急布置,用一点时间回顾分析这节课的情况后斟酌改进习题,保证习题进一步巩固知识和精准地暴露问题。

4.“三环节”之前的重要环节

“典型错题,共同解疑”“个性错题,合作解疑”“跟进练习,精准评价”这三个环节的顺利实施有一个很重要的基础,那就是课前的学情和质量分析,这是一堂练习评讲课前的重要环节。

教师在批改练习过程中,手边要有一份空白卷,边批改,边记录,将记录折合成数据分析,所谓的“典型错题”和“个性错题”就一目了然了。当然,了解了错题,更重要的是去分析学生的错误思路:从哪里开始错?怎么错?为什么会错?如何纠正?是学习习惯和态度问题,还是语言知识没有掌握、方法技能没有达到要求?要将学生所犯的错误进行归纳分类,才能在课堂中对学生进行精准的指导和评价。

三、反思与改进

1. 评价标准可视化

在练习评讲时,书写和做题习惯所导致的失分问题往往会大大占用学生自省错题的时间,降低练习评讲课的效益。这反映了日常教学中教师对学生书写和做题习惯缺乏持续的关注和方法的指导。小学生学习英语,不仅仅学习语言,更涉及对英语的兴趣和学习习惯。所以笔者认为,在设计练习时,可以将书写和做题习惯也纳入评价标准中。如我们可以将评价内容和评价标准印制在平时的练习中来规范学生做题的习惯(见表2)。教师分发习题后,可以要求学生先阅读一遍评价内容和标准,并指导学生在检查时对学习习惯中所罗列的几项评价内容逐个进行排查和改进。学生通过可视化的评价标准逐步规范并形成良好的做题习惯,从而减少类似失分情况的发生。在练习评讲中,学生可以更多地把自省和讨论的时间投入到真正值得讨论和解决的问题中去。

表2　学习习惯评价内容和标准

内容	听力	词汇与语法	阅读与写作	学习习惯	总体
等第					
学习习惯评价内容 1.认真审题　2.书写端正　3.不漏题空题　4.无大小写和标点符号错误　5.圈画关键词					
学习习惯评价标准 能做到4—5项　A　　　能做到3项　B　　　少于等于2项　C					

2.阶段评价自主化

笔者还发现，一次练习评讲后，大部分学生会对本次练习的情况进行总结和反思，但很少有学生会和自己以往练的情况进行对比。笔者认为，可以在每次阶段练习后，都鼓励学生对自己以往评价表中的分项等第进行一个回顾和罗列，看看自己哪一方面在进步，哪一方面最近需要加强，也可以邀请家长进行互动留言，帮助学生更全面地总结归纳本学科各分项学习情况的发展趋势。我们可以通过这样的评价表（见表3）给予学生进行自我评价和激励的空间。教师也可以对学生的自我评价进行跟进评价，让学生获得进一步的精准指导。

表3　某学生阶段分项自主评价表

分项\练习	听力	词汇与语法	阅读与写作	学习习惯	总体
练习一	A	A	A—	A	A
练习二	A	A	A—	A	A
练习三	A	A	B+	A	A
自我评价	各分项水平基本稳定，练习三略有下降。主要问题集中在阅读和写作板块中，在阅读时有部分生词，影响了对文章的理解。争取每日完成一篇阅读，并记录生词，增加词汇量				
家长留言	小朋友对自己的问题分析得比较精准，接下来就是把"我说"变成"我做"了				
教师评语	阅读中遇到生词是不可避免的，增加词汇量固然是有利于提高阅读的速度和理解能力的，但有时候也可以根据上下文对生词进行推断，建议以后碰到这样的情况，可以反复阅读几遍文本，对生词的含义进行推测				

四、结语

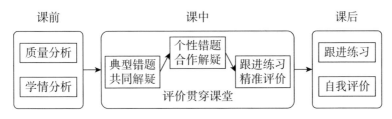

图3-4　小学英语练习评讲课操作流程

如图3-4所示,一堂高效、科学、实用的练习评讲课需要教师花几倍于课时的时间提前做好质量分析和学情分析。在课中,教师应该多让学生进行对话,参与解疑和评讲。与此同时,教师也要不断地将教学评价融入课堂,充分关注学生"相异构想"的发现与解决。教师要根据学生所存在的问题进行课堂追问和习题编制,使之成为再次精准评价学生学情的工具。我们也要给予学生充分进行自我评价、自我调整和自我完善的空间,使之逐步具备学会学习和终身学习的意识和品质并终身受益。

多元化评价设计在小学英语课堂中的探索与思考

静教院附校　詹嘉妍

基于英语课程标准的要求,单纯根据测试评价知识与技能具有一定的片面性。因此,建立能够激励学生学习兴趣、学习习惯和自主学习能力发展的评价体系就显得尤为重要。《小学低年级英语学科基于课程标准评价指南》中提出:"要养成在日常教学中关注每一位学生的习惯,通过观察学生活动、作业、测验等方面的表现,评价学生的学习兴趣、学习习惯、学业成果等。"同时提出:"学校和教师要树立评价为了改进学习的基本观念,淡化评价甄别、选拔功能,强化评价的诊断、改进与激励功能。"为进一步落实基于课程标准的评价工作,强化评价促学、评价导教的理念,我将多元化的评价设计有机地融入日常教学,并积极探索符合课程特点和本校特色的评价方案。

一、科学化、具体化的评价目标

在设定英语学科评价目标时,要在对教学重点、难点和教学内容整体把握的基础上设置与教学目标同步的评价目标。教学目标与评价目标相辅相成、相互促进。教学目标为评价目标提供了准则,而评价目标又为及时调整、完善教学目标提供了依据。以教学目标为标杆的评价目标的设立,既关注了语言知识与技能的评价,又注重学习过程与方法的评价,以及对学生情感、态度与价值观的评价。培养了学生良好的学科素养、学习兴趣、学习习惯、思辨能力、实践能力、创新精神、解决问题的能力和审美情趣。

例如:在充分分析教材、学情以及解读《上海市小学英语学科教学基本要求》(后简称《基本要求》)的基础上,我对 5A Module 1 Unit 3 My future 这一单元进行了整体设计,将本单元评价目标设定为:学生能积极运用所学核心词汇和句型进行询问、应答、复述和书写;能阅读理解并朗读、复述故事,获取语篇中的关键信息;能体会各种职业的特点,对各种职业进行一定的了解,感受他人对所从事职业的热爱之情。同时也能根据自己的兴趣爱好和能力天赋来确立自己的职业梦想,并建立要实现梦想必须通过不断地努力的进取意识。

此评价目标,创设了真实的情景任务。在完成任务的过程中,学生在情境中用英语思考问题、表达出自己的观点,并用英语进行积极的合作交流,提升了学生的英语表达能力和合作交际的能力,并帮助学生提升思维品质,突破创新。任务采用了对话、复述、表演、写作等多种形式,不仅很好地达成了语用任务,更是培养了学生完整复述故事的能力、合作表演的能力和发挥想象写话的能力。推进了课堂实效的提升的同时,促进了学生学科核心素养的达成,达到了以评导教、以评促学的目的和效果。

二、合理化、操作性强的评价方式

传统的评价方式主要是以总结性评价来判定学生的学业成果。总结性评价是指在某一阶段学习结束后对学生的学习情况进行一个最终评价。教师可以在期中或者期末阶段根据教学目标开展纸笔测试或者进行口语测试。而随着新课程改革的不断深入,评价的诊断、改进与激励功能也不断得到强化。这就使得只关注结果的总结性评价已经不符合评价发展的趋势。而学生学习过程中的形成性评价和表现性评价正变得越来越重要。表现性评价是指通过实际学习任务来检测学习目标的完成情况。它注重知识技能的整合和综合运用,对学生思维品质的提升有很大的促进作用。形成性评价则是指在教学过程中了解学生的学习情况并及时发现教学过程中的问题。这两者已逐渐成为素质教育背景下学生学习成果评价的主要方式。

教师可以根据学生日常学习过程中取得的成绩和课堂各方面的表现进行评价。教师在设计英语评价活动时,要充分把握不同评价方式的特性,并且充分考虑学生的年龄特点、认知水平和心理特征,选用合理的、操作性强的多样化评价方式。教师可以通过分析学生课堂中的口语表现,即模仿、朗读、表达、表演、交流等;书写表现,即抄写、默写等;练习表现即专注力、纪律性、正确情况等,将对学生英语学习表现的单一维度评价和多维度评价做一个有机的结合,从而全面了解学生对听、说、读、写技能把握的情况。在此基础上适时给予学生以及学生家长全面、具体的学习情况反馈,促进学生对于自我英语学习水平的客观认识、及时反思与逐步持续地改进,以最终得到改进后的激励。

三、多维度、多元化的评价内容

多元智能理论强调把多种智能纳入评价内容,使得评价内容多元化。它不仅注重对学生认知能力(基本知识和各项技能的掌握情况)的评价,同时也重视对学生非智力因素(学习兴趣、学习习惯、学习策略、自主意识、合作能力等)的评价。教师在设计评价活动时,要根据教学目标和学情,把语言智能和其他方面的智能有机地结合起来。活动以及任务内容的趣味性也是教师需要考虑的重要部分,这能让学生有信心用多元智能去完成它,达到全面而综合的评价目的。教师设计不同层次的学习任务单,不仅融入关注对学生听、说、读、写等方面能力的多维过程性评价,也结合关注对学生学习兴趣、学习习惯等方面的多元化评价。

小学低年级的学生由于年龄特点的关系,注意力维持的时间并不长。因此在设计任务时需要基于学生的真实生活,关注学生的倾听习惯,推进听说活动的开展。通过任务的形式引导学生学会仔细倾听教师的要求、教师或同伴的问题、录音所传达出的信息。活动中或活动后让学生积极交流,分享自己完成任务的成果,感受合作学习的乐趣以及收获成果所带来的快乐体验。

下面以我的一次"Do a survey"教学活动为例,以"根据老师或同伴的指令或问题,做出相应反应的情况"为观测点,呈现出如何在低年级英语课堂中培养学生的倾听习惯。我设计了任务单(见图3-5),让学生在听清我提出的采访要求后到小组内对其他成员进行提问,并根据我提出的完成任务的要求进行任务单的勾选。此项任务的设计,不仅关注了学生对核心语言知识的把握,同时也引导学生认真倾听。

评价内容:

Module 2 Unit 1 Toys I like
《英语》(牛津上海版一年级第二学期)

• Task:Do a survey.

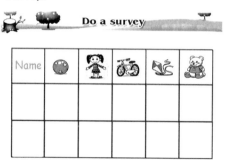

图3-5 评价任务单

• Assessment:Circle the stars.

Listening Habits	Listen to the instructions.	☆☆☆

四、立体化、多元素的评价标准

在英语单元整体教学设计中,所设计的单元形成性评价需要一个立体的、开放的、多元素的评价标准。这样系统的评价有助于教师客观地衡量学生在学习兴趣、学习习惯、学业成果三个维度的综合表现。

教师引导学生根据不同板块中的具体表现情况,为自己制定适切的学习目标和明确的努力方向。及时找到自身的不足之处,扬长避短,调整自己的学习方法和学习策略,拓宽学习的领域或进一步挖掘学习深度,使学习效益进一步提升。因此,立体的、开放的、多元素的评价标准最大化地实现评价的诊断、改进和激励功能。

以下我将举两个例子。第一个例子是对学生英语学习表现的单一维度(学业成果)的评价。旨在呈现单一维度下立体化、精细化的评价标准。第二个例子是对学生英语学习表现多维度(学习兴趣、学习习惯、学业成果)的评价。旨在呈现多维度下结合多元评价内容、多角度的观察点、多种评价方式和评价主体的评价标准。

首先,以 5A Module 4 Unit 1 第三课时 Little Water Drop 为例,以"学生运用核心语言表达"为观测点进行评价时,将评价标准定为语音语调地道性、语言表达准确性、语言表达丰富性和交际策略的有效运用这四个方面。

具体的评价要求为:第一,语音语调地道性。即语音语调正确、发音到位。表达时节奏自然,总体流畅。第二,语言表达准确性。即能将所学词汇、句型用正确的语法进行表达,内容完整,语句通顺。第三,语言表达丰富性。即不限于语言框架,能结合所学语言灵活地运用和交流。内容充实,具备一定的想象力和创造力。第四,交际策略的有效运用。即能主动地与他人进行交流,积极自信,乐于表达,运用所学的交际策略顺利达成学习任务(详见表 1)。

表 1 星级评价表的设计

Let's win stars Task 1：Introduce Little Water Drop's journey Grading：A. 3 stars B. 2 stars C. 1 star					
评价维度	评价内容	评价标准	教师评价	学生评价	同学互评
学业成果	语言运用	☆能在文本框架的帮助下运用核心内容介绍小水滴的旅程,语音语调基本正确,语法无重大错误			

(续表)

评价维度	评价内容	评价标准	教师评价	学生评价	同学互评
学业成果	语言运用	☆☆能在文本框架的帮助下运用核心内容介绍小水滴的旅程。语音语调正确,语法基本正确			
		☆☆☆准确、流利地运用核心内容介绍小水滴的旅程,语音语调正确、自然,语法正确			
Today, my grade is _____.					

小学阶段的语篇以记叙文为主。《基本要求》中对于语篇学习内容与学习水平的具体要求如下:

学习内容		学习水平	学习要求
记叙文	基本信息	A	简单讲述对话、故事等记叙文中的时间、地点、人物、事件等基本信息
	基本结构	B	描述人或物 阐明事件的起因、过程和结果

而对于五年级的记叙文语篇教学,在语言运用方面的教学目标如下:(1)能简单讲述记叙文中的基本信息,并阐明事件的基本结构。(2)能通过思考和判断,尝试表达自己的观点。

5A Module 1 Unit 3第四课时 Froggy's new job 是一个记叙文性质的语篇。以下将以课堂即时和课后评价的多维度评价标准为例,体现出立足于不同评价内容、评价维度、观察点之下评价标准的制定(详见表2)。

表 2　课堂即时评价及课后作业评价的评价标准设计

评价内容	评价维度	观察点	等第标准
课堂任务 Task 1：Answer the questions 分析故事 回答问题	学习兴趣	听读兴趣	☆能基本正确获取故事推进中的各项信息
			☆☆能正确获取故事推进中的各项信息
			☆☆☆能正确、快速获取故事推进中的各项信息
	学习习惯	听的习惯	☆倾听故事推进中的信息时不够专心认真
			☆☆能较认真地倾听故事推进中的信息
			☆☆☆能认真地倾听故事推进中的信息
		说的习惯	☆能用简单的语句回答老师提出的问题。表达不够自信,在语言运用中语法错误较多,词不达意,思维不够严密,缺乏逻辑性
			☆☆能用连贯的几句话回答老师提出的问题。声音较响亮,表达较自信,语法运用基本正确,内容基本达意,逻辑较为严密
			☆☆☆能流利地以语段的方式回答老师提出的问题,声音响亮,表达自信,语法运用正确,内容达意,逻辑严密
课堂任务 Task 2：Retell, tell or act out the story 演绎故事 分享交流	学习兴趣	表达兴趣	☆能较为主动地复述故事的发展情况或讲述、表演故事
			☆☆能主动地复述故事的发展情况或讲述、表演故事
			☆☆☆能积极主动地复述故事的发展情况或讲述、表演故事
	学习习惯	说的习惯	☆能与同学合作复述、讲述或表演故事。表达不够积极自信,内容不够完整,语法错误多,思维不够严密,缺乏逻辑性
			☆☆能连贯地与组内同学复述、讲述或表演故事。声音较响亮,表达较自信,语法运用基本正确,内容基本达意,逻辑较为严密
			☆☆☆能流利地以语段的方式与组内同学复述、讲述或表演故事。声音响亮,表达自信,语法运用正确,内容达意,逻辑严密

（续表）

评价内容	评价维度	观察点	等第标准
课后作业 Task 3: Rewrite the story 深化理解 改编故事	学业成果	语言运用	☆能根据前几课时和本节课所学语言与内容续写故事。内容基本正确连贯,逻辑基本合理。单词拼写和语法运用均有 2 处以上的错误
			☆☆能根据前几课时和本节课所学语言与内容续写故事。内容正确连贯,逻辑合理。单词拼写和语法运用有 1—2 处错误。能运用一定的想象力,故事较为生动有趣
			☆☆☆能根据前几课时和本节课所学语言与内容续写故事。内容正确连贯,逻辑合理,思维缜密。单词拼写和语法运用均无错误。想象力丰富,故事非常生动有趣

对本课时评价标准中 Task 2 的说明：

本课时需要达到的最终语用目标是学生能根据自己对故事的理解演绎整个故事。这里考虑到学生能力的差异,我在 Task 2 中设计了四种不同难度的语用任务。从难度最低到难度最高依次为:根据板书复述故事、根据图片复述故事、讲故事和演故事。学生在合作学习与交流的过程中不仅对故事的理解更为深入,也更清楚地明白只有结合自己的才能天赋方能找到适合自己的 dream job。

教师根据课标和学生的学情制定出比较适切的指标范围,设计的语言任务活动形式开放、贴近生活,具有多样性。评价指标中对评价进行了分层,充分考虑到了学生之间的差异。对不同层次的学生用不同的等第标准进行评价,体现以学生为本的理念,操作性强,从而使每个学生都得到相应最优化的发展。

五、多元性、多视角的评价主体

1. 教师评价

教师在课堂学习任务的进程中以及课后作业的反馈中仔细观察、了解学生各方面的学习情况,从而给出专业化的评价。这些评价能使学生及时了解自己现阶段所学知识的掌握情况,学习中哪些地方做得特别出色,哪些地方又需要加强、巩固和改进。及时引导学生的学习动向,并鼓励学生积极、主动地对学习情况进行反思。教师及时、充分的鼓励和赞扬也可以使学生获得学习的成就感,提升学生的学习自信。

2. 学生评价

学生评价包括了学生自评和学生互评两种形式。自评的过程也是学生对自己学习情况反思的一个过程。反思自己在学习过程中值得保持和延续的地方以及不足之处。自评有助于学生鞭策、激励自身,总结并形成自己行之有效的学习方法,提高学习效能。而在学生互评的过程中,每一个学生都承担了参与者、倾听者、观察者、评价者等多重身份。这充分激发了学生学习的动力和学习积极性,增强了学生的情感体验。学生能更主动地对学习情况进行反思和即时的调整、改进,学习促评,评价又反过来促进学习,充分凸显了评价的参与性和激励性原则。

3. 家长评价

家长参与评价能帮助家长更全面、及时了解子女的学习情况,从而及时引导、督促或者表扬、激励自己的孩子。相应地,子女非常重视家长对自己的评价,希望得到家长的认可和鼓励。家长及时、到位、积极的评价能融洽亲子关系,为孩子营造健康、和谐、进取的成长环境。因此,家长评价也是评价主体中非常重要的一部分。

教师、学生、家长共同参与评价,使评价主体多元化。不同角色主体在评价中发挥积极的作用,通过不同视角让学生更充分、全方位地了解自身学习各方面的优势和不足,帮助学生以评价为导向,按照评价指标改进和完善自己,提升学科核心素养。教师也可根据全方位的评价指标调整教学策略。

结语:

教师转变传统评价理念,围绕学生语言能力的提升、学习习惯的养成、学习兴趣的激发和思维能力的培养构建起多元评价体系。多元化评价设计的合理落实和适切公正的评价反馈,帮助学生更客观地认识自我,及时调整学习策略,培养学习能力。并使得拥有不同学习能力的学生都能获得激励和成就感,最终促进学生英语学科核心素养的发展。多元化评价设计同时也帮助教师调整、优化教学，为进一步深化校本化教学的研究和实施提供了明确的方向。

开发听说测试评价工具　提高听说测试练习效率

静教院附校　高　赟

一、研究背景

一直以来，英语听说测试最核心的技术是英语智能口语评测，这是一个高难度、跨学科的研究领域，涉及语言学、语音信号处理、语音识别、自然语言理解、测试度量学等多个学科。目前语音教学已经融入初中各个年级的日常教学中，教师们在日常教学过程中通过适当改造教材语篇、丰富话题内容，培养学生提问和处理问题的能力，同时也关注单元整合，设计一些英语教学的口头任务，从而达到英语听说教学的目的。根据上海市新中考要求，2021 年中考听说测试将计入总分，听说测试将采取人机对话的方式。学生从电脑屏幕上看到或在耳机中听到试题，然后对着话筒答题。该测试用时 10 分钟，占中考英语总分 150 分中的 10 分，因此对于每位中考考生而言都至关重要。笔者认为开发并运用恰当的评价工具，将评价融入教学，能够帮助考生们更快、更有效也更有针对性地进行复习，从而取得理想的听说测试成绩。本文将具体说明听说测试评价工具的开发流程及使用情况。

二、听说评价工具开发的具体路径及流程

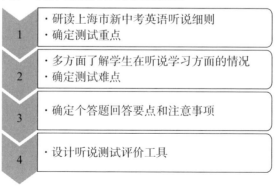

1	·研读上海市新中考英语听说细则 ·确定测试重点
2	·多方面了解学生在听说学习方面的情况 ·确定测试难点
3	·确定个答题回答要点和注意事项
4	·设计听说测试评价工具

1. 仔细研读上海新中考英语听说测试的具体题型、题量及分值

题号	题型	题量	分值
1	词组、句子朗读	3个词组、2个句子	1.5分+1分
2	交际应答	5题	2.5分
3	复述	1题	2.5分
4	表达	1题	2.5分
总计		12题	10分

2. 多方面了解学生学情,尤其是在听说测试中的难点和易错点

由于此次听说测试是全新的试题,没有历年的模拟考卷作参考,因此教师只能在实际的教学活动中多观察,多测试,多分析,从而发现学生在听说测试中的难点和易错点。比如很多学生会认为上述表格中的第一部分朗读很简单,不太愿意试读而直接对着耳麦答题,结果导致读错单词、断错意群又或错误把握语调等。

又比如在第三部分复述中,因为可以带纸笔进试场,部分考生从听第一句话开始就记录,导致后面几乎三分之二的内容都没有听清,更不用说理解并复述。通过多次模拟练习,教师确定了学生在本项大题中普遍存在的问题:

(1) 听短文做笔记没有重点,无法通过听来建构一篇较为完整的文本。

(2) 表达比较随意,缺乏规范的句型结构和必要的考试词汇。

3. 确定听说测试各个大题的答题要点和注意事项

【朗读】

朗读词组、句子是听说测试的第一部分。此部分一共有3个词组和2个句子。朗读时要注意发音清晰、准确。正确的发音也是朗读句子的基础。在平时复习时须大声朗读和背诵,这样不仅有利于提高朗读的流利度,也有助于

培养语感，提高记忆效率。朗读句子的关键在语音语调和内容。语音语调方面要注意发音清晰、语调准确、自然连贯、语速不快不慢。内容方面则要做到不漏读、不错读。在朗读句子时，要注意以下几点：

（1）在准备的时间里，首先要快速浏览句子，抓住大意，对于句中的一些读音复杂、发音较难的单词要格外注意。

（2）朗读时要注意句子是陈述句还是疑问句，如果是陈述句、特殊疑问句，句末要用降调；如果是一般疑问句，句末要用升调；如果是选择疑问句，前面的选项用升调，最后一个选项用降调；如果是反义疑问句，前面的陈述部分用降调，句末用升调。在朗读时，要注意意群之间的关系，在不同意群间适当停顿，根据意群，运用重读、弱读、连读、不完全爆破等发音技巧，准确自然地进行朗读。在平时的练习中，可对易错点进行突破练习，比如单词结尾的-s、-ed；清辅音和浊辅音的区别；元音发音开头的单词前的 the 必须读成/ði:/等。

【交际应答】

交际应答是听说测试的第二部分，此部分共 5 题，学生在听到录音后作出应答。本题考查的是功能意念。《上海市初中英语课程终结性评价指南》中一共列出了 48 个功能意念。在平时的学习中也要注意积累，学会在语境中灵活地运用这些功能意念，进行得体的表达。

【复述】

复述是听说测试的第三部分，此题要求学生在听录音的基础上，结合所给提示，了解说话的情景和主题，组织语言进行转述。做复述题时，要注意以下几点：

（1）在听的时候，快速浏览提示，读懂各个要点之间的关系。

（2）提取与之匹配的英语词块与表达结构，组织转述语言，注意人称的转换以及时态和连词的正确使用。

（3）信息转述不需要对内容进行任何拓展，不需要加上自己的观点。

（4）复述的时候注意语速，不要太着急，也不要说得太慢以免答题时间不够。

【表达】

表达是听说测试的第四部分。此题要求学生在规定的时间内就所给话题和图片进行描述。答题时需要注意:

(1) 仔细观察图片:从图里面可以看见哪些基本信息,如人物的穿着、动作、环境信息等等。

(2) 合理推断。在看懂图片的基础上,推断人物关系和故事情节。可以从以下几个方面出发:图片中的人物是什么身份? 他/她在干什么? 他/她的心情如何? 场景和时间的设置有何特别之处?

(3) 表达时,根据图片的信息,使用正确的时态。

(4) 注意把握好节奏,在规定时间内完成图片的描述。

4. 设计听说测试评价工具

在对听说测试题型、题量和答题要点具体分析之后,可以进行评价工具具体任务的设计。设计评价任务是为了检测目标达成度。评价任务是检测目标是否达成的学习任务。任务通俗言之,即为做事,因此在英语学习中,"任务"即为在真实情境中用英语做事。故评价任务可谓是"中转站",它连接目标和学习过程,它把目标转化成与之匹配的学习任务,并嵌入教学过程中。下面将以听说测试中第 4 部分表达为例,设计评价工具中的具体任务。

Checklist

	self-assessment
1. 图片中的场景和时间设置是否已有交代?	☆☆☆
2. 图片中的人物身份是否已有交代?	☆☆☆
3. 图片中的人物之间的关系是否已有交代?	☆☆☆
4. 图片中的人物行为是否已有交代?	☆☆☆
5. 图片中的人物心情是否已有交代?	☆☆☆
6. 时态使用是否准确? 如有被动语态,表达是否得当?	☆☆☆
7. 形容词、副词的修饰是否恰当?	☆☆☆

（续表）

	self-assessment
8. 是否有从句子或较为复杂的句型结构来表达图片内容？（... unless ... ，... until ... ，... although ... ，... so that ... ，so ... that，the way to do ... is to ...等）	☆☆☆

经过三周的训练后,班级中大部分学生在话题表述这一大题中得分有所上升。这表明学生在进行话题表述的过程中恰当地使用上述工具(检核表)进行训练是有效的。

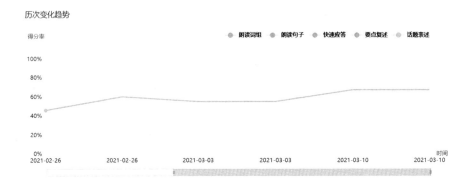

在听说测试中,引入"检核表"或"量规",既发挥教师的主导作用,也让学生通过自评和互评自主参与听说评价,促使学生监控自己的听说测试的过程,反思和调控自己的测试状态与策略。

三、听说测试评价工具的多维运用

听说测试评价强调积极参与,自评与他评互相结合,实现评价主体的多元化。在评价过程中,评价主体由学生和教师共同构成。其中学生主体包括被评价的学生本人和学生所在小组内的其他成员。因此,我们的评价方式主要有:

学生自评——学生在测试之后,听录音,对自己的表现进行评价。这种评价方式有利于学生在最短的时间内发现自己的问题,明确进步的方向。

师生评价——学生在测试之后,由教师听录音,对学生进行评价。这种评价方式最客观,能有针对性地为学生指出错误,提高准确率。

生生互评——学生在测试之后，由组内其他同学听录音，进行评价。这种评价方式有利于学生拓宽自己的思路，发现别人的优点从而弥补自己的不足。同时别人所犯的错误也可以作为自己的预警，积累更多的间接经验，为随后的测试做好更充分的准备。

以上三种评价方式可以交替使用，以起到互补的作用。同时，教师也应根据学生不断变化的学情，更新补充评价任务，以适应学生的评价需求。此份评价以听说口试为对象进行设计，在设计过程中比较全面地分析了该考试项目的考试重点以及学生目前存在的学习难点，通过评价工具的开发和使用，能够及时观察和记录学生的学习进程和学习困难，以便更全面地获得学生学习成果的反馈信息。评价即教学，只有融入了有效的评价后，我们的教学才有意义。

信息技术背景下的英语教学与评价方式的改变

静教院附校　戴晨昊

《国家中长期教育改革和发展规划纲要（2010—2020 年）》中提到："加快教育信息基础设施建设。""加快终端设施的普及。"iPad 平板电脑其富媒体技术与所见即所得的学习方式，与教育领域减负与信息化的需求不谋而合。

随着教育试点的推行，我校从 2015 年起引进了 AiSchool 云课堂教学系统。作为课堂实践与开拓者，直面现代信息科技带给传统教学的革命性变革。本文将结合自己的教学实践，以牛津英语教材中八年级一篇泛读课文为例，探讨运用 iPad 信息技术对于英语教学评价方式的改变。

从牛津教材 8A Unit 3 More Practice 部分，作为案例研究主要内容。课文通过 Detective Smith 介绍警方办案中遇到的三则"有趣"的案件，来体现警察工作的另一面。通过传统课堂实施过程与信息技术背景下的教学，进行前后效果对比。

教学环节	传统课堂实施过程	iPad 教学操作过程	课堂教学效果对比
While-task 1.阅读课文,并从文中找出说明故事 A 里的男主人公不是小偷的依据	(1)在纸质教材上,阅读文本。在页脚处,查阅生词中文解释 (2)全班一起听课文录音,完成阅读 (3)根据要求,在文本上圈画相关词句 (4)教师全班巡视,了解学生完成情况 (5)学生课堂反馈,教师板书并总结	(1)在 iPad 屏幕上阅读数字教材。鼠标点击个别生词上可浏览的英语解释 (2)可自主戴耳机,听读课文 (3)选取相关工具,直接在屏幕上圈画内容 (4)教师选取部分学生作业投屏,了解完成情况 (5)投屏分享圈画内容,并组织全班讨论	1.更突出个性化学习:学生可个性化听读全文。同时在平台点击相关生词,了解英语注解 2.课堂反馈更直观易分享:教师可随时了解学生作答情况,大屏幕分享学生圈画笔记,更利于暴露问题,共同解疑
2.给故事 A 取小标题,并总结归纳取标题的基本规则	(1)在 PPT 上显示三个小标题选项,学生举手投票,教师统计结果 (2)教师凭印象选取学生回答,了解选该选项的具体原因 (3)学生小组讨论取小标题的基本规则,教师板书总结	(1)推送投票界面,学生投票上传后,平台即呈现统计结果 (2)从后台界面了解并选取相关同学,回答选择或排除各选项的具体原因 (3)学生小组讨论取小标题的基本规则,教师板书总结	3.平台及时统计学生答题进度,并精确呈现答题结果:教师和学生都可及时了解平台投票统计结果 4.精准选择相关学生回答,暴露学生相异构想:根据平台结果显示,教师有针对性地选取学生回答,组织课堂讨论 5.学生间小组讨论及课堂板书呈现仍是"主旋律":同伴间的讨论无法被人机操作取代。板书的呈现及保留,能帮助学生巩固所学

（续表）

教学环节	传统课堂实施过程	iPad 教学操作过程	课堂教学效果对比
3. 阅读 Story B & C 后,完成相关练习	(1) 阅读 Story B 后,将 PPT 上所呈现银行抢劫案的图片与课文细节对比,全班同学讨论总结,教师板书 (2) PPT 上给出相关问题,学生带着问题阅读 Story C 后,反馈交流	(1) 完成两份作业 ① 案例对比后,在屏幕上圈画并做笔记 ② 填入相关单词,完成 Story C 生词理解(有难易两版习题选择) (2) 教师发回答案,学生自主订正并讨论 (3) 全班讨论在 Story B & C 练习中反映出的集中问题	6. 尊重学生学习节奏及风格,充分调动每位学生自主学习的能力:每位学生在 iPad 上独立思考,完成练习。教师也能及时了解学生掌握程度。同时兼顾不同能力层次学生,进行分层教学,调动学生学习积极性
Post-task 1. 给 Story B & C 取标题	(1) 小组交流后,在纸上写下小标题。教师全班巡视,找到标题中的亮点或不足,便于全班分享 (2) 小组派代表全班交流反馈,教师总结	(1) 小组交流后,在 BBS 平台上输入讨论结果,全班分享 (2) 全班同学在共享平台,点评各小组上传的小标题内容 (3) 请投票最多的小组代表,解释所取标题的含义,并请其他小组成员点评	7. 在 BBS 互动平台分享评价,打破了原先组内交流的局限,培养学生评价思辨能力:在平台上,学生可浏览各组上传内容,并给予评价。最优秀的回答不再是教师巡视中的判断,而是源于学生整体的评价累计
2. 正确理解标题中 funny 一词的含义,并说明理由	(1) 阅读 PPT 上呈现 funny 一词的若干英语词条解释,同伴讨论 (2) 全班交流,并说明选取该词条的具体原因	(1) 打开 iPad 上金山词霸 App,查找 funny 在字典上若干词条解释,并与同伴讨论 (2) 全班交流,并说明选取该词条的具体原因	8. 利用 iPad 上英语学习软件,打开学生自主学习的窗口:利用金山词霸软件,学生自主查词义,培养运用学习工具的能力

（续表）

教学环节	传统课堂实施过程	iPad教学操作过程	课堂教学效果对比
Homework	传统作业 （1）熟读课文 （2）完成课本 P49 页 C3 回答问题练习	网上作业 （1）完成 C3 网络作业，并上传 （2）在网络上找寻相关主题阅读，分享到 BBS 平台（可选）	9. 上网搜索相关主题内容，互享阅读增加课外阅读量；鼓励学有余力的学生能利用网络资源搜索相关主题文章，全班分享

一、精准数据统计,分析典型问题

学生通过文本阅读及关键信息解读后,教师推送 4 个选项让学生给故事 A 取一个合适的标题。学生端在平板上提交答案后,学生和教师可直观地在教学屏幕上了解到各选项的实时勾选结果,且以百分比的形式统计显示。

教师并没急于揭晓答案,而是有策略地组织学生层层深入讨论:讨论 1,为何大多数学生不选 C/D 选项。学生们踊跃表达,C 选项与故事大意无关,D 选项侧重人物品质而非事件本身。讨论 2:选项 A 和 B,哪个更合适。教师通过后台数据统计,分别请两位同学说明他们的理由。同学一表示 B 选项(He's not a real thief.)符合文本大意。同学二说 A 选项(a 'real' theft)中 real 的引号借鉴了课文内用法,表示反语。并强调说这不是一个真正的偷窃案,但用了 real 后则充分把课题的 the funny side of police work 标题中 funny 的特点体现了出来。同学三举手补充说:选项 B 是句子,作为标题应该用词组更合适。显然此时学生间的课堂讨论解释,已非常有说服力,难题迎刃而解。

在"后茶馆式"教学理论中,学生能学会的教师不讲,教师通过系统的实时显示,充分了解学生的相异构想后,组织学生对争议较大的选项进行深入讨论,不以教师最终的答案作为话题的终结,而是聚焦问题关键,让学生间通过充分讨论,从而达成意见统一。

二、信息同屏对比，促进深入学习

为了帮助学生理解案例 B 不是一起寻常的银行抢劫案，教师给出一张普通抢劫案的图片，让学生找出这两起银行抢劫案的不同之处，学生一边观察图片，一边仔细阅读案例 B 文本。在 iPad 屏幕上圈画相关图片信息，并在旁做好关键词笔记。这则信息对比练习难度在于学生需通过图片及文本理解后，通过比较，形成文字归纳，便于投屏分享及口语输出。

通过技术后台调取及现场巡视后，教师选取两位学生典型作答情况，在全班投屏展示（见图 3-6）。同学一就其作业内容进行全班讲解，教师肯定了其将两则案例相同因素同排比较的方法。同时再请同学二，就同学一作答中遗漏的信息进行补充。

图 3-6

在传统教学中我们也发现如下问题：有些学生不喜欢落笔，只停留在大脑思考层面，所以思考时常不够全面，信息也不易分享；教师选择有问题的习作投屏时，并非每位学生都愿意提供自己的习作。但通过信息平台操作后发现，每位学生都需在平台上完成上传作业，知晓各自答题情况。教师通过后台可选择隐去学生姓名，将有问题的作业全屏呈现，最大程度保护了每位学生的学习积极性，也将学生注意力投入到问题的本身。

在选取典型习作展示前，教师应主要考虑能反映典型问题，值得全班思考讨论。所以教师在引导全班学生评价时，应鼓励学生找到对方习作的闪光点，哪些地方值得学习借鉴，同时再指导学生对仍存在问题的解决做深入探讨与学习。

三、点赞互动评价,打破交流壁垒

在本节课的最后环节,每个小组给两个案例取小标题,结果以小组形式上传至平台;同时浏览其他小组的作答情况,每位学生都可以给心目中好的作答点赞,也能在作答下方给予客观评价。系统也会自动将点赞最多的答案推送到屏幕最上方,学生之间也能看到彼此的评价互动。

在信息技术 BBS 互动平台上,每个小组讨论的结果都能同屏呈现,供全班浏览评价,打破了原本四人小组交流的壁垒,让更多的声音可以被大家听到。最好的回答也不再是教师巡视中的判断,而是源于学生整体的评价累计,这也颠覆了教师作为活动组织评价的重要角色,从而把评价权归还给学生,鼓励他们个性化表达,并培养批判性思维的能力。

当课堂教学与信息技术"亲密接触"后,权衡两者间最佳的契合点已成为我们继续探究和实践的主要课题。在实践经验不断地积累下,我们发现运用信息技术深入课堂教学后,教学方式及评价带来的根本性的转变,更突出问题精准化的解决,更促进每位学生课堂参与,让更多的闪光点得到发现。信息技术也更好地记录下每位学生学习的痕迹和成长。

"引导和评价一体"在英语语法教学中的应用

静教院附校　沈彦含

语法教学在英语教学中有其特殊性,相对于英语教学中的阅读教学和听说教学,语法教学的内容更丰富,也更枯燥难懂。如果老师仅仅是将整理归纳好的语法规则直接灌输给学生,对于学生来说是一种学习负担,学习效果也相对不佳。在英语课堂中使用"引导和评价一体"能够有效将课堂中心转向学生,充分调动学生的积极性、主动性,通过教师的引导和及时评价,帮助学生在新旧知识中架起一座桥梁,使学生通过主动地发现问题、分析问题、解决问题,将语法知识内化吸收,在提高观察能力、思维能力的同时,培养学生独立解决问题的能力。

一、"引导和评价一体"能充分调动学生的积极性和学习主动性

"引导和评价一体"最大的特点在于转变学生从被动接受到主动学习,当学生在评价的激励下处于主动思考、积极参与的状态的时候,能够有效地集中上课的注意力,学习兴趣也会变得更加浓厚。而且,如果学生是通过教师引导,依靠自身的发现和努力而取得一定的学习成果,会更有利于提高他们的自信心,因而愿意付出努力去积极主动地学习。例如在英语时态教学中,老师不是直接把各个时态置于一条时间轴上的不同位置,让学生抄在笔记本上,而是通过用不同的情境向学生提问,引导学生通过自己的思考把时间轴画出来,通过这样的方式,就能帮助学生更好地理解不同时态间的区别。同时,教师如果能在学生参与后及时给予评价,就能有效地提高学生上课的参与度和主动性,同时也有助于良好课堂氛围的营造。

二、"引导和评价一体"能培养学生的观察能力和思维能力

"引导和评价一体"能够充分调动学生在课堂上的主体作用,通过教师的有效引导和积极评价,帮助学生主动地发现问题、分析问题和解决问题。例如在教授"被动语态"这一知识点时,老师可以和善于使用"引导和评价一体",即不直接告诉学生被动语态的格式以及使用方法,把教材中涉及被动语态的句子以设计问题、提问的形式引导同学找出含有被动语态的句子,并进一步引导学生观察发现这些句子中的共同点,并对学生自主总结出被动语态的格式和特点进行评价。相对于直接灌输给学生的知识而言,这样通过学生自己摸索学习到的知识,学生能够更好、更久地掌握和理解。与此同时,学生的观察能力和思维能力也得到了锻炼和提升。

三、"引导和评价一体"能培养学生独立解决问题的能力

学生学习英语的目的大多是为了应用于日常的交流或者将来的工作需要,所以语言学习的最终目的是运用。如果在课堂上一味地只是老师讲授、学生接收,那么学生只能掌握"哑巴英语",或者只会机械地做题,而不能真正提高他们的英语水平,学生也不能自如地运用英语进行交流和工作。例如老师在教定语从句、宾语从句、状语从句知识点时,先引导学生分析句子结构。同时,当学生对于句子结构足够熟悉了解后及时评价,学生就能被激发出判断句子中缺的是什么成分,判定是哪一种从句类型的积极性。在这一过程中,学生不仅掌握了三种从句的结构和特点,同时还掌握了学习方法,这样长此以往的学习方法上的积累实际上能够提高学生总体的学习能力,对于今后的学习、生活、工作都是有益的。所谓"授人以鱼不如授人以渔"即是这个道理,教师通过"引导和评价一体"在教会学生特定语法点知识的同时,也在教与学的过程中逐渐培养学生独立解决问题的能力。

新课改的实施强调要以学生为中心,凸显学生的主体地位。"引导和评价一体"的使用能够充分体现以"教师为主导,学生为主体"的教学原则,使学生真正成为课堂的主人。但是在使用过程中,教师也要做到潜心钻研教材,精心备课,设计适当的问题情境和教学内容,为学生提供及时和适当的引导和启发,才能使"引导和评价一体"真正实现其作用。

借助评价等第标准　提升小学语文阅读效能

静教院附校　黄玉芬

《义务教育语文课程标准(2011年版)》评价建议指出,语文课程评价"目的是为了考查学生实现课程目标的程度,检验和改进学生的学习和教师的教学,改善课程设计,完善教学过程。"上海市教委颁布的《小学中高年级语文学科基于课程标准评价指南》中,确定了"基础""阅读"和"表达"三个评价内容。其中,"阅读"和"表达"在中高年级尤为重要。但在现实教学中,教师无法判断个别学生"阅读"和"表达"的薄弱点,而学生自身对如何提升"阅读"和"表达"水平感到茫然,这就凸显出教学评价的重要性。

小学语文学科在三至五年级阶段,"阅读"主题模块的评价目标之一是:能圈画文章重点和自己感兴趣的词句,并用摘抄、仿写等方式自觉积累富有表现力的词句。三年级第一学期第七单元以"人和自然"为主题,编排三篇课文;单元目标是感受课文生动的语言,积累喜欢的词语;留心生活,把自己的想法记录下来。本案例借助于这一单元《父亲、树林和鸟》一课,呈现如何借助评价等第标准,促进学生"学习习惯"中"阅读习惯"的养成。

具体操作路径如下:

一、明确评价目标,找出实现评价目标的路径

《父亲、树林和鸟》一课,通过童年时代父亲和"我"的对话,展现了父亲对鸟的熟悉与热爱,表达了人与自然和谐相处的主题。课文中,对于父亲在树林中观察鸟的动作和语言描写比较传神,这是课文中比较典型的富有表现力的句子。最终,依据课程标准的阶段评价目标、单元教学要求,在分析文本的基础上,本课的评价目标确立为:能找出父亲爱鸟的语句;能联系上文理解"我真高兴,父亲不是猎人";初步运用通过人物动作、语言,表现人物内心的表达方法。

为了实现这一评价目标,按照由易到难的逻辑顺序,设计这样三个教学环节:①提取信息:找出父亲爱鸟的语句。②理解句子:联系上文理解"我真高兴,父亲不是猎人"。③运用表达:尝试通过人物动作和语言表现人物内心的表达方法。

二、依据教学环节,选择对应的评价方式

这些教学环节的教学内容由易到难。评价方式也比较多元:可以采用学生自评、同伴互评、教师评价相结合的方式进行,具体建议如下:

教学环节	评价方式
1. 提取信息	对于三年级的学生来说,能完整找出相关语句有点难度,可以进行同桌互评
2. 理解句子	三年级学生理解句子存在片面性,该环节建议小组互评。教师巡视并参与到小组交流中,进行评价
3. 运用表达	学生自评和教师评价相结合。教师巡视并关注学生书写情况,进行评价

三、确定评价标准,设计评价单

根据课时教学目标,设计每个教学过程的评价标准。为了使学生自评和同学互评具有客观性、针对性,设计了评价单,如下表所示。

评价内容	评价等第标准				评价结果
	☆	☆☆	☆☆☆	☆☆☆☆	
能正确找出父亲爱鸟的语句	能正确地找出一句	能正确地找出两句	能正确地找出三句，但多画其他句子	能正确地找出三句	
	☆	☆☆	☆☆☆	☆☆☆☆	
能联系上文理解"我真高兴，父亲不是猎人"	能说出父亲不是猎人就不会打鸟的这一原因	能借助上文说出父亲知鸟的习性，但不打鸟的原因	能根据父亲的语言和动作，说出父亲爱鸟、爱大自然，但说得不够有条理	能借助上文中父亲的语言、动作，说出父亲爱鸟、爱大自然，有条理，逻辑性强	
	☆	☆☆	☆☆☆	☆☆☆☆	
初步运用通过人物动作、语言表现人物内心的表达方法	能写出父亲的神态或动作的一个方面	能写出父亲的神态和动作	能写出父亲的神态和动作，表现出父亲喜爱鸟，但语句不够通顺	能写出父亲的神态和动作，表现出父亲喜爱鸟，喜爱大自然，语句通顺、书面整洁	

四、落实教学实施并诊断

施教班级共有 32 名学生，通过教学实施、评定和统计，最终的评价结果如下：

教学环节	评价结果
1. 提取信息	26 名学生得四颗星，4 名得三颗星，2 名得两颗星
2. 理解句子	在教师引导下，24 名学生得四颗星，5 名得三颗星，3 名学生得两颗星
3. 运用表达	5 名学生得四颗星，13 名得三颗星，11 名得两颗星，3 名学生得一颗星

　　从评价结果来看,学生在提取、理解部分,班级大部分学生都能得到至少三颗星,小组成员还能利用课余时间对没有得到三颗星的同伴进行辅导。但在运用部分,学生的表达比较单一,有的是摘录,有的学生写不出。写作部分反馈结果不理想,这就意味着这一评价目标尚未有效实现。为什么会出现这样的教学效果呢?

　　从学生角度看,对于"父亲"的心理,理解起来容易,但如果要通过人物的动作和语言表达出来,对本年段的学生有一定难度。因此,这一环节需要再次设计。

五、改进教学设计,进行二次诊断

　　再次研读教材,发现在课文的第13—15自然段,作者对"父亲"的语言进行了大量描写,老师让学生朗读该片段,进行补白,让学生想象"父亲"的神态、动作。通过创设情境,教师让学生读读、议议、说说,学生对于"父亲"的性格也有了更深入的了解。基于此,把评价单上的内容作了调整。

　　当父亲和我来到幽深的雾蒙蒙的树林,我发现父亲是一个(　　　　　　)的人,是因为:_____。

评价单					
评价内容	评价等第标准				评价结果
	☆	☆☆	☆☆☆	☆☆☆☆	
初步尝试通过人物动作、语言来体会人物性格	能写出父亲神态、语言的一个方面,语句不够通顺	能写出父亲神态、语言的一个方面,语句通顺	能写出父亲神态、语言,语句通顺,没有明显表现出父亲知鸟爱鸟、爱大自然	能写出父亲神态、语言,语句通顺,内容丰富,表现出父亲知鸟爱鸟、爱大自然	

　　从作业的反馈结果看,32名学生中有23名学生得四颗星,6名学生得三颗星,3名学生得两颗星,该教学目标初步达成。由此可见,教学评价的根本目的在于分析学生阅读效能,进行个性化诊断,从而促进教与学。

古语有云:"不破不立""不悱不发"。评价的过程要改变原有的评价体系,让评价贯穿在教学各环节,贯彻评价内容和要求,使教学目标的实现水到渠成。因此,在日常教学过程中,制定出评价等第标准,选择合适的评价方式,可以让学生知悉在哪些方面存在不足,从而促使学生养成良好的阅读习惯。教师也可以依据学习结果相关的评价分析,对评价目标的达成情况进行客观诊断,并以此改进课堂教学,真正做到教、学、评的一致性,有效实现课堂教学目标。

初中"整本书阅读"反馈评价的实践探索

静教院附校 马赐敏

在评价之前先要寻找到评价的终点,也就是我们通过评价希望实现什么目的,达到什么效果。从建构主义角度去理解评价,强调评价的目的在于更好地根据用户需要实施教学,评价过程服务于教学过程,教学的目标是为了更好地使学生找到自己的定位,发现自己的价值。因此,评价、教学和学生的发展是一个统一体。这为我们讨论"整本书阅读"评价找到了实践的终点,也是理论的起点。"整本书阅读"评价的目的也在于促进学生的阅读学习和教师的阅读教学。

一、基于课标的评价目标与内容

教育部制定的《基础教育课程改革纲要(试行)》规定:"国家课程标准是教材编写、教学、评价和考试命题的依据,是国家管理和评价课程的基础。应体现国家对不同阶段的学生在知识与技能、过程与方法、情感态度与价值观等方面的基本要求,规定各门课程的性质、目标、内容框架,提出教学和评价建议。"[①]为课程与教学评价提供基本标准是课程目标的功能之一。"纲要"从

---

① 中华人民共和国教育部.基础教育课程改革纲要(试行)[EB/OL].(2015－06)[2019－05－04]. http://old. moe. gov. cn//publicfiles/business/htmlfiles/moe/s8001/201404/xxgk_167343.html.

"知识与技能""过程与方法""情感态度与价值观"三个维度规定了课程、教学与评价。"整本书阅读"是课内阅读的补充形式。书目确定,教学实施及评价均需以课标为依据。

《义务教育语文课程标准(2011 年版)》对中学生的阅读评价中提出:"要综合考查学生阅读过程中的感受、体验和理解,要关注其阅读兴趣与价值取向、阅读方法与习惯,也要关注其阅读面和阅读量,以及选择阅读材料的能力。重视对学生多角度、有创意阅读的评价。"[1]课标对精读、略读、浏览、课外阅读等又做了分类阐述(见表 1)。

表 1 《义务教育语文课程标准(2011 版)》阅读评价建议表

精读	重点评价学生对阅读材料的综合理解能力,要重视评价学生的情感体验和创造性的理解。第三学段侧重考查对文章表达顺序和基本表达方法的了解领悟;第四学段侧重考查理清思路、概括要点、探究内容等方面的情况,以及读懂不同文体文章的能力
略读	重在考查学生能否把握阅读材料的大意
浏览	重在考查学生能否从阅读材料中捕捉有用信息
文学作品阅读	着重考查学生感受形象、体验情感、品味语言的水平,对学生独特的感受和体验应加以鼓励。第三、第四学段,可通过考查学生对形象、情感、语言的领悟程度,以及自己的体验,来评价学生初步鉴赏文学作品的水平
课外阅读	应根据各学段的要求,通过小组和班级交流、学习成果展示等方式,了解学生的阅读量和阅读面,进而考查其阅读的兴趣、习惯、品位、方法和能力

课标列出了评价目标的三个维度。评价建议表主要依据阅读类型为序列,同时兼有不同文体,不同阅读形式。"整本书阅读"并没有在其中列出,仍需要我们根据其本身的特点,对照评价建议表,整理归纳出评价的目标与内容。

根据"整本书阅读"的特点,在阅读过程中兼具多种阅读类型,既有对整本

---

① 中华人民共和国教育部.义务教育语文课程标准(2011 版)[S].北京:人民教育出版社,2012.

书的浏览,又有部分章节的略读,还有重要语段的精读;既有文学作品阅读又有非文学作品的阅读;主要是课外的阅读,也会有课内的精读学习与成果交流。所以"整本书阅读"可评价内容非常丰富。课标中提出,课外阅读"应根据各学段的要求,通过小组和班级交流、学习成果展示等方式,了解学生的阅读量和阅读面,进而考察其阅读的兴趣、习惯、品位、方法和能力"。为我们真实、准确地评价给出了建议与方法。有效的评价是我们运用适宜的评价类型寻找到学生是否达到预期教学结果所需的证据。

美国《英语学科能力表现标准》包括五个类别的能力表现标准:阅读、写作、说、听、观察,英语语言的规则、语法和用法,文学(高中另加公文、实用性文件)。整个评价系统由三个相关的部分组成:能力表现标准、参照性考试和一个学生档案系统。① 其中"能力表现标准"包含"能力表现说明"与"作业实例与评注"。运用书面测试和课堂上的即时测试能够对学习基本事实和技能作出较为有效的评价,而对于评价学生深层理解的情况会更为复杂。"整本书阅读"是在教师指导之下学生的课外阅读,并没有统一的考试对其阅读学习效果作出评价,但可以通过学生的能力表现对其阅读能力水平、阅读方法掌握情况作出评价。根据学生的学习成果对其阅读态度与阅读兴趣、阅读数量与阅读速度、阅读习惯与阅读方法、阅读策略应用与阅读能力状况进行评价。

"整本书阅读"的学习成果包括两方面,一是阶段性成果,另一为终结性成果。阶段性成果是指学生在进行一本书的"整本书阅读"中所完成的作业,学生在"整本书阅读"课堂上的阅读、表达能力的实际表现以及平时的作业。作业包括积累本上的作业。阅读笔记可以评价学生的阅读习惯与阅读方法的运用,了解其兴趣取向和精神样貌。通过思维导图作业可以评价学生阅读的思维状态。

二、指向调整的评价设计与实践

评价的目的是促进学习与教学,在确定评价形式之前需要了解不同评价形式的作用,依据其作用作出选择。按照评价功能和作用分类,有诊断性评

---

① 美国国家教育和经济中心,匹兹堡大学.英语学科表现标准[M].上海市教育科学研究院,译.北京:人民教育出版社,2004:3-4.

价、形成性评价和总结性评价。诊断性评价用于教学前了解学生的基础,以确定下一步教学目标。形成性评价常出现在教学过程中,帮助教师了解学生的接受情况、教学方法是否适合学生、需要怎样做即时调整等等。在教学过程中的评价能够及时反馈出学习者的学习情况,哪些掌握了,哪些没有掌握。教师通过准确地了解这些情况对教学作出调整。

（一）调整教学的评价

"整本书阅读"的用书篇幅长,学生阅读耗时长,整个阅读周期长,这对教师掌握学生的情况带来困难。所以以将整个阅读周期分解为几个小的学习单位,每个学习单位有一次学习反馈（表2）,教师及时关注学生学习动态,及时干预。设计与反馈双向互动关系（表3）。

表 2　《西游记》周阅读任务反馈单

阅读目标	阅读建议	阅读任务（本周）	思考问题（本周）
我是否完成了本次任务：		给自己的评价：	
本次任务中的困难与疑惑：			

表 3　设计与反馈互动表

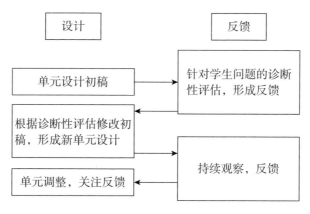

单元任务反馈表中的"阅读目标""阅读建议""阅读任务"和"思考问题"根据学生完成上一周任务情况作出调整。调整好的任务反馈单再发给同学,继续观察,随时调整。以表4中第一周阅读任务为例。按照计划设想,希望同学

每周阅读十回,阅读任务要求读序言、出版说明。阅读问题一共有 5 个。根据任务反馈单与阅读笔记完成作业情况,发现有学生没有完成 5 个问题。经过与同学交流发现教师对学生阅读文言文章回小说的水平预判错误,任务超出了学生能力范围,学生因为缺少相应的阅读方法与阅读经验,无法在一周内完成十章的阅读任务,而且问题设置过多,学生无法完成。根据实际情况,教师及时在第二周调整目标,从十回调整为三回,思考问题由 5 个减至 1 个。同时在阅读建议"阅读任务"中加强阅读方法的指导与要求。比如学习跳读,学习如何处理章回小说中的诗词,随着学生阅读经验的增加,后几周加快速度。但问题仍然固定在 1 个或 2 个,且有一定的思维深度。

表 4　周自读导学阅读任务(部分)

阅读目标	阅读建议	阅读任务(本周)	思考问题(本周)
第一周阅读 第1回—第10回	阅读时 ① 圈画重要信息,好词好句 ② 撰写批注。写下自己的感想、评价、疑问 ③ 摘录好句、有趣味处、有疑问处	阅读序言或出版说明,了解《西游记》成书过程,故事梗概	阅读一至十回,根据阅读进程完成以下问题,做好批注,答题写在积累本上 1.石猴缘何脱颖而出成为猴王? 2.猴王为何出游拜师学艺? 3.菩提老祖为何要教孙猴异样的本领? 4.学了本领后孙猴做了哪些事? 5.玉皇大帝要收服孙猴用了哪些方法?为什么?
第二周阅读 第11回—第13回	1.有个别同学书籍版本不符合要求 2.书中缺少批注 3.5个问题没有完全解答	1.在积累本上制作一张阅读进度表 2.阅读时在书上做圈画与批注	完成问题:从石猴到美猴王,再到齐天大圣,又被压五指山下。你最欣赏孙猴的什么特点?请结合书中内容分析,写成短文

评价反馈不仅作用于设计,同时还决定了"整本书阅读"课内学习指导课的教学内容。教师对阅读任务反馈表进行观察、整理,发现学生阅读中的问题,在阅读中期的交流课中作为讨论的话题,组织学生在课堂上解疑释惑。

(二)　调整学习的评价

"整本书阅读"是课外完成的阅读,整个过程需要学生实现自主阅读,自我监控,自我评价与自我调整。这种对自我学习过程的认知即元认知。现代学习理论认为,学习是学习者自主建构的过程,自我评价既是学习目标也是学习手段,学生既是评价对象也是评价主体。后现代课程观认为,评价不能只是把预先设计的目标和学生获得的学习经验进行比较,而应以促进学生经验的发展与转变为核心。这种理念将人们对培养学生阅读素养的关注引向高阶阅读认知及读者的自主评价。安德森等专家团队提出了认知领域目标 01 版的分类学,其中高阶阅读认知包括分析、评价与创造。其中评价就是基于标准作出判断。① 自我评价的形成需要元认知技能的参与。元认知经常以内部对话的形式呈现,教师需要明确地在教学过程中强调元认知过程,让学生意识到它的重要性,并有意识地培养学生元认知技能。所以在学习过程中,教师可以提示学生去反思自己的学习,"我学会了吗""我还有什么问题吗""我是如何思考这个问题的"。

"整本书阅读"中首先让学生学会监控自己的阅读进度。在阅读一本书之初,教师与学生共同制定学习计划,确定读完整本书所需要的时间,以及分阶段的目标与任务。利用阅读进度表(表 5),让学生读完一次自己填写一次,并对自己的表现作出评价。其次,在每周的"阅读任务反馈单"(表 2)中设计了学生自我评价的项目,比如"我是否完成了本次任务""给自己评价""本次任务中的困难与疑惑"这些问题以内省式的语言促使学生反思自己的阅读行为,实现阅读的自我调控,建立学生终身阅读、终身学习的良性机制。

---

① 　黎加厚主编.新教育目标分类学概论[M].上海:上海教育出版社,2010:135.

表 5　《西游记》阅读进度表

阅读时间（日期）	阅读章回	阅读页码	阅读评价

初中语文教师课堂教学评价语言运用原则探究

静教院附校　　李英娥

　　教师课堂评价是课堂教学的重要组成部分，是课堂师生对话的重要内容之一，教师高质量的课堂教学评价具有诊断与反馈、肯定与激励、调控与发展的积极作用，能促进学生的进一步思考，推动学生积极主动发展，提高课堂教学质量。

　　根据不同的标准，学术界将教师课堂教学评价语言分为言语性评价语言和非言语性评价语言、激励性评价语言、诊断性评价语言和发展性评价语言、直接性评价语言和间接性评价语言、知识评价语言、能力评价语言和情感态度评价语言等。无论何种课堂教学评价语言，都是教师遵循一定的教育规律和评价原则，"在完成某一阶段的课堂教学时，对学生在这个阶段中的学习行为、学习态度等表现做出的带有感情色彩的评价性语言"。①

一、初中语文教师课堂教学评价语言的问题分析

　　笔者在阅读大量文献和在一线教学中通过观摩不同初中语文教师的课堂发现，初中语文教师课堂教学评价语言存在一定的问题，这些问题在一定程度上影响了师生对话和课堂的有效性。

　　1. 问题类型

　　分析发现，初中语文教师在课堂评价过程中存在着教学评价语言太重预设、单一笼统、针对性弱、盲目鼓励等问题。

---

　　①　叶澜.课程改革与课程评价[M].北京:教育科学出版社,2001:131.

（1）太重预设

这一点新手教师比较明显,由于新手教师课堂教学经验不足,为了保证课堂教学的顺利进行,会将每一个教学环节和问题设置提前备好,并力图按照自己的教案有条不紊地进行授课。对于每一个提问都有很强的预设,想把课堂牢牢地掌控在自己的手中,做到游刃有余。在课堂上,部分教师为了方便学生得到答案顺利进入下一个教学环节,抛给学生的相关问题过于浅显,且当学生所给出的答案与教师的期望不一致时,教师的评价容易产生一定的偏差,甚至在进行问题总结环节会容易卡壳,不够流畅自然,甚至会因为其情绪上的丝毫失望影响到对学生的全面客观评价,无法突出学生的主体性。

（2）单一笼统

部分教师对学生的学习行为表现往往是给予"很好""不错"等单一的评价,甚至有的教师在评价时没有明显的褒贬情感色彩,只是模糊笼统的"嗯""请坐""再想一想"。学生无法从教师的评价反馈中判断自己的想法是否恰当和正确。语文教师在学生回答问题时,没有做到"面带微笑,有眼神交流并且仔细倾听""经常带有点头、手势等肢体动作"。可见部分教师在日常教学中,没有将有声评价语言与无声评价语言有机结合,没能充分发挥无声评价语言的作用,评价方式过于单一。

（3）针对性弱

部分语文教师的课堂评价语言针对性弱,教师会直接回答"好的"或"对的",然后会直接引入下一个教学环节,这表明有近一半的教师在作肯定评价时针对性较弱,没有让学生清楚地了解到具体正确的方向,缺乏发展性。在对学生的回答进行否定时,也有的教师会直接评价"错了"或"不对",未进行引导追问,指明错在哪里,这不利于学生深入思考、把握改正的方向。

（4）盲目鼓励

课堂教学中教师的肯定与鼓励是主要的,但是不同学生的课堂表现是不尽相同的,其回答也不可能都是完美无瑕的。部分教师在面对学生不完美甚至严重偏差的回答时出现了一味肯定、盲目拔高,甚至夸大其词的问题,未能真实准确科学地对学生进行评价。面对学生偏题的值得商榷的回答,不敢提出批评并指明修改意见，而是一味地夸奖"好极了""你真棒"。明明是偏题、逻辑不清楚、胡乱作答，却给扣上一顶"你的回答真是别具一格啊"的高帽。学生朗读得一般，但是为了鼓励其积极性，却夸张地表扬："你的朗读真是无人能及，太精彩了！"此类言过其实的表扬，会使学生沾沾自喜，只满足于现状，知识能力提升的空间被轻易抹杀，创新能力得不到开发，不利于学生全面审视自己，弥补不足，取得进步。

2. 成因分析

初中语文教师课堂教学评价语言存在诸多问题，这些问题的出现不是单方面原因造成的，而是社会、学校和教师自身等多种因素共同影响的结果。

考试作为学生学习的最主要的评价指标，社会对于学生和学校的评价也更多地着眼于考试的结果。这无疑在一定程度上营造了一种"轻过程、重结果"的教学氛围，导致一线教师在实际教学过程中将教学的主要时间和精力集中在教材、考纲，学生听课、作业、成绩上，而对课堂上师生对话、互动，教师课堂教学评价语言的关注度降低甚至忽略。

由于社会的关注度主要集中在学生的学业成绩上，学校对于教师的关注度也主要集中在学生的学业成绩上，教研活动、培训活动都没有对教师课堂教学评价语言进行适当的重视，教师缺乏相关知识技能的培训，缺乏具体的方法指导，没有得到太多的机会来提升理论水平与职业素质。教师也就自然不会刻意在课堂教学评价语言方面多下功夫，不能对评价语言充分备课，及时在此方面进行反思。

二、初中语文教师课堂教学评价语言的运用原则

与小学课堂和初中其他学科课堂相比，初中语文课堂有其独特性。随着年龄的增长和知识阅历的积累，初中学生的课堂思维能力有了很大的进步，与老师对话的诉求也明显提高。初中教师在对学生的学习表现进行评价时，如跟小学一样仅仅使用"你真棒！""回答得真好！"等较为单一重复的评价语言，则不利于启发学生进一步思考，肯定和激励作用也略显单薄。且初中生处于"小大人"的青春期状态，自我意识高涨，内心渴望独立自主和得到同伴及长辈的认可,老师的不恰当评价可能被认为是一种敷衍或不重视,可能会伤害到学生的自尊心,引起学生的抵触与对抗,不利于学生的健康成长。

"语文是最重要的交际工具,是人类文化的重要组成部分,工具性与人文性的统一,是语文课程的基本特点。"①这对初中语文教师课堂教学评价语言提出了更高的要求,要求语文教师课堂教学评价语言也要体现语文学科工具性与人文性统一的魅力。

具体而言,初中语文教师课堂教学评价语言有其独特性,要遵循的原则有:

1. 全面性

全面性是指初中语文教师的课堂评价语言既要体现对学生发言内在的思想内容的评价,又要体现对学生发言外在的语言表达的评价,即对学生发言的内容和形式都不可偏废。换句话说,在对学生课堂发言进行评价时,教师既要注意倾听学生所说的内容是否恰当、准确,同时也要关注学生的语言组织表达是否顺畅、得体。如当学生思考的方向正确,但表达不流畅时,教师可评价学生:"这位同学的思考方向很正确,但要注意将自己的想法表达得更清晰。"并再对学生的发言进行简单总结,为学生做出一定的示范。

全面性还指教师要根据不同的教学内容和目标,联系不同文体(诗歌、散文、记叙文、说明文、文言文、小说等)的教学特点,从知识与技能、过程与方法、情感态度与价值观等多个维度出发对学生进行评价。如教师对学生的朗读进行评价时,既要评价学生读的语音、语调、句读是否准确,还要关注学生在朗读时的情感是否真切、饱满、恰当。再如对学生通过小组合作探究后发言评价时,既要评价该小组的结果,同时也要评价该小组的学习过程和方式,对学生进行全面的关注和反馈,才能更好地促进学生的积极性。例如在学习文言文时,评价学生"能够联系课下注释理解文章,也能注意到特定的历史文化背景",这比简单地夸奖学生"理解得正确"能发挥更好的效果,既肯定了学生,也

---

① 　中华人民共和国教育部.义务教育语文课程标准(2011 年版)[S].北京:北京师范大学出版社,2011:2.

强调了学习文言文过程中注释和文章背景的重要性。

2. 科学性

初中语文教师课堂教学评价语言要注意科学性，是指初中语文教师应该根据学生的性别、性格、学业水平、认知水平等多方面的差异，在课堂教学中给予学生准确、科学的评价。用情真意切、具有亲和力的有声评价语言和眼神、微笑、鼓掌等体态语言使学生获得归属感与认同感，增强其自信心，激励学生积极参与到课堂教学活动中。

科学的课堂评价，是提高课堂教学质量的一个重要手段，应准确，不能一味肯定、盲目拔高，要指出不足，讲究科学性。即使是学生的学习行为不如人意，语文教师也不能回避，更不能没有原则地盲目表扬。盲目的表扬，不利于课堂气氛的维持与学生认知水平的发展。

对于课堂评价，要真实有效，科学合理。新课程改革提倡对学生进行发展性评价，强调教师在对学生进行评价时要以每位学生的发展为本，充分体现新课程以人为本的理念，同时尊重学生的个性差异，以期每位学生都能获得全面的发展，尽可能地体现自我价值。

3. 主体性

"在课堂评价中，评价者与被评价者之间的地位是平等的，评价是评价者与被评价者即教师与学生、学生与学生共同建构意义的过程。"①在传统的课堂中，教师是教学行为的主体，随着教育改革的发展，我们逐步认识到这种以教师为主体的课堂模式是不符合教育发展规律的，不利于学生的发展。教师应把课堂的主体地位交给学生，在教学过程中避免"满堂灌"，而是给学生更多思考和发言的空间，做一个引导者，启发学生积极主动地思考，在课堂中发挥学生的主体作用。

在初中语文课堂教学评价中，语文教师的评价要学会"留白"，而不是一问一答就公布答案解决问题。当学生的思考不全面、不精确时，我们可以让学生帮助学生，让他们自己互相启发、促进、完善。如当询问学生某篇说明文的说

① 陆蓓.有效教学：课堂评价语言的应用策略[J].课程与教学探索，2002(8).

明方法时,该学生只找到回答了一种,老师可以这样评价:"这位同学说得很正确,该文章的确运用了举例子的说明方法,但只有这一种吗?其他同学有没有补充?"诸如此类的评价还有"这位同学只说对了一半,还有谁可以补充?""他们谁说的更有道理呢?谁来点评一下。"等等。

4. 针对性

教师的课堂教学评价是对学生学习行为和表现的一种诊断和反馈。学生能通过教师对自己的评价反思自己学习的情况,对自己的学习情况形成正确的判断,找到自身的薄弱点,提高自己的思考能力与学习效果。教师应给予学生准确无误、有针对性、具有启发引导作用的评价。

在初中语文课堂教学中,教师的评价更应该做到有的放矢。当学生的学习行为表现值得肯定时,不能单单用"好""对"来结束对话;当学生的学习行为有不足要批评或者否定时,也不能出于保护学生积极性的目的选择对"不足"视而不见,或者直接评价"错了""不对",应该切实指出学生的不足之处,根据学生的最近发展区,针对性地提出具体可行的建议,引导学生,以促进学生发展。

5. 发展性

教师的课堂评价具有即时性的特点,学生的课堂回答是一种课堂生成性资源。初中语文教师课堂评价语言要有发展性指教师的评价也要有生成性,即不是对学生的回答作简单、单一的交代,而是能通过评价,让学生进行其他方面的思考,促进学生思维的发展,让学生"跳一跳能摘桃子"。例如:在上《盼》一课时,教师询问学生文中的小女孩在盼什么,当学生回答在盼下雨穿上妈妈给"我"买的新雨衣后,教师评价中可以追问:是一盼就盼到了吗?盼的过程是怎样的?可以联系人物的心理描写,启发学生进一步思考。这样的评价具有拓展性,不局限于问答模式,带有余味,为学生的思维火花埋下种子。

初中语文教师要想体现高质量的课堂教学评价语言,就要做到以上几点。只有这样,教师对学生的反馈才能起到最大的积极作用,师生互动才能更有效果,课堂教学质量才会有更大的提升。

三、结语

教师课堂教学评价语言是课堂教学的重要内容，是师生互动、对话、交流沟通的重要形式之一，对学生的学习至关重要，是学生对自我诊断的重要依据。但由于社会、学校、教师自身等各方面原因，初中语文教师课堂教学评价语言存在太重预设、单一笼统、针对性弱、盲目鼓励等问题。笔者通过阅读大量文献资料及根据自己的一线初中语文教学经验，就初中语文教师课堂教学评价语言的运用原则进行了探究，提出了自己的几点看法：初中语文教师课堂教学评价语言要遵循全面性、科学性、主体性、针对性和发展性的原则。由于笔者的理论知识不足、阅读面狭窄，探究也不够透彻，提出的建议也不够全面，但笔者期待本研究能够为一线语文教师提供一定的帮助，能够在初中语文教师课堂教学评价语言的应用实践中发挥一些作用，更希望它能够在实践中得以完善、发展。

课堂评价：指向深度学习

静教院附校　周　琳

20 世纪 70 年代，深度学习（deep learning）的概念最早由马顿（Marton）和塞利约（Saljo）提出。深度学习是指具有实际意义的学习方式，可以使学生获得最佳的学习成果，对所学知识理解得更加透彻，并且与学生的学习动机和内在愿望紧密联系在一起。[①] 美国休利特基金会从六个维度界定了深度学习，分别是核心概念的掌握、批判性思考和问题解决、有效交流、合作学习能力、知道如何学习以及学术思维。[②] 深度学习的发生，能够使得师生双方

---

① Biggs J. Teaching for quality learning at university: what the student does [M]. McGraw-Hill / Society for Research into Higher Education & Open University Press, 2011.

② Huberman M, Bitter C, Anthony J, et al. The shape of deeper learning: Strategies, structures, and cultures in deeper learning network high schools[J]. American Institutes for Research, 2014.

更积极地投入到学习中去,理解学科学习对于学生自身成长的价值和意义,体验到学习带来的成就感。

在教学实践中,课堂评价是促使学生走向深度学习的重要因素。评价作为课堂教学过程中的重要一环,其目的是为了促进教师的教和学生的学。这里的"学"所指并非是机械式的浅层学习,而是学生在学习过程中能够理解、运用、建构及创造,获得有意义的知识与技能,这是全国基础教育课程改革背景下课堂评价的深层指向。

课堂评价究竟如何促进学生深度学习的发生? 本文将从评价目标、评价任务以及评价方式这三方面入手,以语文课堂为例,讨论如何行之有效地践行指向深度学习的课堂评价,让课堂评价成为学生深度学习的"引擎"。

一、以明确的评价目标导向深度学习

良好的课堂评价必须有清晰明确且与学习目标一致的评价目标。斯蒂金斯(Stiggins)提出,评价的质量依赖于我们对将要评价的目标的定义是否明确和恰当。评价目标必须与教学目标和学习目标相契合,这就要求教师要根据这节课的教学目标来确定评价目标。例如:在《飞向蓝天的恐龙》一课中,"能照样子,用对比列举的方式介绍事物"作为需要达成的教学目标之一,要求学生能够发现科普文章先总写后分述、对比列举等写法上的特点。由此,与之相呼应的评价任务为"照样子写一段话,用上先总述后分述以及对比举例的方法"。保证教师教什么,学生学什么,就评什么,这就是所说的"教—学—评"的一致性。在这种情况下,评价目标能够促进教学目标和学习目标的达成,评价过程不仅仅是对学生知识能力的价值判断,而且是真正嵌入课堂教学中,是对语文学习方法的感受与实践的落实。

其次,在教师确定评价标准之后,需要以某种方式向学生提前分享评价目标。在威廉和汤普森所提出的形成性评价五大策略中,首条便是学生澄清、交流和理解成功标准。[①] 这会让学生开始思考一个重要问题——我要去哪里。

---

① Wiliam D, Thompson M. Integrating assessment with learning: what will it take to make it work? [J]. Lawrence Erlbaum Associates, 2007.

从深度学习的角度来看,学习是建立在深度理解(comprehension)之上的。分享评价目标的最终目的是达成学生的理解,引发学生思考这一节课的知识与已有知识的关联,感受到新知识对于这一学科学习的意义和重要性,潜移默化地引导学生形成自己的知识结构。以语文部编版教材中涉及提问的单元教学为例,四年级第二学期第二单元要求学生"阅读时提出不懂的问题,并试着解决"。在教师进行单元教学时,会提前分享这一单元要求,同时明确将能否较好地解决阅读中产生的疑问作为该单元的评价标准之一。当学生明确单元评价标准之后,他自然会关联到四年级第一学期第二单元的旧知——"阅读时尝试从不同角度去思考,提出自己的问题",意识到当前的学习任务在原有的提问策略基础上更进一步了,从而感受到这一单元学习对自主阅读能力的重要意义。

二、以真实的评价任务激发深度学习

要建构深度学习的课堂,评价任务的设计至关重要。评价任务的设计应当指向学生问题解决的能力、聚焦学生认知过程以及训练学生的高阶思维。其中,基于真实情境的评价任务能够让学生不断进行深入思考,迁移所学知识来解决实际问题。①

例如,《天窗》一课中,学生通过茅盾笔下对童年天窗的生动笔触,发挥想象,体会孩子视角下透过天窗看到的神奇的自然景象。在设计评价任务时,让学生围绕"假如你是那个晚上被逼着上床'休息'的孩子,透过天窗,你会想象到什么?"进行写话训练。这一评价任务充分考虑到孩子的年龄特点以及生活经历,为他们设置了真实的生活情境,让学生结合个人的情境体验,做到"我手写我心"。再以部编版语文教材"口语交际"中的"转述"一课为例,需要学生掌握将事情转述给他人的方法。在课堂实践中,学生在根据课内材料进行转述练习时,提出"这是真的通知吗?"这样的疑问,说明小学阶段的学生会自然而然地产生学习知识是为了解决实际问题这一认知。因此,在设计关于"转述"的评价任务时,结合真实的学校活动,向学生出示一份关于"学校J舞比赛通

---

① 周文叶.表现性评价:指向深度学习[J].教育测量与评价,2018(07):1.

知"的体育委员开会记录,让每位学生当一回体育委员,将开会要求转达给班级同学和老师。

不难发现,要切实落实语文学科核心素养,一定要将评价任务转变成"情境任务",即在具有真实生活情境背景下,为解决真实生活问题而完成的任务。这样的具有"真实性"的评价任务脱离了原有的应试目的,旨在培养学生的迁移性能力,所指向的是真正以迁移、创造、运用为核心的深度学习。

三、以适切的评价方法促进深度学习

纵观已有的课堂评价研究,学者们在"运用多种评价方法以促进教学"这一观点上已达成共识。[①] 然而,随着自评、互评几乎成为课堂"标配"时,出现了课堂评价趋于形式化、浅表化的问题。评价方法多样,却可能根本脱离了本堂课的学习目标,又或是课堂评价所收集到的信息,教师没有进行处理和反馈,那么改进教与学更无从谈起了。那么,到底如何让不同的评价方式真正作用于学习环节呢?

以语文学科为例,根据《义务教育语文课程标准(2011年版)》,语文学习可分为识字与写字、阅读、写话与习作、口语交际以及综合性学习等六个方面的内容。指向学生深度学习的课堂评价方法主要有四种:即时形成性评价、表现性评价、自我评价以及同伴评价。为了实现课堂评价对教与学的有效促进,针对特定的语文学习内容,需要选择恰当的评价方法。

表1参照了董琼关于深度参与课堂评价的理论框架,结合义务教育阶段语文学科的热点,展示了语文学科评价目标和评价方法的组合碰撞。[②] 可以看到,我们可以优先选择课堂即时形成性评价考查学生对生字词语的掌握,观察学生在阅读过程中的理解程度;选择表现性评价来评价学生口语交际以及综合性学习的成果;选择自我评价来引导学生进行学习之后的自我反思,特别有利于习作修改;选择同伴评价来倾听、质疑、讨论各内容的学习成果。

---

① 裴桂华.课堂教学评价浅析[J].上海教育科研,2015(08):79-80.

② 董琼.学生如何深度参与课堂教学评价——促进学生学习与教学改进的评价新取向[J].人民教育,2019(Z2):106-109.

表1　义务教育语文评价目标和评价方法的组合

评价内容	能力目标	评价方法			
		课堂即时形成性评价	表现性评价	自我评价	同伴评价
识字与写字	识字写字技能	即时通过多种题型对语文的基础学科技能进行检测,暴露问题	不适用于评价这种学业目标——优先考虑其他三种方法	在预习、先学等环节让学生进行自查,但是难以普查易错问题	可以通过交流对简单问题进行纠错
阅读	感受、理解、欣赏和评价的能力	可以通过课堂互动评价学生的理解,恰当点拨	可以展示学生感受,推断学生的理解和欣赏能力	可以评价自己任务的完成情况,但不能评价质量	可以通过倾听、质疑和讨论互相启发,但不能很好地评价质量
写话与习作	观察、思考、表达和创造的能力	分享评价目标、达成师生的共同理解,但是不能评价成果质量	不适用于评价这种学业目标——优先考虑其他三种方法	利用评分规则进行自我反思、修改	参照评分规则进行相互批改、学习
口语交际	倾听、表达和应对的能力	分享评价目标,检测实时的表达能力,提出改进	非常适用于评价口语交际能力	可以评价自己任务的完成情况,但不能评价质量	可以参考评分规则,通过倾听相互评价
综合性学习	语文知识的综合运用、听说读写能力的整体发展	不适用于评价成果质量	适用于根据活动成果评价解决生活中的实际问题的能力	可以评价自己任务的完成情况,但不能评价质量	通过交流相互启发,展示成果

此外，自我评价和同伴评价的主体都是学生，课堂上能让学生评价的，决不由教师包办代替。但使用这类评价方法时，教师更要注意与学生分享评价标准，达成共识。并且在这一过程中，教师要收集信息加以反馈，从而达成有效的学生参与式评价。在这一过程中，学生的评价的技能和策略也会得以提升，所带来的是更可持续的学习能力。在这一意义上，以学生为主体的评价过程本身也指向了深度学习。

在 21 世纪教育全球化、信息化的背景之下，课堂评价的目的应当不仅仅局限于促进学习，而是指向高阶思维、解决问题的学习能力，指向可持续的终身学习。作为课堂中的重要互动环节，能够尽可能地调动学生，让学生在信息的反馈中不断自我改进，从中获得成就感和满足感，这也恰恰是课堂的生成性魅力所在。

信息技术在初中历史学科评价中的应用

静教院附校　　薛　艳

新技术不仅影响和改变教育观念和教学方法，而且借助技术进行学习更是成为一种新型的学习方式。以信息技术为手段，以网络平台为依托，能够科学有效地对学习者的学习效果进行价值判断，正确地分析学习者的各种情况，及时调整教学策略和方法，提高教学质量。而学生的学习也更加自主，有更多的实践和体验，更多的活动和交流。

依据静教院附校的后"茶馆式"教学"课堂教学与评价平行"的策略，借助天闻数媒公司开发的 Aiclass 云智慧平台、上海中小学数字教材（人教版），教师改进课堂教学、提高课堂效益，也促进了学生智能的发展，充分挖掘了学生学习的潜力。

一、依托学情，彰显改进

1. 利用信息技术关注学生差异，改进教学策略，实现评价多元

基于 Aiclass 云智慧平台构建学习行为评价标准，经过反复修改的《历史学科课堂学习行为评价细则》（附录在后），分为独立先学、合作学习两部分。

学生独立先学行为描述：听、说、读、写、做；听——聆听教师布置任务、读——仔细阅读学习材料、写——记录笔记并有自己的思考、做——能完整、有条理地解决问题。每一行为表现分四个等第(A、B、C、D)评价标准，合作学习包括倾听、质疑、表达、互助，每一行为表现也分四个等第(A、B、C、D)评价标准。

学生自己独立学习阶段，依据教师预设的问题或设计的任务单完成，通过听、说、读、写、做学习行为评价细则五个纬度(能准确归纳、概括预设的导读问题；认真仔细阅读学习材料，领会史料的含义并能运用史学思想方法进行诠释；认真完成学习内容、史料的识记与鉴别；能够依据各类型史料，完成资料整理，个性化完成知识框架笔记；能依据史料有理有据地做出正确分析与综合评价，结合个人感悟、体验，条理清晰地撰写相关小论文、随笔等。)对自己进行多角度评价，对知识而言，学生的独立思考、互相讨论、思维澄清的过程就是自己发现的过程。

之后的合作学习阶段，有学生对同伴的评价，以及学生对自己的评价，通过倾听、质疑、表达、互助的评价细则进行多元评价。比如认真耐心地倾听他人的发言，能够依据各种类型的史料，准确完成学习任务单，还可以提出有思维含量的问题等。能够依据各种类型的史料，积极主动地评价，能代表小组发表观点，还能够对他人观点进行完善或辩驳，能帮助组内同学，还可以完善、补充，共同完成学习任务。

过去教学环节是按教材内容设计，整节课以解读文本为重，关注的是如何增强教材的生动性。在预设问题的牵引下，学生没有太多时间与空间动手动脑，教师"掌控"一切，整堂课成为一张张幻灯片的播放与讲解，用事先设计的课件演示流程取代学生思维的发展轨迹，单一的学习方式使学生眼里的历史仍然是"养在深闺"、不食"人间烟火"。后"茶馆式"教学设计，增加对文本解读的"广度""深度"，关注问题的设计，特别关注核心问题的设计，以问题链、问题群暴露学生的"闪光点"和"相异构想"，即直面学生真实的认知过程，使历史课堂充满活力。

2. 利用信息技术强调师生互动，改变教学方式，实现评价多元

在信息技术环境下，充分利用已有的教育资源，借助信息技术综合评价每

一位学生。课前教师选择制定相应的评价维度,明确告知学生本节课的课堂学习行为评价标准,课后教师和学生通过 Aiclass 云智慧平台完成评价。评价的多元化决定了参与评价的主体不仅是学生还有教师,学生不仅要自评还要组内互评,教师不仅评价学生还要关注个别学生并进行有效指导。

学生运用云智慧平台的评价功能进行课堂学习行为的评价,是信息技术直接应用于课堂的数字化评价手段。这种基于学生学习行为表现的过程性评价,改变了过去重结果轻过程的评价弊端,帮助学生在自我认知、感悟的过程中学会审视自己的学习思维方法,能极大地调动学生学习的主动性、积极性和创造性,使学生学习目的明确,能针对不同的学习内容和难度有效调整学习状态,从而取得显著的学习效果。

静教院附校后"茶馆式"教学不仅把教学评价引入课堂教学,而且已经把教学评价与课堂教学融为一体。比如学生对教师预设问题的评价,让教师及时地调整教学,也让教师了解究竟哪些是学生还没有学会的,总结一个阶段的师评、自评、互评得出的综合雷达图,这个过程性评价能反映学生的进步状态,成为激励学生学习行为的诊断性评价。

⊙ 历史

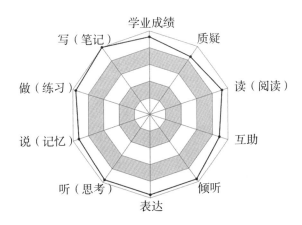

历史⊙

这是 A 同学的雷达图。该生课堂行为表现优秀。历史本身是重思维逻辑的,能够用图像史料、文字史料去感受历史事件或历史人物的气息,在不断解读历史的实践中了解和掌握方法。从史料中汲取历史信息,有方法论做指南,又自己动手做研究,可以真正领会史学方法,进而了解相对客观的历史,并通过深入解读逐步形成历史"见识"。学习行为表现基本都可以达到 A 档,平时成绩 98 分,期末考试试卷成绩 96 分。

⊙历史

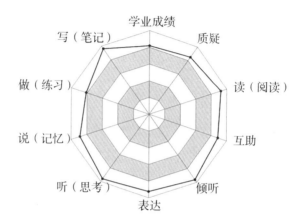

历史⊙

这是 B 同学的雷达图。该生课堂行为表现良好,基本可以达到 A\B 档,平时成绩 90 分,期末考试试卷成绩 78 分。

⊙历史

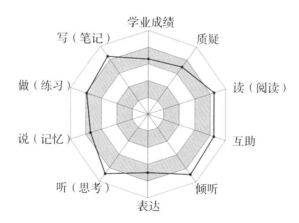

历史⊙

这是 C 同学的雷达图。该生课堂行为表现一般,尤其发言的思维含量、积极性方面有待提高,基本可以达到 B\C 档,平时成绩 87 分,期末考试试卷成绩 72 分。史学方法的最大特点是它的典范性、经验性、实践性,方法不是可以拿来就用的工具,它只有被理解和掌握以后才能发挥作用。治史是复杂而微妙的智力操作,初中阶段集证辨据的学史方法通俗易懂,有利于学生进行探究式学习,引导学生以解读史料的方法多视角分析得出结论,在模仿到迁移的详细论证过程中真正领会"我们如何知道历史? 我们如何认识历史?"。

◉历史

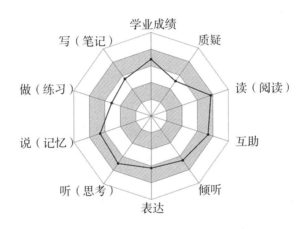

历史○

这是 D 同学的雷达图。该生课堂行为表现欠佳,尤其在完成书面作业方面有待提高,基本可以达到 C\D 档,平时成绩 70 分,期末考试试卷成绩 65 分。目前初中历史课堂多采用阅读、分析史料的教学方法,教师创设史料情境引导学生判断、分析、解决问题,多媒体技术普及使课堂上呈现的史料类型多样化。

因此,如何将课堂学习任务单用于多样化教学环节? 尤其是中考制度改革方案出台后,探究历史学科课堂作业的布置很有价值。如何让历史作业不仅可以承担检验课堂教学的功能,还能为丰富课堂教学内容服务,兼具培养学生自主学习能力的功能? 教学结合信息技术使用 Aiclass 云智慧平台授课,用云智慧平台助力课堂教学目标落地。

二、依托技术，彰显行动

1. 第一阶段　使用 Aiclass 云智慧平台设计填空类学习单

以统编教材《中国历史》（五四学制）第一册"第三单元　秦汉时期：统一多民族国家的建立和巩固""第 9 课　秦统一中国"为例。秦朝完成了春秋战国以来的社会转型，创建了中国历史上第一个封建的大一统时代，秦朝延续法家思想，在制度层面奠定了大一统中央集权的基本特征，成为中国历代王朝政治制度的蓝本，大部分为后世沿用。学生阅读数字教材内容，使用 Aiclass 云智慧平台自主学习，在平台以填空方式完成学习单，由平台即时反馈对错，教师及时把握学生独立先学的情况，错误率较高的题目重点讲评。在合作学习环节中学生阅读不同类型史料，学会理解、提取、分析、归纳、概括史料中的有效信息，懂得多角度、多层次解释历史事件，并理解历史事件发生的时代特性以及历史事件之间的内在联系，从而探寻中国历史发展的规律。然后通过讨论，在合作学习中进一步认识史料作为研究历史的证据价值，了解地下与纸上的历史材料互证，是获取秦帝国信史的关键，培养学生以史为据：任何结论都是要有事实证据的意识，体会历史是讲证据、重逻辑、见理性的。

2. 第二阶段　使用 Aiclass 云智慧平台设计讨论类学习单

以统编教材《世界历史》（五四学制）第二册"第一单元　殖民地人民的反抗与资本主义制度的扩展""第 3 课　美国内战"为例。美国南北战争是资产阶级统治在世界范围内得到进一步巩固与扩大的典型事件，是美国历史上的第二次资产阶级革命。了解美国资本主义发展历程，明确反对分裂，维护国家统一的重要性，作为一个有正义感的普通公民，林肯对奴隶制度无疑是反对的，而作为一名政治家，林肯的首要职责却是千方百计维护联邦的统一。两者曾经有过的冲突、取舍和抉择，恰恰折射出一位身处内战漩涡的国家总统的智慧和原则。使用 Aiclass 云智慧平台反馈学生完成的《导学任务单》，依据五个 W 勾勒出的历史事件，发现出错较多在背景和导火索部分，纠正之后进入合作学习环节，以四个核心问题链：奴隶制度的存废为何成为南北方矛盾的焦点？为什么林肯就任总统引发了南北战争？林肯为什么在战争中颁布《解放黑人奴隶宣言》？林肯为什么受到美国人民的普遍尊敬？启发学生思考南北战争的领导者、亲历者林肯来自社会底层,靠个人的坚强意志和不懈努力跻身美国政坛。他如何能够在错综复杂的政治角逐和军事斗争中胜出,带领北方民众赢得内战的胜利?林肯代表了美国的国家利益,反映了美国的自由、民主精神。从 Aiclass 云智慧平台最后问题的讨论发言可以看出学生的情感认识得到升华,本课的内容主旨得到提升。

3. 第三阶段 使用 Aiclass 云智慧平台设计思维导图类学习单

以统编教材《中国历史》(五四学制)第二册"第三单元 明清时期:统一多民族国家的巩固与发展""第 20 课 清朝君主专制的强化"为例。清朝前期的"三祖三宗"对中国历史的最大贡献是维护了中国的边疆版图,巩固了多民族国家的统一,而乾隆则是集大成者。从乾隆的三幅绘画,艺术品里的《乾隆的三张面孔》,分别反映了乾隆帝怎样的形象?乾隆帝博学多才,精于骑射,在文治武功方面颇有建树,但是外国漫画家笔下的乾隆高傲、自大,今天继续描绘这位封建君主在你心目中的"面孔"。从乾隆的三张面孔"以人叙事,用人带事",以乾隆帝不同的形象联系清朝前期的时代特征导入本课,以"从清朝建立后到乾隆帝统治时期,中央权力机构发生过哪些变化?"设问,分析乾隆时期进一步强化君主专制的原因、动机和后果,教师通过示范,从时代特征引导学生认识政策实施的主观动机,以及造成的后果。学生再尝试自主分析乾隆时期大兴文字狱的原因和主观动机,并认识可能造成的后果。以"清朝前期的时代特征不仅表现在政治、文化政策上,还突出表现在外交政策的选择上"为过渡,出示两幅表现马戛尔尼觐见乾隆的画像。学生尝试通过比较、分析,从画像中了解时代特征,结合史料和信息技术,学生使用 Aiclass 云智慧平台自主构建思维导图,用"动机与后果"的概念解释清朝前期政治、文化和外交政策,给予"时代发展需求是背景/主观应对策略是动机/策略实施的客观结果背离时代发展需求是后果"这个解释模型。当堂课内反馈使用"动机与后果"模型解释"闭关锁国政策"的训练成果。在结语中点明教学立意:开放宽容使文明繁荣,保守狭隘使文明衰落。一个国家或者民族,只有对外开放,不断学习吸收其他民族的先进文化,国家才有富强的希望。

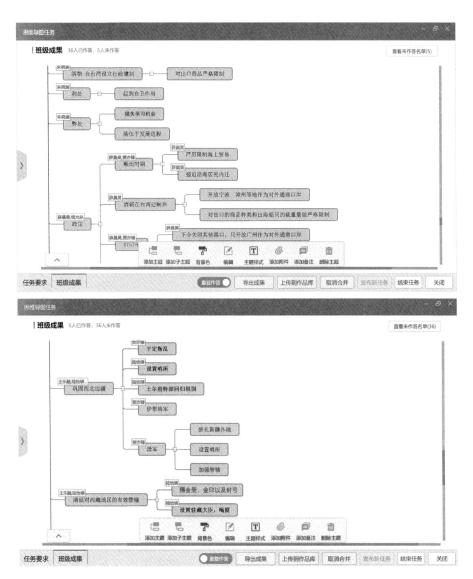

三、依托课题,彰显反思

1. 依据评价,落实立德树人

使用初中历史统编新教材(教育部审定的 2018 版)和上海新中考改革方案出台之时,历史学科成为被教育部纳入实施"立德树人"工程的五个重要学科之一,因此历史学科责无旁贷地承担起立德树人的重任,作为初中历史教师必然积极思考如何实现历史课堂"立德树人,教书育人"的目标。借助 Aiclass 云智慧平台,数字教材平台,以《历史学科课堂学习行为评价表》为抓手,遵循学生的认知规律和心理特征,引领历史知识的学习,进行人文素质的培养和人文精神的熏陶。独立学习与合作学习评价指标如何更科学、合理地促进学生完成这样的人文素质培养和人文精神熏陶是教学的努力方向,如李剑鸣在《历史学家的修养和技艺》中所说:"将零散而混乱的过去信息整理成有条理的历史知识是历史解释的基本任务;探讨因果是历史解释的重要形式。"

2. 渗透素养,提升学科关键能力

从学科专家的报告讲座以及上海历史学科两大类史学思想方法的总结中,可以把初中历史学科关键能力归纳为:时序思维能力、史料的集证辨据能力和历史的诠释评价能力。由此,把史学思想方法、学科关键能力和核心素养的对应关系进行梳理:史学思想方法指导教师提升学生的关键能力,真正内化核心素养。用图示直观表达为:

史学思想方法——学科关键能力——历史核心素养

懂得史学常用的时间、空间等表达形式,从时间与空间视角解释历史	→	时序思维能力	→	时空观念
会做史料的一般分类(实物、文献、口述),懂得获取史料的重要途径,会判断史料性质、史料证史路径、史料的比对与归纳	→	史料的集证辨据能力	→	史料实证
辨证范畴,比如动机与后果、内因与外因、偶然性与必然性、相同与不同、原因与结果、延续与变迁、主观与客观的概念和范畴,以及评价历史人物、事件和文明成果的多视角等	→	历史的诠释评价能力	→	历史解释

在教学实践中更多聚焦学科关键能力培养,让教的主导与学的主体有机结合,关注学生的学(学生学的基础、学的能力、学的可能),关注学生学的过程(学的变化),摸索出初中历史教学中有序培养学科诠释评价能力的路径。

附录:历史学科课堂学习行为评价表

学习形式	行为表现	评价细则
独立学习	听	A. 能准确归纳、概括所听到的预设导读问题 B. 能理解所听到的预设导读问题 C. 能基本领会、理解所听到的预设导读问题 D. 不能理解或错误理解所听到的预设导读问题
	说	A. 认真仔细阅读材料,领会史料的含义并能运用史学思想方法进行诠释 B. 认真阅读材料,领会史料的含义并尝试运用史学思想方法进行诠释 C. 基本完成教材阅读要求,尝试领会史料的含义并进行初步诠释 D. 仅完成教材阅读要求
	读	A. 认真完成学习内容、史料的识记与鉴别 B. 较好地完成学习内容、史料的识记与鉴别 C. 基本完成学习内容、史料的识记与鉴别 D. 无法完成学习内容、史料的识记与鉴别
	写	A. 能够依据各种类型史料,完成资料整理,个性化完成知识框架笔记 B. 能够分析各类史料,完成关键词的圈画和知识框架笔记 C. 基本完成关键词的圈画和知识框架笔记 D. 没有关键词圈画、笔记整理
	做	A. 能依据史料有理有据地做出正确分析与综合评价,结合个人感悟、体验,条理清晰地撰写相关小论文、随笔等 B. 能较好地依据史料做出分析与综合评价,结合个人感悟、体验,条理清晰地撰写相关小论文、随笔等 C. 能尝试依据史料做分析与评价,撰写相关小论文、随笔等 D. 分析和评价毫无依据,无法完成相关小论文、随笔等的撰写

（续表）

学习形式	行为表现	评价细则
合作学习	倾听	A. 认真耐心地倾听他人的发言 B. 较认真耐心地倾听他人的发言 C. 基本能耐心地倾听他人的发言 D. 无法耐心地倾听他人发言,经常打断他人
	质疑	A. 能依据各类史料,完成学习任务单,还可以提出有思维含量的问题等 B. 能够依据各类史料,准确完整地完成学习任务单 C. 能够从各类史料中甄别相关史料,基本完成学习任务单 D. 从教材史料中了解基本内容,但不能完成学习任务单
	表达	A. 能代表小组发表观点,能依据史料证据,积极主动地多视角评价,还能够对他人观点进行完善或辩驳 B. 能代表小组发表观点,有条理地分析或综合小组观点,有多视角评价 C. 能代表小组发表观点,有评价、论证 D. 能认真倾听他人的发言,仅从教材史料来表达、评价观点
	互助	A. 能帮助组内同学,还可以完善、补充,共同完成学习任务 B. 能帮助组内同学共同完成学习任务 C. 不能够自己完成,需要寻求帮助才能完成学习任务 D. 不能够自己完成学习任务,也不寻求帮助

基于核心素养培养的物理教学评价

静教院附校　王雯佳

《上海中学物理课程标准》提出,初中物理课程应"注重学习评价的多元性、全面性、激励性、发展性,使学习训练和学习评价在实现课程目标的过程中发挥作用""物理课程必须注重全面提高学生的基本科学素养,使他们不仅掌握物理知识,还具有科学精神和创新能力,为今后走向社会和终身学习奠定坚实的基础"。可见,在新课标的指引下,教师们应更加强调课堂的有效教学,并采取符合教育教学规律和初中生身心发展规律的合理教学行为,以提升初中生学习物理的水平,促进学生的身心发展以及教师自身的专业发展。

从某种程度上,以往传统教学模式进行的课堂评价,已无法充分适应未来的教学模式,初中物理的教学中应该采取更多元化的评价方式。多元化的评价有利于促进了初中生多角度、多元化的交流,有利于突出他们在学习中的主体地位,使其真正成为学习的主人。提高课堂质量,也利于教师因材施教,调动学生潜能,是帮助学生积极、全面成长的最有效途径之一。教学评价的多元化已势在必行。

一、评价对象转移

传统教育评价将教师置于主导核心的地位,把教师看作科学知识的积极传递者和灌输者,而将学习者群体看作知识的被动接受者,是灌输的对象,所以传统教育评价的主体对象就是教师,而评价的具体内容,围绕着教师的"教"进行。例如:教师所设定的教学范围和内容是不是恰当;教师选定的教育方式是否适合教学内容并促使教学目标的达成;教师授课的持续时间有多长;等等。在这种考核结构中,教师对学习者群体的评价,一般是通过考查学生接受了教师所讲授内容的多少程度和水平,并根据学生的掌握情况来检查、判断教师所设定的内容和方法是不是正确、教师教学策略是不是正确等等,而考核结论则是用于考核教师教学的具体实例和佐证。总之,这些对学习者的评价,都是为指导教师进行的。

现在的教育评价对象已经从教师转向了学习者,教育评价的准则也从知识转向了能力和素养,学生自主探究的学习能力,学生求实创新的素养。这是因为,在信息社会里,知识的总量已远远超过了人们记忆的限度,而知识更迭又是那么迅速,曾经熟悉的东西会迅速地过时,而自己所需要的新知识,不但能够通过聆听教师讲解,更能够跨越时间与空间上的限制,自行从茫茫的知识海洋中搜索、筛选、发现。所以人们需要终身学习,而收集、整合数据,提炼出有用信息以及掌握新知识的能力,便也成了立足于高科技与信息时代的重要基础。正因为教育评价准则的改变，现在的教育评价对象已经从教师转向了学习者。

当然，以学习者为中心的教学评价，仍需要对教师的教育教学能力加以评价。不过，由于教师已从中心主导地位转变到了能力建构的协助者、推进者，乃至学习者群体的同伴，所以对教师评价的准则也就相应转变成了教师能否给学习者群体创造一种有利于能力建构的情境；教师是不是能激发学习者群体主动学习的精神，并持续保持对学习的兴趣；教师是不是能引导学习者群体对基本知识和理论的正确认识，以及形成知识网络等。

应该说，现在的评价对象已经由注重老师的"教"转向关注学生的"学"，且综合发展趋势，在关注学生的"学"的同时，并不是摒弃教师的"教"，而是两者兼顾。

二、评价主体多元化

在以往的课堂中，评价的主体一般都为教师，评价只是作为达成课堂目标的手段之一，不能充分体现学生在课堂上的主体作用。这样单一的评价主体，只是使学生被动接收，不能完全激发他们学习的积极性，更不能使他们从合理的课堂教学评价中获益，也让课堂教学显得沉闷，缺乏活力。

"新课标"下多元化教学评价主体，应包括教师、学生、家长三方面。

1. 在倡导评价主体多元化的背景下，教师依然是综合评价体系最重要的主体

教师的评价对学生十分重要，准确的评价，能激励学生乐于学习，激发他们的潜力。但是，单一的书面测验和考核已无法满足物理学科教学发展的要求，教师作为最重要的评价主体，要采取各种手段针对不同目标、不同知识点作出评价，且应将各种评价进行整合，最终得出综合性的评价。新课程标准强调教师对学生的评价，不但应重视全体学生的全面发展，还应在此基础上突出个人成长，进而培养学生自主探究能力和创新精神，以适应时代发展的需求，也就是更加注重学生能力的发展。

2. 学生也应是课程评价主体的重要组成部分

学生既是评价的对象，又是评价的主体。学生作为课程影响的主要承受

者,对课程的好处与弊端感受最深刻,对课程的适用程度体会最深,对课堂教与学的过程也最有话语权。所以,把学生视为课程评价的主体是十分有必要的。这也说明现在的教学,评价主体更加开放,更加注重评价主体间的多项选择,加强了学生的自评、互评。

例如:做物理实验时,学生之间要进行小组分工协作,同时在实验完成后,学生之间、组与组之间也会开展网络共享、表达交流、自评、互评。在班级进行学生网络共享的活动中,教师会指导他们以赏识的目光去观察其他同学,发现别人身上的亮点,找到自身的差距,从而鼓励全体学生一起成长。而他们自评的过程,实际上又是一种再认知、再消化的过程。在这一过程中,他们必须不断反省和审视自我,增强自我指导,逐步学会客观地评价自我和他人,学会反思。这使评价过程本身变成了其学习、体会、成长的过程,更有利于培育学习者的独立性、自主性和自我发展的能力。

3.学校教学也可以把在课堂教学中的评价延伸到课外,让家长参与其中,作为评价的一个主体

家长是孩子的第一任教师,所以在对孩子的综合评价体系中,家长应当是个关键的主体。比如:疫情期间,在学习"声音的产生"一节时,我布置了课前预习作业,让学生拍摄发声物体的视频并上传网络,在正式上课时,大家分享了这些视频。课前,在孩子进行小实验时家长帮助拍摄,有的家长还和学生一起寻找声源、做实验。在此过程中,父母会对孩子的学习过程产生一个深刻的感受,进而对孩子的学习情况也有一个比较准确的评价。这样将家庭教育和学校教育有机融合在一起,促进家长与孩子的交流,又拓宽了家校沟通的渠道。

三、评价内容多维度

一张考卷、一个成绩,是以前对学生最简单的评价标准,这种单一的评价维度不利于孩子的全面发展。新课标理念下的初中物理已把知识与技能、过程与方法、情感态度和价值观三维目标一体化。把知识转化为核心素养,培养学生养成适应社会发展以及实现自我价值的综合能力和素质。

现在的教学评价注重发展性评价,注重在孩子成长历程中对其成长全过程

不断关注,而不只是简单地只对其成长的结果进行评价,因此,既要重视他们的现在,又要考虑到他们的过去,还要着眼于他们的未来。这样的评价,从原先的关注短期效应到关注长期效应,尤其重视教学活动中对学生良好习惯的培养,引导学生积极开动脑筋,训练学生运用各种方法、手段解决问题的能力。物理教学的评价也从单一的关注一节课到关注单元到关注课程系列,甚至到跨学科教学,乃至更广范围的教学,从关注一个人的课到关注整个班级教师团队的教学,到关注一个学校教师群体的课,这都是为学生的长远发展考虑的。

可以说,现在的教学评价内容已不仅仅着眼于学生的分数,而更多的是关注培养让学生终身获益的学习兴趣,养成独立学习、自主学习的良好习惯,帮助学生激发创造力,确保学生的健康发展。

四、评价方式多样化

传统的课堂评价方法主要采取评判性评价,"是""不对""好""不好""很好"等等,但这些单调的是非标准评价方法起不了有效提升课堂教学效果的作用,同时,也会扼杀学生发现问题、提出新问题的能力。有效的多元化评价强调方法的多样性,如可选择引导性评价、促进性评价等。但课堂上有效评价往往是发展的、动态的,所以有效评价方式的选择要因课制宜,因人制宜,因时而异,因发生的状况而异,以激励为主,重视情感效果。

简单的口头表达是学校教学中教师们最普遍、最直接的评价方式,教师如果可以根据各个年龄的学生、不同的学情,选择不同的评价方法,往往会有事半功倍的效果。比如:低年级学生喜欢贴纸等奖励,但高年级学生更注重成功体验和同伴肯定,通过练习反馈、问题交流,或者一个肯定的目光、一个赞赏的笑容更能给予他们获得成功的愉悦,进而充分调动他们求学的兴趣。可见,面对不同年龄的学生,或在不同情况下,采取相应的、恰当的、多样化的评价方式,能更好地充分调动学生学习的积极性。

现在的物理教学,评价应是多维度的,多元的,发展的,不能千篇一律,旨在改进教学,促进学生自主学习,最终实现课程宗旨,提高每个学生的核心素养。

探索初中音乐创造教学的实践与评价

静教院附校　李雯琳

2005年，黎加厚教授对深度学习的定义做了清晰的界定，即深度学习是指在理解的基础上，学习者能够批判地学习新思想和事实，并将它们融入原有的认知结构中，能够在众多思想间进行联系，并能够将已有的知识迁移到新的情境中，做出决策和解决问题的学习。那么，在音乐学习活动中是否有深度学习？

音乐学习活动以审美活动为中心，运用各种体验、活动来感知音乐、理解音乐、创造音乐，从而提高人的艺术素养。根据《上海市初中音乐学科教学基本要求（实验本）》中提出的要求，初中音乐学科教学中主要包括音乐感受与欣赏、音乐表现和音乐创造三个主题模块。其中"音乐创造"模块是发挥学生想象力和思维潜能的音乐学习领域，学生通过音乐感受和欣赏培养后，结合自己的体验，组合已有的音乐知识及其他领域的技能、知识，创造性地去表现自己的音乐感悟，很明显就是一种深度学习的模式。

初中阶段也是学生长身体和知识迅速发展的时期，学生的求知欲强烈，思辨意识强，对音乐的理解日益加强。如果音乐的创造活动的主题内容与学生原有的音乐认知结构关联起来，让新旧知识相互作用。那么，新知识就会在学生的头脑中获得新的意义，达到学习变化的实质。基于初中学生身心发展的特点和音乐学科对创造能力的要求，可以开展哪些符合初中生音乐审美能力，既能发挥他们特长，又可以激发他们学习兴趣的创造性深度音乐活动呢？笔者在初中六七年级的音乐教学中进行了一些有效的尝试与探索。

一、合作学习形成深度整合的学习资源

根据不同年龄的学生心理特点，以及学生在认知、理解、表达、创造等方面能力的差异，以小组合作的方式完成有主题的"综合创演"，可以让学生在同伴互助学习中实现匹配不同能力水平的深度学习。

1. 六年级音乐综合创演实践

六年级学生的特点为：思想较为活跃，敢于表现自己，且有较强的创作欲和一定的音乐模仿能力。结合初中六年级的音乐教材内容，教师设计了以"森林里的故事"为主题的音响小品展示活动。在这一活动中，教师对小组的形成、小组的分工、小组活动展示都给予了充分的指导，帮助学生克服开展创造活动前的茫然和无从下手。如帮助进展困难的小组完成《小组合作计划书》，指导组长如何进行分工合作，展示结束后完成《小组合作自评表》。最终，学生在教师指导、生生交流中交出了一些有创意、有想法的"森林故事"。如：《音乐剧：森林奇园》《三纹松鼠》《漂亮的乌鸦》《小蜜蜂的旅行》《奇妙森林》等。学生在充满个性化的课堂展示中，每个人的音乐表现能力都有了相应的提高，他们对音乐学习的兴趣也大大增强，特别是那些缺乏音乐表现力的学生在合作学习中也体验到了小组学习的快乐，增加了学习音乐的自信。那些音乐表现能力特别强的学生在小组合作中发挥了特长，也体会到只有在团队合作中才能真正表现出自己的价值。

2. 七年级学生的创造性音乐交流活动

在当今网络发达、传媒飞速发展的今天，学生接触音乐的机会大大增加了，而且有不少学生喜爱的音乐并不来自于音乐课堂。据统计，95％的学生是"喜欢音乐"，但在喜欢的栏目中，流行音乐的占有率为75％。问其原因时，几乎所有的答案都是流行音乐通俗易懂、贴近生活。七年级学生欣赏音乐的个性正在形成，但发展还不是很稳定。该如何引导学生形成较为正确的审美观，学会评价自己喜爱的音乐作品呢？教师在七年级以"精彩我做主"为题进行了有特色的教学设计。活动要求：每节音乐课中用五分钟左右的时间，学生以二三人的小组形式向全班介绍经典的中外名曲，及他们所喜爱的理由。教师主要从三个方面与交流小组进行沟通：第一，请学生找出音乐作品本身的音乐特点或其他独特之处。第二，请展示小组设置一些互动环节，允许听者在展示过程中回答或提问。第三，展示作品中可以用声乐作品或特殊乐器演绎。随着课程的进行，同学们参与活动的积极性明显增强，而且交流的质量也在逐渐提高。特别令人欣喜的是不少小组在交流作业时采用现场展示，引起全班的关注,获得非常好的课堂效果。在学期结束时,我对各个班级进行调查,发现大部分学生都对本学期搞的个性化教学活动很有兴趣,希望下学期继续,有的同学还提出积极的建议,如希望介绍不同国家的乐器,等等。

二、基于学科间整合的深度学习——主题创编活动的升级版

二期课改以来,学生的音乐学习已不仅仅只是听觉的学习,而是融入了人文、艺术、文学、诗歌等方面的深度学习。因此学生的创造活动也需要进行相应的改变,在激发学生音乐联想与想象感悟能力的同时,还需要在创造教学中增加一些个性化、鼓励创造思维的创编活动平台。如:从单纯欣赏音乐作品提高到评价音乐作品,并允许学生用多种个性化方式进行评价,既可以是音乐要素的评述,也可以是音乐形象的语言描述,还可以借助剪贴画、自己涂鸦等方式进行表现。其目的是能让学生更加仔细地倾听,通过多元知识的复合、融合,实现创造的再现。让音乐形象不再仅仅只是乐谱上流动的音符,而是脑海中情感、意念的一种全新再现。

按照这样的要求,我在七年级的第二个学期再次进行了"精彩我做主"活动,我欣喜地发现学生介绍名曲的方式变得更加多样,除了上学期最为出色的现场演绎的方式外,不少小组采用更丰富的展示方式:有的小组采用同一乐曲多个版本的比较聆听;有的小组用肢体动作来表现音乐内容和对音乐的理解;有的小组在聆听中设置了与音乐密切相关的问题,请同学进行抢答;有的小组为音乐作品填词;有的还用自己制作的视频进行欣赏介绍;等等。在展示方式变化的同时展示的内容也变化了:有古典音乐、也有现代的欧美流行音乐,有中国的古曲、也有中国的流行音乐,有经典的动画音乐、也有电影音乐……其中有一个小组以"中国风"为题把周杰伦的《兰亭序》引入课堂。正是因为介绍学生自己喜爱的各种形式与内容的音乐,学生在介绍后对音乐作品的评价就变得有话可说了。以下就是学生对他们喜爱的音乐作品做出的充满个性、很有意思的一些点评:

"天空之城,一个充满着童话色彩的名字。虚无缥缈的感觉,让人在心旷神怡中做着飞一样的体验。在纯净而愉悦的童谣曲风中,意外糅入了一点悲天悯人的味道,让人有了淡淡的哀伤感。那音乐虽然是听者的童真,却已如云端之上那般遥远，让人无法触摸。"

"这两首作品中，《水边的阿狄丽娜》比《在五月》节奏感更为强烈一些，特别是中间的一段，与开始的平静形成对比。而《在五月》旋律优美舒畅，活泼轻快。这次制作 PPT 的过程中，我们也了解到了轻音乐是指那种风格轻松、活泼的音乐，能让人放松下心情，给人以愉悦和抒情感。"

学生为二胡曲《烛影摇红》配了诗句："邀明月对影隐晦草影，双双扁舟我别过头去，烛影摇红无法相遇，红烛伤泪灼于心底，蜡炬成灰毫无意义。"

从学生的交流感想中，我们不难看出学生通过各种不同的方式走近了音乐，并且在自我创造学习中感受到了音乐给人的启迪与思考。不少学生在学期的最后几节课中都期待着这一个环节，因为每次的展示都不是重复而是展现了每个小组、每个人对音乐的创造性理解与感悟，它是课堂中的新鲜血液，引起了同学更多的好奇。

三、用课堂的即兴创编为学生的深度学习提供灵动"钥匙"

即兴的创编作为音乐课堂教学最为鲜活的课堂展示，常常让学生感到音乐的创作无所不在，生生间的创编交流又有着很多的变化，也是激发每个学生的创作欲望的一种有效手段。在六年级"音乐之都——维也纳"一课中，学生在了解了旋律进行方向对音乐形象的塑造作用后，教师请学生即兴为唐诗《静夜思》设计旋律的进行方向，并尝试吟诵或者吟唱。小组中每位学生都很投入地朗诵、吟唱，在全班交流中每位展示学生的吟诵和吟唱都各具特色，给听课教师和班级同学一种全新的体验。记得有一位唱歌经常走音的学生，竟然有创意地吟唱了摇滚风格的唐诗，看着他投入地边做弹吉他状边认真地演唱，同学都给予他支持的掌声，课堂气氛非常热烈。而在六年级另一课"世代相传的歌"一课，请学生为河北民歌《小放牛》进行即兴改编歌词的创编活动时，学生很有创意地唱出了这样的问句和答句："太阳什么时候才能回了家？""月亮出来，太阳早已回了家呀。"引起全班一阵开怀的笑声。对于这首民歌对答的演绎形式也是印象深刻。

此外，根据音乐情绪，主题出现的特征与先后进行的即兴编创，也会为课堂教学带来意想不到的教学效能。在七年级的"音乐诉说的民间故事"一课中，学生在学习了《大海和辛巴达的船》后，教师请三位同学在聆听到不同音乐主题时，用形体动作表现出音乐中的戏剧冲突。当学生根据音乐主题进行表演时，座位上的同学都忍不住为台上的同学鼓掌，因为这样的即兴创编不仅增强了学生对音乐主题形象的理解，而且也体验到音乐带给表演者极大的表现空间。

四、教师在音乐深度学习中的角色与作用

从上述实践中，我们可以看出音乐创造活动对学生的学习兴趣以及课堂效能有了很好的提高，但对教师的教学也是一种挑战。学生在进行创造活动的学习时需要教师创设活动设计、评价与及时点评，这也让创造教学如虎添翼。

1. 抓住音乐教学的本质，因材施教进行音乐过程性的评价

音乐课程中学生创造能力的自我评价，应该有利于学生了解自己在音乐学习中的进步，发现和发展自身的音乐潜能，建立音乐学习的自信心，促进学生音乐审美能力的进一步提高和音乐感受表现及创造能力的进一步发展。在六年级音乐综合创演实践活动中，学生最后呈现的创演活动展示不是一蹴而就的成果。而是根据《小组合作计划书》中分工、分人有目的、有步骤地进行合作活动。在小组完成表演之后还有《小组合作自评表》《小组合作互评表》的评价。学生在自评互评中认识到自己完成的质量和自己的收获。如在"森林里的故事"创作活动中，评价并不是从学生上台展示开始的，而是从分组、分工就开始了（小组合作计划书）。学生需要协商、讨论，形成自己小组展示的特色；在小组活动中需要有明确的分工，还需要发挥各自的学习特长进行合作，并最终形成了展示评价（小组合作自评表）这样量化的评价表，让学生对活动的目的和要求非常清晰，这不仅提高了他们参与活动的积极性，而且也让音乐创造活动更具有吸引力和趣味性。

2. 契合学生心理特点，搭设音乐创编演的桥梁，促进音乐发展性评价

初中学生在经历了小学五年的音乐学习，逐步积累了音乐审美感知、审美理解能力以及审美情感，具有音乐表演的基本技能，部分学生还有歌表演和综合表演的综合性艺术表演技能。而我校的初中生则表现出很强的展示自我的

意识和与同伴合作的意愿。与此同时,初中音乐课程的内容有着其多元性,每个学生的音乐学习经历、音乐体验实践的不同,因此在音乐学习中也会表现出各自独特音乐创作能力,这也为音乐创造活动提供了很好的养料。

七年级的"精彩我做主"的活动,则是一个学生想要表现自我并与同伴进行交流的平台。学生在课堂中交流自己的音乐喜好、音乐理解,并且有时还会与同伴产生思想的碰撞,这些都会让学生在音乐学习方面更为专注,更有兴趣。在学期结束时进行了活动反馈,同学们会评出在这次展示活动中印象最深的小组,并且能评价他们的展示特点,还会说说自己的收获与改进。看着同学对同伴的评价和对自己的评价,笔者感到这一活动不仅仅激发了学生的音乐潜质,更激发了学生音乐学习的源动力。这从不少学生还非常想把这一活动继续搞下去,就可见一斑。

3. 创设有梯度的主题创编活动,发掘学生创造性思维

音乐的创造活动可以是各种各样的形式,但是万变不离其宗,那就是在提高学生的审美感知、审美情感和理解能力基础上,形成自主探究、独立思维、合作表现的态度,懂得尊重和欣赏他人的学习成果。在主题升级版的活动中,学生在之前表现的基础上,其审美需要和审美表现已较之前有了明显的不同,他们已不仅仅局限于对音乐作品的阐述了,而是逐渐形成了自我的音乐观点,有些同学还会力图说服与自己观点不一样的同学。同学在交流中、讨论中,甚至是辩论中,展现出了艺术的创造力思维。

4. 教师能够因地制宜、有的放矢地开展即兴创编

音乐创造活动中的教师评价是激活学生深度学习的催化剂。它既包括即兴性评价,也包括过程性的评价。音乐创造活动的评价是一把双刃剑,合理用好这把剑则会让音乐课堂变得不同凡响。过程性的评价应包含之前参与小组讨论时的评价,或者是课前指导性的评价。

在即兴创编课堂实践中,创造教学的评价更多地体现在即兴性的评价。如教师要对学生课堂展示活动时给予及时的点评,这为活动能够顺利、有成效地开展起了很好的推动作用。学生间的点评可以是泛泛的褒贬,而教师的课堂点评则必须一针见血。教师必须做创造活动的把舵人,为学生在迷途中指

明方向。这也对教师的课堂应变能力提出了更高的要求。

总之,为了真正通过深度学习实现有质量的音乐创造,学生千姿百态的音乐创造实践活动,必须是以音乐审美为核心展开,切不可哗众取宠追求形式的热闹,而是需要教师进行有计划有目的的安排,才能让学生在创造教学实践活动中获得深度学习的体验,从而最大限度地提高学生的艺术综合素养。

心理课元素在跨学科活动评价体系中的应用初探

静教院附校　　王文娟

2017 年,中共中央国务院办公厅联合发文《关于深化教育体制机制改革的意见》,文中明确提出:"在培养学生基础知识和基本技能的过程中,强化学生关键能力培养。"因此近几年来,随着国家对以提升"关键能力"为核心的课改不断深入,在全国各地都不断涌现出相应改革、积极创新的试点学校,通过不断探索新型高效的课堂教学方式来缓解传统课堂存在的诸多问题。然而学生在当前的学习中很难实现关键能力的提升。主要原因在于,文本学习过多,实践性学习过少;接受性学习过多,研究性学习过少;单一学科的学习过多,跨学科学习过少。

结合国家的课程改革要求,静教院附校也尝试将心理课融入跨学科活动课中,融入跨学科学习、实践性学习、研究性学习等元素,并通过项目式学习的方式,让学生在真实情境中充分体验,并感受收获成果的喜悦,最后将综评体系纳入学科评价,将过程与结果相结合。接下来,我将以跨学科活动课程"我的迷你智慧花园"为例,探讨心理辅导活动课元素在其评价体系中的运用。

一、心理辅导活动课的功能与定位

心理学是研究人的心理现象、精神功能和行为的科学,是自然科学和社会科学的综合,涉及认知、情绪、人格、行为、人际关系与社会关系等许多领域,与日常生活中的家庭教育健康等都有关系。心理学研究的最高目标是提高人类的生活质量,提供健康的生活方式。与道德与法治课、主题班队会课不同的是,心理辅导课关注的是学生直接的经验与体验发展,所以心理课更具弹性,在直接的体验中挖掘生成性资源作为课程素材进行探讨。而道法课并不是如此，它是由主流价值观引导的。其次在课程内容方面，心理辅导活动课有专门的学科体系，如自我意识、学习心理、人际关系及生活适应，到了高段年级有生涯发展。而道法课则更多地在道德领域和政治领域。在实施形式上，心理辅导课是以情意为主，更多以活动或游戏的方式进行，比如表达性艺术、叙事、正念放松等。而道法则以讨论、思辨为主，实施方式完全不同。第四是操作技巧，心理辅导活动课的最高境界是助人自助，它创设的所有情境都是帮助孩子学会自我认识、自我体验、自我发展的，它的操作技巧是体验、感悟、合作与分享，通过团体辅导让孩子充分暴露，帮助他发展的过程。

因此结合以上描述，在设计心理辅导活动课需要注意以下四点：第一个特点是主体性，关注的是学生本身；第二个特点是活动性；第三个特点是生成性，要捕捉教育契机并转而进行教育；第四个特点是开放性，是完全可以自由开放的。心理辅导课有两个优势，第一个是满足全体学生共同的心理发展需求，第二个是为学生的个性发展创设团体氛围。

二、心理课的开发与评价

针对心理辅导活动课的特点，我在开发具有心理元素的跨学科活动课的时候，往往会基于三条标准：双主题开发理念、学生学情和课程标准。

1. 双主体开发理念

所谓双主体开发，是指教师、学生同为课程的主体，让学生参与课程开发、实施、评价全过程。在实践中主要遵循两点，其一是学生实践，即学生在课前提供教学资源，如学生碰到的问题、"闪光点"和学生身边的故事等。课上由学生自主解决问题，暴露疑惑，解答疑惑，学生评价等；其二是教师实践，即依据课程标准及学生现状提出学习方向，确定教学主题并进行教学实践。通过课堂提问，引导学生暴露困扰并解决。基于这个标准，在评价部分尤其关注学生在呈现问题、分析问题与解决问题中的参与度，并且课程对学生评价往往采用多维度、发展性评价。

2. 学生学情

学情涉及的内容非常宽广，学生各方面情况都有可能影响学生的学习。

学生现有的知识结构、学生的兴趣点、学生的思维情况、学生的认知状态和发展规律，学生生理心理状况、学生个性及其发展状态和发展前景，学生的学习动机、学习兴趣、学习内容、学习方式、学习时间、学习效果，学生的生活环境，学生的最近发展区、学生感受、学生成功感等都是进行学情分析的切入点。

3. 课程标准

课程标准也是开发课程的依据之一，一般所参考的教材为《初中生心理健康自助手册》。例如在"我的迷你智慧花园"中，主要涉及人际交往与生命教育，这些都是初中生心理健康教育的重要内容。

正是因为心理课"有意思""轻松有趣"的特性，往往都颇受学生的欢迎，他们对跨学科活动课中的心理活动充满期待。然而如何让这个部分既有意义，又有意思，需要在课堂管理与课堂评价方面好好做文章。一般情况下，我们会结合心理辅导活动课的特性，从以下这三个角度来进行课堂评价：（1）考察学生的课程参与态度，如课前材料准备情况、是否以开放性的态度投入到活动中等；（2）考查学生学习过程中的表现，如在个人任务、小组任务和班级任务中的贡献度、荣誉作业的参与度等；（3）考查学生学习成果展现，学生成果可以通过海报制作、情景剧表演，或者主题演讲等多种形式进行展示。

三、跨学科活动课的常见评价方式

课堂评价是跨学科活动课堂上的"守门员"，用来测量教学目标是否有效达成、学生学业质量是否达到预期。由于跨学科活动课或心理课很少会布置回家作业，因此做好课堂评价非常重要。一般情况下，课堂评价主要分为两个部分，一个部分是过程性评价，主要结合学生的课堂行为情况和发言情况来进行评判；另一个部分是学生交流展示部分，根据每个团队和个人的汇报表现和其成果本身的水平来进行评价。课堂评价方式一般有三种类型，一种是自评，通常会通过填写《学生个人评价表》来完成；另一种是他评，最常见的形式是填写《小组评价表》（见表1）；最后一种是师评，往往是根据具体的评价指标来进行评分。在传统的评价方式被实行了一段时间后，越来越多的教师开始意识到，评价方式需要加以优化。

表 1 "我的迷你智慧花园"评价表范例

四、心理元素在跨学科活动课中的应用实例

本课程以"我的迷你智慧花园"为载体，引导学生经历一次研究性学习的完整过程，具体包括确定主题—制定研究计划—背景研究—撰写研究方案—制作作品—展示交流—总结反思。在研究开始阶段学生通过多种形式(信息检索、调查研究、小组研讨等)，结合学校的实际情况，了解花园的基本功能与局限，并将学习纸质材料的基本加工技能；通过学习 micro：bit 编程软件和相关电子元器件的使用方法，以及其他与主题相关的背景知识和学科知识，设计智慧花园，通过多媒体及模型等方式进行呈现。

由于是跨学科研究型课程，由于学生的个性、特长不同，因此对于部分性格内向或者调皮捣蛋的学生来说，往往收获的负面评价远远多于正面评价。如果是在传统课堂上，这部分学生往往是会被忽视或者批评教育的一部分人。以七年级某班的小王同学为例，小王同学平时上课经常做小动作，在团队活动中也经常处于游离状态。当我捕捉到这一点后，私下分别找到小王和他的团队成员进行了解，发现团队成员认为小王经常消极怠工，不认真对待布置给他的任务；而小王则认为是团队分配给自己的任务自己不会做或者做了对方也不满意，于是就越来越多地以消极的态度对待团队工作，从而形成恶性循环。随后我利用了我心理专业上的优势，通过 SWOT 分析法，带领学生分析自身

的"优势、劣势、机会和会碰到的威胁"，并通过"循环提问"的心理咨询技巧，帮助学生们发现自我认识与他人眼中的自己会存在不一致的情况，我们可以通过"控制两分"的技巧，明确哪些部分是自己可以改变的，哪些部分是自己无法改变的，从而更好地悦纳自我，扬长避短。同时，结合小王的"会不经意间搞破坏"的特点，我给他布置了一项"荣誉小助手"的工作——为班级清理垃圾。一开始小王表现得有点抗拒，完成度也不好。但我通过个人和团队的加分激励，以及最后的同伴激励，小王慢慢发现自己只要有真诚的态度，也会被周围人看到及肯定。

结合以上经验，我对于培养并逐渐增强学生的小组合作意识的课堂评价经验如下：

1. 推广多维度评价方式

授课效果往往取决于每位学生的参与度，因此教师在授课过程中尤其需要关注性格内向、消极沉默的学生。初中生正处于身心发展极具矛盾性的特殊时期，当社会、家庭、学校等多方面的负面压力扑面而来的时候，他们健康排压的能力不强，性格上孤僻内向，课堂上消极沉默都在所难免。因此，教师要用恰当的方式，多关心课堂上表现不积极的学生，鼓励他们敞开心扉，让性格开朗的同学多去帮助他们，只有这些性格内向的学生在课堂上发光发热，教学效果才能更好地得到增强，这是老师重要职责和使命的体现。因此教师在进行跨学科教学时，应当以学生的学习需求为出发点，了解学生的智能结构和学习规律，激发学生的学习动机，吸引学生的注意力；同时根据学生的多元智能发展情况，在课堂上充分利用多种评价方式，给予每个学生呈现优势领域的机会，从而提升他们的综合能力。

2. 及时反馈团队合作评价

教师要及时为跨学科活动课中的团队合作提供信息反馈，引导学生正确归因。心理学研究表明，及时激励的有效度有 80%，滞后激励的有效度仅为 20%。"好学生"不一定是全能的，"高关怀"学生也不全是一无是处，每个学生都有自己的特点和潜力，但是这些都需要教师及时为小组合作提供信息反馈来激发；除此之外，还需要对失败进行更合理、积极的解读，学生在后续的学习中就会以勤奋刻苦来弥补不足，但"如果将失败归因于缺乏能力"，学生就会有挫败感，认为自己再怎么努力也不可能成功，这也会影响学生的后续学习。在课堂上，70%以上的活动都要通过小组合作的方式进行，所以教师除了要对小组合作的结果进行及时评价之外，还要引导学生做正确归因，为其学习提供源源不断的动力支持。一般情况下，教师可以通过以下三个方面进行小组合作学习评价（见表2）。

表2 三种小组合作学习的评价方式汇总表

对个人表现的评价	先组内讨论再课堂反馈，既肯定表现突出的学生，同时又对共性问题进行应对方式的探讨
对合作状况的评价	合作状况包括组内合作状况和组间合作状况。主要聚焦在小组学习中，学生能否主动参与到活动中，学习的积极性与兴趣有没有提高，学生在小组合作学习中能否相互帮助、共同进步
对合作效果的评价	合作效果评价的着力点定位在学生能不断进步与提高上。自己与自己比，只要比过去有进步就算达到目标，效果良好

五、后期展望

融入心理课元素的跨学科活动课是一门有意思且有意义的年轻课程：学生们在真实的情境中学习、体验并调整，在开放的空间里发生、发展与发现，在项目中感受意义，在有意思的活动中体验快乐与解决问题的成就感，使得这门课本身对学生的教育意义远远超出我们教师在设计课程方案时的设计。身为一名专职的心理教师，如何在课上落实心理健康教育的要求，通过更完善的课堂评价让学生有更多获益，是我接下来通过学习、实践与反思去研究的方向，比如：如何通过课堂评价让活动的选择与主题更契合，让形式为内容添彩；以及如何通过课堂评价让活动的角度与辅导技术契合，让内容借形式深入，等等。除此之外，要让孩子投入其中，真实表达，在活动实施的过程中注意营造安全与信赖的关系也非常重要。任课教师应避免自己的"偏见"和孩子们的不当议论，通过完善的课堂评价，确保每位参与者都有在表达、被看见，甚至被理解、被赏识的体验。促进孩子成长，不仅是身为心理教师的我，也是每一位教师都需要去关注并逐步解决的问题。

借助 AiClass 平台数字化资源在中小学美术教学中评价新模式的构建

静教院附校　　吴佳宁

2020 年新冠肺炎疫情的暴发，为数字化资源的发展和运用提供了新的挑战与机遇。无论哪一门学科，利用数字化教学，最终目的都是创造性地达成教学目标，提高课堂教学效益。数字化资源是经过数字化处理，依据学生学情进行编辑的，可以在多媒体计算机上或学习平台上使用，让学生独立学习、合作学习的，且可以实现共享的多媒体材料。数字化资源包括电子图片、视频、音频、在线讨论、数据文件、网站、在线学习、多媒体软件等。每位同学课上手持 iPad，借助 AiClass 平台，可随时收到教师分享的数字化资源或是自己拍照上传自己的作品，教师也可以利用数字化资源让学生先学习体验，学生在独立思考后，已经有了感悟，在课堂上与教师交流互动，了解这节课的重难点，完成知识性学习，提升课堂效率。在数字化资源的支持下，教师可以创设超越学生原有认知以外的学习新情境，教学评价的模式也得到了重新建构。

一、传统教学评价的现状及问题

课堂教学评价是课堂教学环节中极为重要的组成部分，也是近年来教育改革的热点话题，但受各方面客观因素、发展差异的影响，很多教育者仍没有完全改变以前的评价观念。传统的课堂教学评价存在诸多不足，淡化评价观念的更新、忽视评价内容的设计、缺乏评价方式的创新成为传统教学评价的痛点。

（一）评价主体的单一

传统教学评价以教师评价学生听的模式，让课堂变得一成不变，学生的学习也成了机械化、被动式的学习。特别是在美术课堂中，学生缺少了情感的融入和情绪的共鸣，往往作为一个"旁观者"参与到课堂中。以教师为主体的教学，往往只会让学生失去对美术的兴趣和热情。

（二）评价内容的匮乏

美术教学需要当堂完成作业，将学生原作呈现展示出来以后，教师最后做一个总结，评价学生作品的好与坏。这样教师也只是为了完成评价的环节，为了评价而评价，只关注到了学习成果的价值，是一种终结性的评价，没有对学生的一些问题或是亮点提出针对性、个性化、过程式的评价。

（三）评价深度的不足

美术作业都是以纸质或是立体事物作品呈现，不利于长期保存，往往学生在一节美术课后，自己的一些作品很容易被遗忘，也不记得自己做过些什么。学生以完成任务式的状态完成作业接受评价，教师将学生的作业打分发还给学生，每一位同学的作品都只能浮光掠影，教师的评价更是蜻蜓点水，课后的思考也只能浅尝辄止。如果是优秀作品展示出来，也只能是小范围的，无法让学生对自己的作品有更深层次的了解。

二、数字化教学评价新模式的构建

课堂教学中单一的定量评价很难对课堂教学的价值作出客观适切的判断，因此需要一种与传统的教学评价截然不同的评价模式来对学习过程和学习成果进行科学有效的测评。基于 AiClass 平台创设的数字化资源库不仅达到了信息化教育的培养目标，而且使得教学评价和教学要素更加紧密地联系在一起。

（一）构建多元化评价主体

学生在课堂上更多的是需要去表达和被倾听，传统的美术教学就是教师讲解示范，学生听完就开始做课堂作业，到最后教师总结性的评价。这样，没有学生的自主探索、研究和发现，更不用说评价。就像少儿版六年级《美术（第一学期）》中"火与土的结晶"，本节课主要是让学生学会捏、接、贴、刻印、切等泥工综合技能，设计有创意的陶艺作品。学会运用泥板、泥条、泥丸设计制作陶艺作品，学生在制作过程中，泥板没有一定厚度，厚薄不均匀，装饰不清晰，排列不恰当。在课堂上运用 AiClass 平台拍照投屏暴露学生的共性问题，让学生进行观察分析，通过学生在课堂上的即时生成，形成数字化资源，从而解决造型、厚度、装饰等问题，让他们自己总结方法。在一节美术课中，学生需要去体验和尝试各种表现方法，有了感悟以后，他们才可以更好地去有效地评价自己或是他人的作品。课后再以师生共评的方式解决学生课堂上暴露出来的个别问题,让每一个学生都能享受到符合其特点的个性化教育。学生的美术作品转化成数字化资源,能更好地帮助他们在课堂中欣赏和评价美术作品,从评价以教师为主,到以学生为主,让学生成为课堂的主体。实现评价主体的多元化,并非请几名学生简单互相点评,而是要建立一个宽松的、人人都能对话的平台。①

（二） 构建多样化评价角度

教师在学生做课堂作业时,可以实时评价,通过拍摄或是屏幕分享来进行。在课堂中,每一位学生都存在一定的亮点。无论是从作品技术角度、创意想法角度,还是从认真态度角度、课堂表现角度等,应让学生都能够了解并给予反馈评价。比如上教版一年级《美术（第一学期）》第五单元"我喜欢的动物"第十三课"叽叽喳"中,重点在于运用椭圆形去表现鸟,学生虽然学会了利用椭圆形表现鸟的造型,但是在装饰和色彩上还要去选择和想象。教师可以在学生绘画过程中去及时发现有图案装饰和色彩丰富的作品,然后全班挑出几个例子利用屏幕分享,及时展示花纹并且相互交流评价不同设计样式,这样同学们也就对添加花纹打开了思路。

（三） 构建多维化评价空间

学生的美术作品不应该只是囿于课堂时空的一次展示,作品也可以有很多种呈现形式,比如将学生作品拍照或是录像,形成作品的数字化资源可以在各类社交平台进行展示呈现,让评价不仅限于课堂,更能在课后得到延展。我校定期会举办美术学科活动和个人画展,并且会将活动内容发布在校内网页或公众号上,可以利用 AiClass 平台,将学生课堂美术作品的电子图片、作品介绍以视频的方式在公众号上进行展示,让更多的同学、老师和家长在评论区内进行评论或是点赞,学生自己也可以看到别人对自己的作品的评价,也知道自己还可以有什么地方需要改进或是自己作品的优点。在评价中发掘优点增强信心、了解缺点改进不足。

---

① 王昊.信息技术环境下表现性评价在美术学习活动中的实施与应用[J].中国现代教育装备.2019(24):9 - 12.

三、数字化教学评价方式的效果

借助 AiClass 平台创设的数字化教学评价模式,充分关注学习过程、确切指导学习方向、科学判断学习表现、高效达成学习结果,实现数字化教学、评价与学科核心素养的深度融合。

（一）即时反馈,节省课堂时间

美术作品通常是以实物呈现给学生,但往往学生的作品无法全部展示。一方面,作品量多,全部展示没有合适的空间。另一方面,教师如果要将全部学生的作品展示出来,难免会浪费时间,导致课堂的秩序混乱,课堂上也没有足够的时间去评价。现在学生只需把自己画好的作品用 iPad 拍照上传至AiClass 平台,每位学生都可以在自己的 iPad 上欣赏到全班同学的作品,还可以进行点赞和评价,教师也可以即时将同学们的创作作品投屏到大屏幕进行点评总结。这样大大节省了课堂的时间,给学生留下更多的时间去自评与互评、总结和反思。

（二）扩大细节,提高课堂效率

在以往的美术教学中,学生的课堂的中期作业需要及时评价,教师要将学生的作业实物展示给同学看,但是有些是拼贴不牢固的平面作业或是小的立体作品,会导致作业缺失或是作品无法被看清。在展示的过程中,作品很容易缺失部件或无法看清,学生也在无法完全观察具体的情况下评价,课堂的效果也会大打折扣。将学生的作品转化成数字化资源,就可以解决这个问题。例如少儿版七年级《美术（第二学期）》中"充满形式美的立体构成",为了解决学生造型变化单一的问题,在教学过程中设计了一个尝试环节,学生通过尝试将身边的材料制作摆放成立体构成的作品而暴露出问题,教师查找学生的问题,引导学生分析问题,最终解决造型变化问题。因为是尝试作业,所以不能粘贴固定,如果拿到讲台上来有可能会掉落。此时,教师运用 iPad 上的 AiClass平台拍摄学生作品,在巡视辅导时,及时发现学生的问题,在屏幕上呈现,学生可以马上看到问题进行评价,而且可以自己上讲台在交互屏上动手修改,给其他同学提供借鉴,进行有效的互动交流。教师将作品拍下形成电子图片,上传至设备,进行投屏或是屏幕共享,学生可以非常清晰地看到自己或是其他同学的作品,更能将自己的想法表达出来,给作品提出建议和解决的方法。教师也可在电子屏幕上进行修改和圈画,最后师生总结教学的重难点。通过师生对话、生生对话进行课堂小结,在理解中把握重点,在感悟中突破难点。这种生成性的数字化资源,助推了课堂的进度,提升了课堂效率。

（三）活跃气氛,激发课堂活力

在传统教学的模式下,学生长期处于被动的状态,长此以往会导致学生失去对美术的兴趣,无法感受到美术创作的乐趣。对于学生来说,各种丰富的数字化资源可以吸引他们的眼球与注意。结合多元、多样、多重、多趣的评价,学生对自己的各个方面有了认知,自己被表扬或是发现了他人的优点,都是一种鼓励和学习的动力。自己在发现别人优点或自己被他人肯定时,都会受到鼓舞,激发学习动力。学生有了兴趣就会有各种自己的感受去表达,课堂气氛也会活跃起来。学生们处在好奇心和求知欲旺盛的阶段,各种数字化资源的运用,不仅能开阔学生的视野、拓宽学生的知识面,而且能加深学生的记忆,感受美术的乐趣。调动了学生的多种感官,激发学习兴趣,极大地调动了学生积极参与整个教学全过程的积极性。

四、结语

美术是一门感性的学科,学生需要把自己的想法表达出来,所以作品不单单只有好与坏的区分。在美术创作中,在对美术的兴趣和好奇心的驱动下,学生产生许多亮点和想法。教师要通过评价,充分保护好学生的求知欲和好奇心,引导他们主动探究、持续思考,激发美术学习兴趣,提高美术实践能力,培养美术核心素养。

数字化资源的利用改变了传统美术教学评价的方式,打破了传统美术教学评价的格局,帮助教师梳理新的评价思维、构建新的评价模式。数字化资源还有很多尚未得到有效利用,如何精准、科学和完善地运用在美术课堂的教学评价,这在今后的课堂教学实践过程中,还需要不断地探索和持续地积累。

第四章　践履:关注过程方法的学业质量评价

概　要　陈　述

为不同学生提供不同的学业综合评价
——信息技术支撑下小学生学业质量个体综合评价的实践

静教院附校　周璐蓉

　　因材施教是教育的基本准则,且必须贯穿于教学全过程。教学由若干关键环节组成,包括备课、上课、作业、辅导、评价等,这些关键环节之间都不是割裂的,是相互融合的。教师在备课时就要考虑如何评价,课堂教学必须与评价融为一体。而作业本身就含有评价因素,更是一种评价工具。个体评价也让教学中辅导环节更趋个性化,更有针对性。从这些角度来看,评价必须因材施教,要贯彻因材施教必须对评价进行研究。

　　我们对小学生学业质量个体综合评价体现因材施教进行了长期的研究,对学生个体进行的评价能体现出不同学生的不同评价结果。这更是一种综合评价,它包括与学业有关的学习态度、学习习惯、学习兴趣和学业成果这几大因素。综合评价为不同学生提高学业成绩提供了较为精准的依据,为因材施教提供了及时、有效、精准的帮助,对提高学生整体学业水平起到了不可替代的积极作用。

　　我们采取了多种评价形式:既有过程性评价,又有总结性评价;既有描述性评价,又有量化评价;既有客观评价,又有表现性评价;既有自评又有互评;评价主体也是多元的:既有教师的评价,又有学生和家长的共同评价。每位学生的评价报告都不相同,是个性化的,实现了因材施教,把准了国家教育评价的方向。

一、小学生学业质量个体综合评价的设计理念

我们研发的小学生学业质量个体综合评价平台,充分运用信息技术,对不同学生取得学业成绩的过程进行记录、统计、归纳等处理,产生了个性化评价结果,也取得了体现教育评价的科学性、专业性、客观性的效果。我们觉得只要方向正确,细节决定成败。

那么是什么理念让我们把握好了正确的方向呢?

(一) 多视角阐释评价理念

1.从学科视角审视

从学科来看,学业质量评价有目标达成的评价,也有常模达成的评价。小学阶段进行的学业质量评价,是以目标为参照系的评价,它淡化了分数概念,减轻了学生的精神压力,创造了一个更宽松的学习氛围,更符合儿童发展特点,更关注学生学习兴趣和学习习惯的培养,是一种有益儿童健康成长的评价。

2.从学生视角审视

我们觉得小学阶段的学习评价应该概略,以 A、B、C、D 简略的等第制评价较符合小学生年龄特点、心理特点,不必实行百分制,做分分比较,分分计较,同时也符合义务教育均衡发展的要求,有效实施因材施教。

3.从教师视角审视

我们觉得对教师的教需要做精准评价,而学生的学习成果直接反映出教师的教学质量,对教学的精准评价来源于对学生的综合评价,利用评价结果指导教师的教,影响教学各个关键环节,使教学针对性更强,更能因材施教,让教师有依有据地以学论教。

(二) 凸显特征的分项评价

依据小学各科课程标准的评价指南以及小学各学科教学基本要求,我们设计的综合评价不再是对学科的单一评价,而是根据学科特点、年级特点,分项目进行评价,其目的是为了让学生和家长更清楚地了解学生的学习现状,便于个性化的自我完善。

二、小学生学业质量个体综合评价的具体阐释

目前我校使用的小学生学业质量个体综合评价平台,成绩单上不再出现百分制的分数,而是将评价分解成知识技能、课堂习惯、综合实践等一级指标,每项指标再细分若干二级指标,每项指标均按不同评价标准以 A、B、C、D 四级评定,并附上教师评语。学生关注到的不是一个简单的分数,还会关注其相关因素,如:学业负担、身体和心理发展状况及师生关系等方面。

根据上海市小学实施等第制评价要求,我们确定了综合评价的四个维度:即学习态度、学习习惯、学习兴趣以及学业成果。评价需要抓住关键点,所以确定关键的、必需的、可检测的检测点及评价指标尤为重要。每个评价指标又都需要制定不同年级、不同学科的不同评价标准。下面就维度做一介绍。

(一) 维度一:学习态度 检测点:作业反馈

学习态度贯穿于学生学习的全过程,能反映学习态度的检测点有很多,我们通过与教师座谈,发现日常教学最能反映学习态度好坏的就是每天的作业情况,因此,我们决定将"作业反馈"作为反映学生学习态度的一个检测点。由于学科不同,年段不同,对作业反馈的评价指标和评价标准都是不同的(如图4-1所示)。

我们确定作业反馈评价主体为教师,以描述与结论相结合,有过程评价也有终结评价。过程评价主要体现在每天对于作业不同检测点的记录。终结评价指每学期1—2次的阶段反馈。

教师评分:

	书写端正、簿本整洁	按时完成、正确无误
评价标准	A (9)能认真对待书面作业, 做到书写端正。 B (7)基本做到认真书写, 偶尔会马虎。 C (5) 书写潦草, 态度不够认真。	A (9)能抓紧时间完成老师布置的校内作业, 无错误。 B (7)能抓紧时间完成老师布置的校内作业, 有少量错误。 C (5)基本能做到抓紧时间, 有少量错误。 D (3)经常拖拉, 不抓紧时间。

图 4-1 一年级语文学习态度的评价指标及标准

（二）维度二:学习习惯　检测点:校内习惯　校外习惯

校内习惯评价我们采取他评、自评和教师评价三种形式;校外习惯则由学生与家长共同评价。教师通过对小学各学科教学基本要求的研读,对小学各学科基于课程标准评价指南的学习,确定了不同年级不同学科校内习惯评价指标及评价标准(如图4-2所示)。

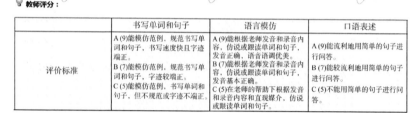

	书写单词和句子	语言模仿	口语表述
评价标准	A(9)能模仿范例,规范书写单词和句子,书写速度快且字迹端正。 B(7)能模仿范例,规范书写单词和句子,字迹较端正。 C(5)能模仿范例,书写单词和句子,但不规范或字迹不端正。	A(9)能根据老师发音和录音内容,仿说或跟读单词和句子,发音正确,语音语调优美。 B(7)能根据老师发音和录音内容,仿说或跟读单词和句子,发音基本正确。 C(5)在老师的帮助下根据发音和录音内容和直观媒介,仿说或跟读单词和句子。	A(9)能流利地用简单的句子进行问答。 B(7)能较流利地用简单的句子进行问答。 C(5)不能用简单的句子进行问答。

图4-2　二年级英语校内学习习惯评价指标及标准

校外习惯评价指标不仅有学习方面,还有与学习相关的其他方面。如:睡眠时间、作业时间、阅读习惯等,我们将所有检测点编成家长调查问卷(如图4-3所示)来呈现。家长的教育理念在问卷完成过程中不断更新,对家庭教育也有一定的指导作用。

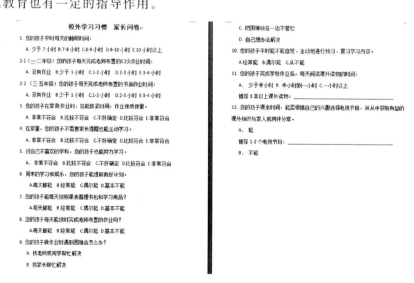

图4-3　校外学习习惯　家长问卷

（三）维度三:学习兴趣 行为指标作为评价指标

怎样评价学习兴趣呢？各年级备课组教师认为不同年级不同学科学习兴趣的检测点是不同的,因此确定了能反映出学生对该学科是否感兴趣的具体行为指标。通过学生对这些具体行为指标的选择,判断其对该学科的兴趣程度。以五年级数学为例,制定了 6 条行为指标(①认真完成每天的数学作业。②喜欢阅读和数学有关的课外书籍或资料。③愿意独立思考、解决数学问题。④愿意和同学一起研究数学问题。⑤积极参与数学活动。⑥积极争取获得荣誉作业。)供学生选择,选择 5—6 项,即表示对数学学习兴趣浓厚;选择 3—4 项,即表示对数学学习有一定兴趣;选择 1—2 项,即表示对数学学习兴趣一般;选择 0 项,即表示不喜欢数学。

（四）维度四:学业成果 分项评价及学科活动记录

学业成果分为学科考核以及学科活动两个检测点,根据学科核心素养的要求有不同分项评价内容,如:1—2 年级语文分项考核内容为识字写字、阅读、表达(写话与口语交际)。3—5 年级语文分项考核内容为基础知识、阅读、表达(写作与口语交际)、写字。学业成果的呈现通过等第制(A、B、C、D)对平时、期末、总评以及不同分项内容进行评价。学科活动的成果则通过描述性语言表述学科类活动的参与获奖情况。

三、小学生学业质量个体综合评价的实践效果

我校使用此评价平台已有 5 个年头,不仅得到各级各类教育专家及领导的高度肯定,而且得到教师、学生和家长的全力支持。因为它绝不仅限于学业成绩评价,还有对学业成绩以外其他方面的综合评价,远远超出原来的评价范围。其实践效果主要体现在四个方面。

1. 评价影响着教师的教

当评价考虑了因材施教,体现了差异,体现了精准,凸显了个性,它将直接影响到教师备课、上课、辅导等教学的全过程,因为有了这些数据积累、分析及归因,使因材施教更具有科学性,促进了教师精准地进行教学。教师从学生实际情况、个别差异出发,有的放矢地进行有差别的教学,每个学生都能扬长避短,得到最佳发展。

2. 评价牵动着学生的学

综合评价让不同学生在不同基础上，从不同角度来审视学业成绩，学习成绩不再是一个分数的显示，而是反映与学习有关的各个方面的评价。学科的分项评价让学生更容易找到自己的强项及短板，促使他们用更精准的努力发挥自己的强项。

3. 评价推动着信息技术发展

小学生学业质量个体综合评价平台使用至今，是评价推动了信息技术的发展，并赋予了信息技术以教育的思想与智慧，使信息技术具有灵动的生命，真正让信息技术服务于教育教学，实现了信息技术到人工智能的飞跃。评价也在原有基础上发挥更大的作用，为学生全面发展、个性化发展、可持续发展起到积极的推动作用。

4. 评价指引着家庭教育

评价结果帮助家长的家庭教育更有针对性，家长开始关注与学科成绩有关的其他方面，例如学习态度、学习习惯。家长问卷也直接影响到每一个家庭的教育指导，减少了不必要的课外辅导。上海市绿色指标综合评价数据显示（如图4-4所示）：我校学生不仅睡眠时间能得到了保证，课外辅导时间明显比例减少，亲子关系更和谐了，师生关系更融洽了。

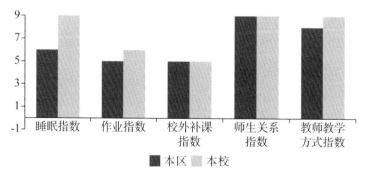

图4-4 上海市绿色指标综合评价数据显示

总之，在信息技术支撑下的小学生学业质量个体综合评价，为因材施教提供了有效的依据。作为义务教育阶段的学校，我们评价重点就是为了促进学生全面发展、保障学生平等权益、引领教师专业发展、提升教育教学水平，减轻学生过重的学业负担,努力办好一所人们满意的家门口好学校。

操 作 说 明

小学生学业质量个体综合评价平台操作说明

结合小学生的学业质量评价的理念与设想,开发并建设与之相匹配的小学生学业质量个体综合评价信息化管理平台。

一、小学生学业质量个体综合评价平台基本功能

此平台面向小学全体教师、学生、家长开放不同的权限,对学生在学校的学习表现从学习态度、学习习惯、学习兴趣和学业成果四个维度展开评价(见下表)。

小学生学业质量个体综合评价平台功能列表

评价维度		评价内容	评价人
态度		不同学科,有不同评价问题: 语数英通过评价作业评价 艺术体育等通过课堂常规评价	教师评价
习惯	校内习惯	不同学科内容不同: 主要评价课堂表现与学科特色	教师评价
			学生互评
			学生自评
	校外习惯	仅供观测的指标,不计入分数	家长评价
兴趣		不同学科,有不同评价问题	学生自评
			家长评价
学业成果		学生的学习等第和获奖记录	教师评价

二、小学生学业质量个体综合评价平台操作界面

(一) 教师评价

教师结合学生的学习情况,在个体综合评价平台上选择课程、班级、指标

(学习习惯、学习态度)、日期,开始评价。

1.学习态度。教师对学生作业反馈、课堂常规开展评价;不同学科,有不同评价内容的设计。语数英学科通过学生作业的完成情况考量学生对该学科的学习态度;艺术、体育等学科通过学生课堂学习表现开展学习态度的评价。

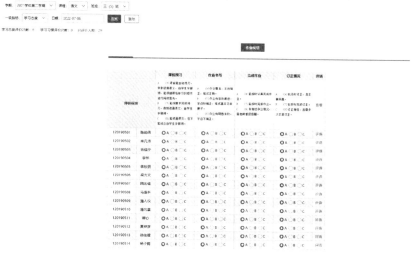

2.学习习惯(校内)。由教师评价学生的校内学习习惯,以及学生自评,同学间互评。不同学科评价内容不同,主要是从课堂表现与学科特色这两方面进行评价。

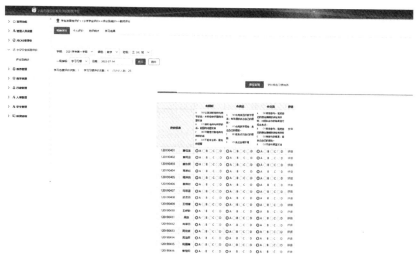

（二）学生评价

1. 校内学习习惯。对于学生校内学习习惯的养成,不仅教师可以评价,学生也可以开展互评和自评,激励学生确立学习习惯小目标,在互相督促和帮助中共同进步。

自评问卷 提交

自己的话:

	学习兴趣	学习习惯
道法	道法-学习兴趣-体现学科素养的具体行为 **体现学科素养的具体行为** A 课前主动先学（看书或收集相关资料）,课上能积极参与学习讨论,课后能完成相关实践作业 B 喜欢搜集、整理、分析和运用社会信息,能够用简单的学习工具探索和说明问题 C 关注生活中遇到的道德问题 D 积极参与学校的主题活动 E 敢于对不良行为进行指证 F 爱听新闻,关心国内外大事情 G 做可爱的上海人,喜欢上海这个城市,能主动去探索城市的沿革	道法-学习习惯-课堂表现 **善于思考、大胆质疑** A 敢于在课堂上表达自己的想法 B 不太愿意表达自己的想法 道法-学习习惯-课堂表现 **表达分享** A 很积极 B 一般 C 不太积极 道法-学习习惯-课堂表现 **合作交流** A 能和同伴愉快地进行合作学习 B 参与合作学习,但表现不太积极 C 经常游离在小组学习之外
体育	体育-学习兴趣-体现学科素养的具体行为 **体现学科素养的具体行为** A 喜欢体育运动 B 喜欢体育课 C 经常与同学一同进行体育锻炼 D 愿意与同学一起分享运动中的经历 E 经常与家长一起锻炼身体 F 坚持参加每次下午课后跑步锻炼 G 喜欢"开心一刻"活动 H 参加各类体育竞赛 I 了解某项体育运动知识 J 能了解体育运动明星	体育-学习习惯-课堂表现 **同伴交流、合作互助** A 能主动参与小组交流、互助学练 B 能参与小组交流,相互学练 C 未参与小组交流,独自学练 体育-学习习惯-课堂表现 **观察教师示范、自主结伴学练** A 能观察教师动作进行合理回答、与伙伴自主学练 B 能观察教师动作,基本了解动作方法 C 不能明白教师动作,学练时找不到伙伴 体育-学习习惯-课堂表现 **遇到困难勇于克服** A 当遇到困难时主动克服或寻得帮助后勇于再次挑战 B 遇到困难时担心失败,在教师同伴鼓励下尝试克服 C 遇到困难时退缩,不愿意再次挑战

互评 提交

同学的话：

	学习习惯	
道法		道法-学习习惯-课堂表现 **善于思考、大胆质疑** ○ A 敢于在课堂上表达自己的想法 ○ B 不太愿意表达自己的想法
		道法-学习习惯-课堂表现 **表达分享** ○ A 很积极 ○ B 一般 ○ C 不太积极
		道法-学习习惯-课堂表现 **合作交流** ○ A 能和同伴愉快地进行合作学习 ○ B 参与合作学习，但表现不太积极 ○ C 经常游离在小组学习之外
体育		体育-学习习惯-课堂表现 **同伴交流、合作互助** ● A 能主动参与小组交流、互助学练 ● B 能参与小组交流、相互学练 ○ C 未参与小组交流、独自学练
		体育-学习习惯-课堂表现 **观察教师示范、自主结伴学练** ● A 能观察教师动作进行合理回答、与伙伴自主学练 ● B 能观察教师动作、基本了解动作方法 ○ C 不能明白教师动作、学练时找不到伙伴
		体育-学习习惯-课堂表现 **遇到困难勇于克服** ● A 当遇到困难时主动克服或寻得帮助后勇于再次挑战

2.学习兴趣。学生登录评价平台完成不同学科的学习兴趣行为问卷，过程性记录学生对该学科学习兴趣的发展变化情况。

自评问卷 提交

自己的话:

	学习兴趣	学习习惯
道法	道法-学习兴趣-体现学科素养的具体行为 **体现学科素养的具体行为** ☐ A 课前主动先学 (看书或收集相关资料),课上能积极参与学习讨论,课后能完成相关实践作业 ☐ B 喜欢搜集、整理、分析和运用社会信息,能够用简单的学习工具探索和说明问题 ☐ C 关注生活中遇到的道德问题 ☐ D 积极参与学校的主题活动 ☐ E 敢于对不良行为进行指证 ☐ F 爱听新闻,关心国内外大事情 ☐ G 做可爱的上海人,喜欢上海这个城市,能主动去探索城市的沿革	道法-学习习惯-课堂表现 **善于思考、大胆质疑** ○ A 敢于在课堂上表达自己的想法 ○ B 不太愿意表达自己的想法 道法-学习习惯-课堂表现 **表达分享** ○ A 很积极 ○ B 一般 ○ C 不太积极 道法-学习习惯-课堂表现 **合作交流** ○ A 能和同伴愉快地进行合作学习 ○ B 参与合作学习,但表现不太积极 ○ C 经常游离在小组学习之外
体育	体育-学习兴趣-体现学科素养的具体行为 **体现学科素养的具体行为** ☐ A 喜欢体育运动 ☐ B 喜欢体育课 ☐ C 经常与同学一同进行体育锻炼 ☐ D 愿意与同学一起分享运动中的经历 ☐ E 经常与家长一起锻炼身体 ☐ F 坚持参加每次下午跑步锻炼 ☐ G 喜欢"开心一刻"活动 ☐ H 参加各类体育竞赛 ☐ I 了解某项体育运动知识 ☐ J 能了解体育运动明星	体育-学习习惯-课堂表现 **同伴交流、合作互助** ○ A 能主动参与小组交流、互助学练 ○ B 能参与小组交流,相互学练 ○ C 未参与小组交流,独自学练 体育-学习习惯-课堂表现 **观察教师示范、自主结伴学练** ○ A 能观察教师动作进行合理回答、与伙伴自主学练 ○ B 能观察教师动作,基本了解动作方法 ○ C 不能明白教师动作、学练时找不到伙伴 体育-学习习惯-课堂表现 **遇到困难勇于克服** ○ A 当遇到困难时主动克服或寻得帮助后勇于再次挑战 ○ B 遇到困难时担心失败,在教师同伴鼓励下尝试克服 ○ C 遇到困难时退缩,不愿意再次挑战

(三)家长评价

1. 校外学习习惯。学生学习习惯的养成不仅在学校,更重要的场域是家庭生活之中,家长依据孩子的表现在评价平台上记录孩子在家的表现。

家长考评 提交

家长的话:

习惯家长问卷	习惯家长问卷

学习习惯-校外习惯

您的孩子平时能不能自觉,主动地进行预习,复习学习内容

○ A 经常能
○ B 偶尔能
○ C 从不能

学习习惯-校外习惯

对自己不喜欢的学科,您的孩子也能努力学习

○ A 非常不符合
○ B 比较不符合
○ C 不好确定
○ D 比较符合
○ E 非常符合

学习习惯-校外习惯

您的孩子能每天按照课表整理书包和学习用品?

○ A 每次都能
○ B 经常能
○ C 偶尔能
○ D 基本不能

学习习惯-校外习惯

您的孩子在家作业时,总能抓紧时间,作业保质保量

○ A 非常不符合
○ B 比较不符合
○ C 不好确定
○ D 比较符合
○ E 非常符合

学习习惯-校外习惯

您的孩子每天能按时完成老师布置的作业吗

○ A 每次都能
○ B 经常能
○ C 偶尔能
○ D 基本不能

学习习惯-校外习惯

您的孩子每天完成老师布置的作业时间

○ A 没有作业
○ B 少于一小时
○ C 1-2小时
○ D 2-3小时
○ E 3-4小时

学习习惯-校外习惯

周末的学习和娱乐,您的孩子能提前做好计划

○ A 每次都能
○ B 经常能
○ C 偶尔能
○ D 基本不能

学习习惯-校外习惯

您的孩子平时每天的睡眠时间

○ A 少于七小时
○ B 7-8小时
○ C 8-9小时
○ D 9-10小时
○ E 10小时以上

学习习惯-校外习惯

您的孩子做作业时遇到困难怎么办?

○ A 找老师和同学帮忙解决
○ B 找家长帮忙解决
○ C 把困难放在一边不管它
○ D 自己想办法解决

您的孩子完成学校作业后,每天阅读课外读物的时间

○ A 少于半小时
○ B 半小时到一小时
○ C 一小时以上
推荐3本以上课外读物

学习习惯-校外习惯

在家里,您的孩子不需要家长提醒也能主动学习?

○ A 非常不符合
○ B 比较不符合
○ C 不好确定
○ D 比较符合
○ E 非常符合

您的孩子课余时间,能否根据自己的兴趣选择电视节目,并从中获取有益的课外知识与家人或同伴分享

○ A 能
○ B 不能
推荐1-2个电视节目

2.学习兴趣。不同学科,有不同的评价问卷。家长依据孩子的行为表现情况进行勾选,最后形成孩子对某学科学习兴趣的基本概貌。

（四）学业成果呈现

学业成果主要是指学业成绩，学生和家长可以查看语文、数学和英语各学科的等第和分项目学习水平的等第。

江铠宇	语文等第	数学等第	英语等第	总分等第
2016 下期末	A	A	A	A

语文分项等第

分项名称	等第
基础	B
阅读	B
习作	A
卷面	A

数学分项等第

分项名称	等第
计算掌握	A
解决问题	A
理解概念	A

英语分项等第

分项名称	等第
听力	A
词汇与语法	A
阅读与写作	A

教师可以查看班级学生学业质量个体评价情况，评价结果可以呈现成直观的柱状图或雷达图。

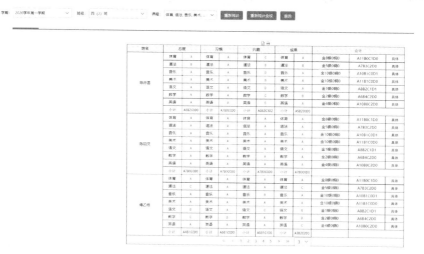

某班学生学业质量评价成果图

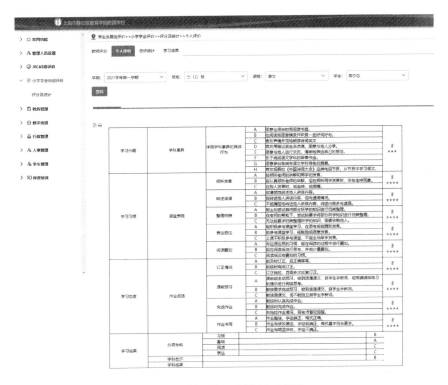

某学生个体的学业质量评价成果图

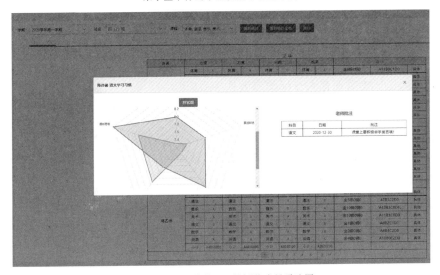

某学生语文学科学习习惯评价成果雷达图

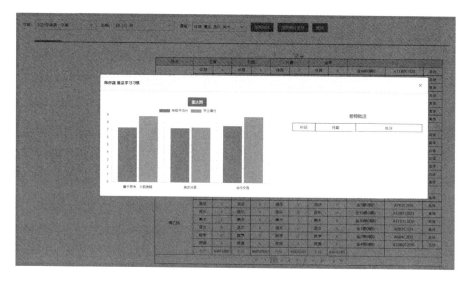

某学生道法学科学习习惯评价成果柱状图

实 践 案 例

基于可持续发展的小学数学学业质量评价研究

静教院附校 小学数学教研组

对学生学习进行科学合理的评价,不仅是教师开展教育教学工作的重要环节,也是学校实现育人目标的有效途径。

一、评价的根本在于学生的可持续发展

2013 年 6 月 3 日教育部发布了《关于推进中小学教育质量综合评价改革的意见》,倡导新的评价体系,包括学生品德发展水平、学业发展水平、身心发展水平、兴趣特长养成、学业负担状况等 5 个方面、20 个关键性指标。这个评价体系的突出特点在于重视基础知识、基本技能的同时,更加关注学生终身发展和应对未来挑战所需要的能力和素养。上海市给出的义务教育质量绿色评价体系,其 10 个评价指标包括:学生学业水平指数、学生学习动力指数、学生学业负担指数、师生关系指数、教师教学方式指数、校长课程领导力指数、学生社会经济背景对学业成绩的影响指数、学生品德行为指数、学生身心健康指数和跨年度进步指数等。显然,无论是发展性评价,还是时下倡导的"绿色评价",其核心都在于促进学生的可持续发展。所以当下小学生数学学业质量评价路径的革新重点就在于有效发挥评价的多元功能,以激励学生发展、全面评估学生的发展状况、关注学生发展潜能、着眼于学生终身可持续发展为根本。

二、小学生学业质量个体综合评价平台的搭建:旨在促进学生可持续发展

教育的根本在于实现学生的终身可持续发展,而不仅在于检验和评估现实发展状态。

为此,本校充分运用信息技术,搭建了小学生学业质量个体综合评价平台,对不同学生在学业成绩、课堂表现、作业质量、学习素养等方面的表现进行记录、统计、归纳等处理,产生个性化的评价结果,也取得了体现教育评价的科学性、专业性、客观性的效果。

通过对每一位学生的学习态度、学习习惯、学习兴趣和学业成果这几大模块进行综合评价,为促进学生的可持续发展提供了及时、有效、精准的支持。其中学习习惯首次被置于课程评价的重要位置。小学数学学习习惯包括书写习惯、答题习惯和检查习惯等,如果没有大量规范化日常行为要求和训练,这些习惯很难养成,所以,必须将学习习惯的培养融入学生平时的学习中。

三、利用小学生学业质量个体综合评价平台进行评价的若干实践尝试

（一）两个检测点展开习惯评价:将激励、诊断和改进等多种功能融为一体,旨在诱其"开窍"

小学生学业质量个体综合评价从学科特色习惯培养和课堂表现两个检测点展开不同年级、不同学科的学习习惯评价。对于小学生而言,各人的天资有所不同,"开窍"的时间早晚有所差异。从而,数学学习评价不仅要关注评价的诊断性,更要关注评价的激励性、改进性,亦即对学生点滴的进步、创新的火花、独特想法的灵光一现等,给予适时、适度的激励性评价,抓住每一个提高学生学习兴趣的机会。

因此在小学生学业质量个体综合评价中学科特色习惯培养和课堂表现评

价细化为会倾听、会表达、会交流、会操作等几个角度（附表如下），结合学科特色对学生的课堂表现进行即时的、多维度的评价。更加关注学生数学活动参与程度的评价、合作交流的意识与能力的评价、数学思考与发展水平的评价，以及发现问题、提出问题、分析问题、解决问题过程的评价等。这样的评价方式给予学生展示自己最佳表现的机会，而不是像在标准化测验中那样，只能展示典型的表现。也许有的孩子由于"天分"问题在知识的掌握中，他可能稍慢一步，但是，从其他维度上，例如操作，他能做得很好。如果他们能够从其他维度尤其是行为习惯上得到肯定的评价，就会获得对自己学习的控制感，这是信心的重要来源。而当学生增强了学习的信心时，他们获得成功的可能性就会大大增加。

会倾听	会表达	会交流	评语
A(9)认真倾听老师与同学的话，并积极举手围绕问题发言。 B(7)倾听老师与同学的话，能围绕问题发言。 C(5)不随意打断老师与同学的话。 D(3)不能专注听，需老师提醒。	A(9)会用规范的数学语言，有条理地表达自己的思路。 B(7)会用数学语言，表达自己的思路。 C(5)能表达出自己的思路。 D(3)表达含糊不清。	A(9)积极参与，能把自己的想法清晰地讲给伙伴听，对团队合作的结果进行综合表述。 B(7)积极参与，能把自己的想法清晰地讲给伙伴听。 C(5)有参与的意识，能表达自己的想法。 D(3)不参与课堂交流。	查看

会操作1	会操作2	评语
A(9)通过比划、体验等活动来理解计量单位概念，和它们之间的关系，并能灵活运用。 B(7)通过比划、体验等活动来理解计量单位和它们之间的关系。 C(5)通过比划、体验等活动具有本少的理解计量单位和它们之间的关系。 D(3)不能理解。	A(9)解题时能灵活运用图示、代换等数字方法。 B(7)解题时能运用图示、代换等数字方法。 C(5)解题时其本能运用图示、代换等数字方法。 D(3)不会运用。	查看

案例分析：搭建正方体、长方体探究活动

学生在学习长方体、正方体的初步认识中，在通过摸一摸、指一指、数一数的过程中认识了长方体、正方体的特征。为了让学生更进一步地认识长方体、正方体，也基于会倾听、会表达、会交流、会操作的评价维度，笔者布置了动手实践任务，用学具中的小球和小棒搭大小不同的正方体和长方体，这个体验过程非常重要。学生A记忆正方体和长方体棱长以及顶点特点时显得非常困难，但是面对生动有趣的探究任务时，学生A有着极高的专注度和很强的动手能力，在自己选择小球的过程中，就能发现无论是正方体还是长方体都是8个顶点，而在选择小棒的时候大部分同学都犯了难，好多同学甚至因多次失败而灰心，但是学生A在独立搭正方体、长方体时，虽然多次失败，但是兴趣和专注度丝毫未减，很快通过坚持不懈的试验和分析成功搭出了长方体与正方体，并自信地站上讲台进行分享："我发现在搭长方体时可以选用4紫、4蓝、4绿的小棒；或者8紫4蓝、8紫4绿的小棒；8蓝4紫、8蓝4绿的小棒；8绿4

紫,8 绿 4 蓝的小棒。通过拼搭这些长方体,我发现不管长方体的形状如何,都需要 8 个球,12 根小棒。只不过这些长方体的特点有所不同,所有的棱不都相等。"

学生 A 作品

学生 A 专心地投入、积极地思考、大胆地尝试、自信地交流都让我看到了另外一个善于探索和分析的他。所以在本节课中对于学生 A 的会倾听、会表达、会交流、会操作我都给了 A,并且附上了详细的评语。当学生 A 查看系统,发现本节课他的课堂表现达到 A 后,对于其数学学习起到了很大的正向引导作用。通过此次评价,学生 A 清晰地了解要达成的目标,在下一阶段的数学学习中运用评分规则来对照自己的表现,在这一过程中,他会提高目标意识,会有更强的达标意识。更重要的是,"当学生有成功的故事可讲,且在令人信服地讲述故事时体验到自豪感,这会鼓励学生对进一步学习的责任感"。慢慢地,一年之后学生 A 的数学学习已经获得了优异的成绩。

(二) 分项评价学业成果:注重兴趣、方法、应用意识等的综合评价

对学生进行学业质量评价的目的是全面考查学生的数学学习状况,激发学生的学习热情,促进学生的全面发展和可持续发展。因此,对学生数学学习的评价既要关注知识技能的理解和掌握,更要关注学生的情感、态度、价值观的形成和发展;既要关注学生数学学习的结果,更要关注学生学习过程中的变化和发展。在小学生学业质量个体综合评价中,学业成果分为学科考核以及学科活动两个检测点,不再是"以成绩论英雄"的传统评价行为。尤其数学学科,知识掌握只是数学学习成果的一部分,能够利用数学思维分析生活现象,自主地解决生活中的实际问题是数学学习的更高阶要求。基于这样的评价指

标,以数学梳理为主要目的,帮助学生巩固所学的数学知识技能,提炼其中的基本思想和重要方法,开展了一系列数学学科活动。以丰富多彩的游戏活动为载体,以学生自主选择主题为主要形式,以自评、同伴互评、主持人评价等多元评价相结合的方式,让每个学生都能充分体会数学活动的乐趣,建立数学学习的自信心。

案例分析:数学故事大赛

"请用你学过的数学知识,讲述一个数学故事,要求有时间、地点、人物和一定的故事情节。"既然是数学故事大赛,就一定蕴含数学知识,并能通过故事形式将数学知识形象化、生活化,又不失数学内容的逻辑性、规范性。要对已掌握的数学知识有一个全面、深刻的认识,还要具有较强的语言表达能力、思维有序的习惯和一定的想象力。

学生 B 设计并讲述了这样一个数学故事:

在数学王国里有十个兄弟,分别是 0、1、2、3、4、5、6、7、8、9。它们都想称霸数学王国,都夸赞自己的本领强,觉得自己的本领最大,互不相让,数学王国里一片混乱……玉帝看到数学王国这个样子,就派"大于号""小于号"两位天使下凡,拯救数学王国。

小于号说:"$0<1<2<3<4<5<6<7<8<9$。"

大于号说:"$9>8>7>6>5>4>3>2>1>0$。"

0 说:"我一会儿在最前面,一会儿在最后面,到底是谁的本领最大呢?"大家又吵了起来。

玉帝看到这样,只好亲自来解决问题。玉帝说:"大于号说得没有错,小于号说得也没有错,但你们谁排在前面不重要,重要的是只有你们团结在一起才能创造出更大、更多的数。"说完,玉帝和天使都不见了。

十个兄弟仔细回味玉帝的话,都觉得自己之前的所作所为太不应该了。从此,他们手拉手团结在一起,让数学王国变得越来越强大。

透过学生 B 讲述数学故事时的言语表情、故事情节的合理性、数学内涵的准确性以及故事的生动性、趣味性等,结合小学生学业质量个体综合评价平台,我们可以客观地评判学生对于数学学习的兴趣,以及在数学学习的方法、创造的激情等方面的发展状态。其中,可能还会涉及社会责任感、伙伴关系等。多维度的有效评价不仅仅在于甄别、检测,更在于激励、改进。结合学科考核以及学科活动两个检测点,我们才能更加全面、具体地评价学生的学业成果,促进学生的可持续发展。

人工智能时代的发展必然伴随着教育教学活动的整体变革,随着信息技术与教育领域融合程度的加深,小学数学学习评价也要依托信息技术的支持,加快更新的脚步,让学习评价走向精准化,让学生发展走向可持续化。

(三) 从作业反馈评价学生学习态度(案例提供:朱晓晨)

如何为学生的学习态度给出可操作的评价方式? 我校综合质量评价从学生作业的完成情况为落脚点观测学生的数学学习态度,具体分为四个维度:作业效率、交作业的情况、订正的情况和书写情况。通过定期评价学生的作业完成情况对学生的学习态度形成可量化的评价,如下图。学生通过给定的评价及时调整改进自己的学习态度。

学习态度	作业反馈	作业效率	A	全对	🖐 ★★★
			B	错1-2题	
			C	错3-4题	
			D	错5题及以上	
		日常作业	A	按时主动交	🖐 ★★★★
			B	提醒后交	
			C	没带在校补	
			D	第二天交	
		错题订正	A	一次通过	🖐 ★★★★
			B	重复订正	
			C	在老师督促下当天完成	
			D	第二天完成	
		书写规范	A	书写端正, 格式规范, 会用工具	🖐 ★★★
			B	书写端正, 格式规范	
			C	书写端正	
			D	字迹潦草	

案例分析

老师定期对某位学生的学习态度进行等第评价,月初该学生作业的书写不够端正,数学解题不规范,没有使用直尺等工具进行规范的答题。教师给予了 C 等第的评价,并与学生沟通,家长通过校园网的综合评价栏目了解到孩子的学习态度有所退步,加强了家庭教育。第二周该学生的数学书写有所改善,大部分情况下能够规范地完成作业,偶有偷懒不用直尺的情况,教师给予了 B 等第评价,并进一步提醒鼓励该学生。一周以后,该学生的学习态度又有所改进,作业质量得到了明显的提升,教师鼓励该学生,并给予了其 A 等第的评价。这一过程都作为该学生的过程性评价记录了下来。如下图。

序	时间	等第	多选明细
1	2021—12—24	A	查看
2	2021—12—17	B	查看
3	2021—12—10	C	查看

(四) 从教学内容来评价学生(案例提供:陈玮娜)

(1) 活动时间:在"周长"教学中。

(2) 材料准备:各种图形。

(3) 任务呈现:

量一量这些图形边的长度（取整厘米数）

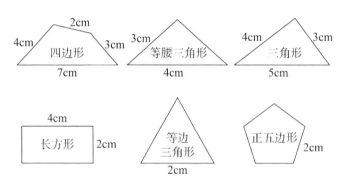

任务单:

1.学生交流:量一量这些图形边的长度并计算周长。

2.第一次合作学习　师:说说你是怎么算的。

3.第二次合作学习　师:把这些图形按计算方法分类。

4.小组核对

· 评价方式

评价活动在课堂中完成。学生四人一组,合作完成,说说怎么算的,这些图形按什么计算方法分类?老师在活动过程中承担材料准备、活动组织以及点评引导的任务。活动开始前,教师详细介绍活动内容和操作流程,点明活动评价内容。合作活动后,教师组织学生依据评价的要求开展自评,指导组长根据评价单的要求进行小组内评价,帮助学生对自身表现进行客观全面的认识,从而引导改善下一次的学习活动。

- 评价标准

评价单

请根据本次活动进行评价,如符合要求则在(　　　)内打"★"

评价内容			评价方式
探究兴趣	1. 能用各种图形来测量周长		自评
	2. 这些图形按计算方法分类		
合作学习	1. 能参加小组活动		小组评
	2. 能理解小组成员的意思		
	3. 能倾听别人的想法		
	4. 大胆提出自己的想法		

评价时,教师应当帮助学生明确评价内容与要求,指导学生进行客观的自评与组内互评,提升相互学习的能力。

(五)从学习过程评价学生(案例提供:陈静霞)

1. 这节"长方形面积"课——画图法,是在认识了"长方形的面积＝长×宽"的基础上学习的。

(1)评价目标:画图法是解决问题的一种方法,是方法本质内容的抽象概括,是介于方法与思想的过渡转化。本课时内容主要教学用画图的方法解决问题,是进一步学习解决有关实际问题方法的重要基础。根据三年级小学生是形象思维向抽象思维发展的关键年龄阶段。对于这样的题目理解有些困难,需要借助方法来帮助解决。学生根据条件和问题,在已有的长方形的基础上会画简单的示意图。结合条件和示意图分析数量关系,确定合理的解题思路,会列算式。

（2）评价内容,出示例题。梅山小学有一块长方形花圃,长 8 米。在修建校园时,花圃的长增加了 3 米,这样花圃的面积就增加了 18 平方米。原来花圃的面积是多少平方米?

学生自己阅读题目,读完你有不理解的句子吗?

画图分析。讲述:这道题和我们过去学习的计算长方形面积的题目有所不同。(长增加了,面积增加了)

提问:这道题能直接求出答案吗? 直接看文字叙述,你感觉怎么样?

可用什么方法更清楚地整理题中的条件和问题?(讨论)

学生独立自己画图(教师巡视,帮助有困难的学生)。画完后同桌取长补短。展示交流学生画图思考的过程。

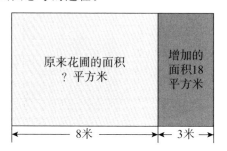

回顾反思。提问:为什么需要画图?

(帮助看清小长方形的长等于原来长方形的宽,从而找到解决问题的方法)

体验方法

变换情景,灵活画图。

出示:小营村原来有一个宽 8 米的长方形鱼池。后来因扩建公路,鱼池的宽减少了 2 米,这样鱼池的面积就减少了 60 平方米。现在鱼池的面积是多少平方米? 先让学生独立读题,然后在图上画出面积减少的部分,再列式解答。

(通过电脑演示,突出画图后减少的面积、原来面积和现在面积之间的关系)

60÷2=30（米）
8−2=6（米）
6×30=180（㎡）

学生可能出现两种解法:$60÷2×(8−2)$ 或者 $60÷2×8−60$

比较反思:与例题相比较,这道题画图解题时要注意什么?

(减少部分画在原来长方形的里面)

(3)评价方式:本环节主要通过暴露学生的问题,学生先自己画图,然后小组交流评价完善画图,在教学过程中教师对学生画图的能力,准确、完整的口头表达能力以及良好的倾听习惯进行观察与评价(A、B、C)

会倾听	会交流	会表达
A(9)认真倾听老师的讲解和同学的发言。 B(7)倾听老师的讲解和同学的发言,偶尔会走神。 C(5)在别人发言时,走神或插嘴。	A(9)用自己的语言口述数量关系,有条理地表达自己的思路和想法,会进行判断、说理,说出判断的依据与推理的过程。 B(7)用自己的语言口述数量关系,表达自己的思路和想法。 C(5)口述数量关系。	A(9)在学习过程中遇到困难,积极寻求同伴合作解决问题。 B(7)在学习过程中遇到困难,提出自己不懂的地方。 C(5)在学习过程中遇到困难,只能倾听别人发言。

2.学习求解行程问题应用题,例如:沪宁高速公路全长约 270 千米,一辆轿车和一辆客车分别从上海和南京两地同时出发,相向而行,客车的速度是 80 千米/时,经过 1.5 小时两车在途中相遇,问:轿车的速度是多少千米/时?

学生通过画线段图呈现速度、路程、时间等信息,正确找出量与量之间的等量关系,经历由繁到简转化的过程,建立两个物体相向运动问题的一般模型,体验到一个等量关系可以解决一类问题(未知量发生变化,等量关系不变),并在建模的过程中于变中找不变,提高分析和归纳的能力,感悟数形结合思想,感受数学学习的魅力。

本节课以师生对话、学生互评线段图、书面的答题情况来反映学生的学习情况。通过观测学生答题时态度是否认真、仔细;书写格式是否规范;完成后是否有自我检查、验算来评价学生良好学习习惯养成的情况。

(六)教师评语既是评价也是激励(案例提供:严沁)

学生的学习质量是分时间、分指标进行评价的,充分展现了学生在一个学期的过程中的变化。例如我们班有一名学生,刚开学时在数学学习方面表现得很吃力,课堂表现只能够得到 C 档的评价,学科特色习惯培养的口算只能够得到 D 档。在第一个月评价时,数学学科方面给出的评语是"计算需要加强训练。上课时除了认真听讲，更要主动把思考的过程和结果说出来。"家长根据老师的评语及时了解了学生在校的表现，配合老师的要求鼓励学生多练多说。学生在课堂上的表现明显积极了许多，愿意把自己的想法说出来，老师了解学生想法后也有针对性地进行指导。久而久之解决了很多学习上的难题，学生成绩有了明显提高。每个月老师都会在评价系统上对学生的表现进行评价，家长也会及时跟进。直到学期末评价时，学生的各项表现都取得了很大的进步。老师当着学生的面进行评价，学生看到一开始只能拿 C、D 档，经过一学期的努力能够获得 A 档或 B 档，有很大的成就感，更加愿意在学习上付出更多的努力。

小学语文学业评价维度与评价主体的多元实现

静教院附校　姚　尧

教学中的评价是制定评价标准后对学生的学习过程和学习结果进行的评定，在教学的不同阶段都扮演着重要的角色。义务教育语文课程标准对语文课程目标的评价要求语文教学发挥学业评价的多种功能，利用形成性评价关注学习过程，终结性评价关注学习结果，结合定性评价和定量评价评估学生达到的学业质量级别和完成学业情况。此外，评价还应追求多元化和互动性，落实教师、学生和自我相互结合的评价方式。学校开发的小学生学业质量综合评价信息化平台正是基于义务教育语文课程标准兼顾评价维度和评价主体的多元性，为语文教学构筑家、校、生之间的桥梁。

一、评价维度的多元性

美国学者格朗兰德提出"评价＝测量（量的记述）或非测量（质的记述）＋价值判断"公式，说明评价需要依赖三方面的组成，分别是定量测定、定性观察并对结果进行价值判断，最终明确达到的级别。语文学科的定量分析始终是形成性评价的难点。对此，小学生学业质量个体综合评价平台将学业质量评价分为"学习态度"和"学习习惯"两大类，每个大类下细分六个小类，基于标准参照给予 A、B、C、D 的量化评价。教师可以在每次课后或阶段性作业后对学生进行量化评价,同时在日常评语栏对不同学生辅以个性化的质性评价,给予学生阶段性的教学建议与情绪鼓励。本人执教一年级语文,班上的小刘同学上课容易走神,特别在疫情网课期间缺少课堂现场感,学生的疲惫状态愈发凸显,课堂作业的完成情况也与线下有所差距。考虑到课堂内有限的时间以及在全班同学面前频繁提醒小刘同学可能会诱发其学习"羞耻"感,小学生学业质量个体综合评价平台兼具及时性与私密性。在"学习态度"大类下的"课堂专注力和积极思考"栏我打了 B 等级,并在评语栏提出了具体的问题与方法,比如"周一、周三语文课新课文自由朗读环节只读了一遍停下,因此在个别朗读时没有读准字音,但周五的语文课上有改进,建议朗读时生词多读几遍,不流利的句子读到流利。老师相信你一定能战胜朗读的小困难。"通过高频评价,学生和家长逐渐重视课堂专注度与严肃感的培养,学生在一次次评价等级的变化中直观感受到自己的进步,同时也从一次次的评语中感受到老师对自己的关注和期待。

二、评价主体的多元性

在实际的教学场域中,评价的主体往往限于教师一方,学生的互评、自评以及家长评价处于评价体系中被严重忽视的边缘。学生互评伴随着学生之间信息、观点的碰撞、交换与互补,有助于学生取长补短、协作学习、增进友谊,形成稳固的学习共同体。自我评价是学生对自我学习进程和结果的监控、反思与鉴定,是对学生元认知能力的考察。家长作为学生成长过程中的重要他人,其评价也是学生社会评价的关键组成。小学生学业质量个体综合评价平台要求学生在每一个学期都对自己的学习状态、学习方法与学习成果进行复盘,同时对班上的至少一位同学进行评价,一年级的学生需要在家长的引导和帮助下才能完成以上操作。在语文课堂上,经常出现学生互评的场景,一年级小朋友评价的逻辑和语言相对薄弱,最常用的就是"我觉得他说得很好""他读得不太好",被点评的同学也很难从同伴评价中获得改进的方向或情绪的鼓励,久而久之同学们就丧失了对学生互评环节的兴趣与积极性。小学生学业质量个体综合评价平台中,学生自评和互评具有一定的强制性,并且给出了细分方向的引导,比如行为习惯、个人品质、学习能力、社会参与等,让小朋友在潜移默化中学会评价他人时的逻辑框架，从整体到细节，从表象到原因，从优点到不足。渐渐地，小朋友们在课后会讨论课上同学精彩的发言、高质量的作业与课外参与的活动，并提出自己要在期末互评中"表扬"这些同学。通过每一次的强化训练，孩子们的自我认知与同伴学习意识逐步增强，学习的主人翁精神也由此强化。

从实践的层面出发，学业质量评价系统是对语文教学课堂评价与纸笔测验外评价的有效补充，增强了语文教学评价维度和评价主体的多元性，提高了学生语文学习的自主性。

让评价成为小学英语教学的"催化剂"

静教院附校　黄芷萱

新课标提倡核心素养导向的评价育人理念，强调促进"教—学—评"一体化的设计与实施，实现以评促学，以评促教，保障核心素养和立德树人根本任务的有效落实。学校研发的小学生学业质量个体综合评价平台，充分运用信息技术，实现了评价主体的多元化，评价形式的多样化，将综合评价与个性化评价相结合，在促进因材施教的同时增进家校互动，努力让评价成为教学的"催化剂"。

一、综合评价促进因材施教

学生具有个体差异，就英语学习来说，有些学生笔头更好，有些学生口头表达具有优势，学校研发的小学生学业质量个体综合评价平台关注学生的综合评价，设定了学习态度、学习习惯两个一级指标。以小学英语学科为例，在学习态度下分设练习订正情况（效率）和作业完成效率两个二级指标。在学习习惯下分设语言模仿、口语表达和书写单词和句子三个二级指标。每个指标都有清晰明确的评价标准，以二级指标"书写单词和句子"为例，设置了三层评价标准，即"A"能模仿范例，规范书写单词和句子，书写速度快且字迹端正；"B"能模仿范例，规范书写单词和句子，字迹较端正；"C"能模仿范例，书写单词和句子，但不规范或字迹不端正。多个维度的指标形成了对学生英语学习的综合评价，帮助学生明确地找到自己的闪光点和短板,也能促进教师的因材施教。

同学 A 是一位男生,上课认真,积极举手发言,但是写字时常常不能静下心来,导致字迹潦草、不规范,根据评价标准,属于"C"的范畴。在发现问题后,我联系其家长进行家校合作,共同规范同学 A 的书写习惯。经过一段时间的规范和引导,同学 A 的字迹已经能够达到"B"的要求,其家长也表示当孩子看到自己的书写指标的评价从"C"到了"B",激发了更加浓厚的学习兴趣,对自己的书写也有了更高的要求。自那之后,同学 A 的书写一次比一次端正,现在已经能够达到并稳定在"A"的要求。学业质量个体综合评价平台记录了同学 A 的"书写单词和句子"指标评价由"C"向"A"的转变,也见证了他的进步和成长。

多维度的综合评价帮助学生从不同角度来审视自己的学业成果,找到自己的强项与短板,也能帮助教师更精准地因材施教,促进学生更好地提升自己的短板。于学生而言,评价不再是一刀切的分数论,而是结合各方面的综合表现,也减轻了学生的压力,更有利于学习态度和学习习惯的培养。

二、个体评价增进家校互动

在评价体系中,通过学习态度、学习习惯、学习兴趣以及学业成果四个维度,以 A、B、C、D 四级评定,并附上教师评语,形成针对每一位学生的个性化的评价,既实现了新课标提倡的核心素养导向的评价育人理念,又能够有效牵动学生的学,激发学生的内生动力,也能为家庭教育提供指引,增进家校互动。

在过程性评价的同时,在学期末我们会给予每一位学生个性化的评语,围绕学生的学期表现、闪光点与不足之处进行综合评价,并提出鼓励和寄语。同学 B 是一个内向但非常有上进心的孩子,她有丰富的英语积累,在每一次的写话任务中都表现出色,但口语是她的短板,借期末评语的机会,我再一次指出她的闪光点,并针对她的短板提出了希望。在看到评语后,同学 B 的家长马上联系我,表示走心的评语给予了孩子很大的鼓励,并计划在假期中取长补短,提高口语能力。

个性化的评语在激发学生内生动力的同时,也增进了家校互动的效率,家校更好地合作,才能促进学生更好地成长。学生和家长看到的不再是一个个平面的分数,而是针对其全面、综合的立体评价。个性化评价背后体现的是学校和老师对学生的关注、关心和关爱。

将每一次的评价数据和评语累积起来,就是一份动态的"数字化成长档案",见证着学生的进步和成长。于教师而言,努力让评价成为教学的"催化剂",做好学生成长路上的陪伴者和引领者。

以细化的检测点评价促进小学生行为习惯养成

静教院附校　曾晰莹

学生在学校的表现如何,是每个家长都非常关心的问题。因此对教师来说,如何相对客观、全面、及时地评价就显得尤为重要。学校的小学生学业质量个体综合评价平台,是信息技术支撑下促进小学生行为习惯养成的良好平台。

我们通过小Z的案例来了解一下。小Z,是一个行为及学习习惯有一定偏差的学生,经常会出现不带书,破坏课堂纪律等行为。但并不是每次我都会直接告诉家长,基本是课后进行批评教育。累计到一定程度,我会向家长反映一下,然后期末时按实际情况打相应的等第。但是从家长的角度来说,他觉得并没有收到老师很多次的告状,为什么老师打的等第会比较低呢。这其中的沟通就出现了一定的矛盾,老师觉得每次都"告状"非常繁琐,家长觉得既然老师没有给我一直打电话,孩子的表现应该还可以。评价平台的出现,就比较好地解决了这个问题。在评价平台中,以音乐学科为例,有学习态度、学习习惯的评价。其中还有细化的行为检测点,如多少次没有带书,是否能安静排队进专用教室,是否有安静聆听的习惯,等等。教师在每节课后都可以在系统里综合评价,一段时间后,学生可以直观地看到自己课堂上的表现,老师还可以在文字评价栏里具体描述学生的情况,家长就可以很清晰地了解。在细化的评价项目里,我们不再简单地用表现"好"或"不好"来评价,而是详细地勾选他哪几次没有带书,上课表现不好究竟是"不能安静聆听音乐"还是"不能排队有序进入课堂"等,更详细的情况,我们就用文字来具体描述。而家长也可以经常查看平台,看到老师对学生的评价,及时对学生在校情况做到心中有数以配合老师进行进一步教育。到了期末,教师对孩子打出的等第也有根有据。

正因为有细化的评价内容,所以我们可以更细微地关注学生的发展变化,比如:虽然他"未能带书本进课堂",被老师记录了,但"认真倾听音乐,能用音乐的语言描述"做得较好,那老师也会在这一栏进行记录。而当学生收到老师正面的评价时,都是非常兴奋而自豪的,尤其当老师用具体的文字写下对学生的肯定时,学生会觉得"我一定要更努力!"这样比较清晰又全面的评价,使学生更了解自己的弱点在哪里,应该朝哪个方向去改进,真正做到"有的放矢"。

信息技术赋能体育课堂教学评价

静教院附校 汤 亮

【案例背景】

本案例是在我校小学生学业质量个体综合评价平台上进行的课堂教学日常评价。根据小学生的心理特点,更好地激发学生对体育学科兴趣,促使他们热爱上体育运动,主动地进行学练,因此点滴的评价可以有效地回顾与小结学生日常学习生活的表现,从而更好地调整教师教学环节及个别化辅导,同时通过有趣味性的教学内容,还能提升学生学练的积极性,进一步提升课堂实效。

【案例描述】

案例一

小赵是一个在四年级班级中比较"特别"的女生,课堂表现为上课话多、爱动、时而还有一些小捣乱。其实老师们都知道,这是孩子需要教师、伙伴关注的一种表现。在体育课中,她经常在我面前表现自己,于是每次对她关心的询问,她都特别开心。课后我会把她上课的点滴记录成一小段文字,通过鼓励的方式让她勇敢地面对自己的缺点,同时也肯定她热爱集体愿意帮助她人的品质。一次在小赵同学下课后与我的聊天中，无意间表达对班级管理的想法，甚至她会分析班级现有的问题和表达如何解决的办法，参与班级管理的想法是可行和中肯的，虽然有时候的想法略显稚嫩，但我对她说："要不下周开始轮到你来做'小干部'管理一下自己的班级？"那一天我在平台上课堂常规中再一次的评语："今天你完成得很棒，发挥自己的特长，相信你还能更好！"第二周的体育课中，她作为体育小干事，开始主动去维持班级纪律，协助器材保管员收拾器材。每天的课中我进行观察，课后我都会在评语中给她一些指导建议，协助她一同管理体育课堂常规，通过多次在课后对她的评价和聊天，渐渐地她成了我不可缺少的得力帮手。一个学期之后，她的改变不仅得到了同伴们的认可，也影响到了班中的其他同学。班级课堂常规越来越规范，学练的积极性也大幅提高，在多项体育比赛中取得年级第一的好成绩。

案例二

小磊是一位比较内向的学生，在体育运动方面比较薄弱。跳绳是他的弱项，勉强在体育成绩的合格线徘徊。由于腿部力量、心肺功能不足，他往往会逃避枯燥的跳绳练习，同时对自己也没有信心，导致跳绳成绩一直都没有很明显的提高。于是我不断地想方设法去改变这样不利的循环状况。于是，我想到用学校小学生学业质量个体综合评价平台的日常学习习惯细则对他进行鼓励，是否可以提高他对于体育运动兴趣呢？基于此想法，在第二天的课后，针对上课的表现情况，我在学习习惯与学习兴趣中给他评分为 B，并且在评语中写道：如果 1 份努力没有办法让自己获得成功，为何不尝试用双份努力呢！在接下来几天的课中，我也是时刻关注着小磊的课堂表现与跳绳练习情况，虽然进步不大，但能够看出小磊在积极努力地去提高，去练习！我再一次地将他"学习习惯与学习兴趣"的评价提升到了 A，并在评语中写道：当双份的努力都用上了，自信、自强，99％的努力也是可以弥补那 1％的天赋。在日后的跳绳教学中，我会通过云端在班中展示小磊在上课中运动的练习视频并指导他需要改进的环节，鼓励他继续努力，最后也不忘点赞评价。小磊看到自己的练习视频在班级中多次进行展示也是非常惊喜，再一次激发了他想提升跳绳水平的积极性,也想在同学老师们面前表现得更出色。如果在课堂中出现突破或问题,我也会在课后进行一些等级评价与评语,让小磊知道自己最近的课堂表现,从而在课中反馈于我。通过我一个学期不间断地评价,不光激发了小磊的积极性,主动在操场上训练跳绳,跳绳成绩大幅提高,而且其他同学也争先恐后地要求老师回放自己学练的动作视频,从而带动了班级同学一起运动。

【案例评析】

信息技术的使用,主要简化教师教学,帮助教师减负,做到全面观察学生,高效地完成课堂教学,同时及时的评价又能给课堂打一剂强心针,不但提高了课堂教学质量,还能形成良性循环。因此,体育教师在使用信息技术融入课堂教学的同时,也必须要重视课堂评价环节。通过评价不仅提升学生学习的自信心,还能让学生真正体验到运动的乐趣与老师对于学生的爱。有效的评价让体育课堂教学真正做到关注到每位学生,提升课堂效率,提高课堂教学的"质",掌控课堂教学的"量"。

家校合作评价转变学生学习态度

静教院附校 潘晓红

小章同学被诊断为注意力缺陷多动症,他上课只管自己看课外书或者做别的事情,不参与学习活动,也不参与小组的合作学习。但是他有很好的记忆力,而且还有"一心两用"的本领,虽然在看课外书,但是对于课堂学习的内容,还能记住不少。不过,这种只是靠记忆,没有思维过程的学习,对于一些积累型的知识点能掌握,但是对于理解运用类的就比较困难了,只要遇到写话类题目,他就趴在桌上,半天不动笔,最后在纸上写四个字"我不知道"。因为一年级的时候,他还会离开位置影响老师上课,所以爸爸妈妈觉得孩子二年级上课基本不影响他人,考试成绩还不错,甚感欣慰了。然而我深知,如果只满足于现状,这个孩子进入中高年级,在语文学习上一定会困难重重。

我经常联系家长,告知他们孩子的课堂表现,以及我的担忧,起初家长并不怎么重视,他们可能觉得结果不错,心存侥幸。有一次在和他妈妈沟通时,我详细告知了学校对于孩子的学业评价方式，让他们意识到我们更重视过程性评价，注重孩子在学习语文过程中所表现出来的习惯与态度，并让他们了解相应的评价细则。老师会根据学生日常学习表现随时进行评价，建议他们要更加关注评价平台，了解孩子在校的"学习态度"和"学习习惯"，以便更有针对性地进行教育。

之后，小章同学的课堂表现开始慢慢转变，课堂上也会有认真倾听的时候了，偶尔也会把小手举得高高，小组合作学习的时候，也不会一个人坐在位置上，似乎跟他毫不相干的样子了。对于完成作业这件事情，也慢慢放在心上了，会主动上交作业，也会比较抓紧地完成订正。这些转变是因为家长开始重视老师给孩子的过程性评价，并且根据评价细则配合老师进行教育，让他明白具备良好的学习习惯和学习态度比完成期末的一份卷子更重要。进入三年级这一学期，在语文学习上，小章同学虽然略显吃力，但也没有落后，期末综合测试为 A。

过程性评价让学生看见自己的成长

静教院附校　任　丽

不知不觉，我校的学业质量评价系统已经启用好几年了。与上海市统一的学生评价手册相比，我校的学业质量评价系统更加重视学生的综合发展，重视对学生过程性评价，自此，评价不再是流于表面的一种形式，而是对学生学习习惯、态度表现的细化评价。可以说这个评价平台让老师、学生和家长受益颇丰。

一、完整记录学生的成长轨迹

在大数据时代，信息的保留显得如此的重要，而学业质量评价系统恰恰完整记录学生从一年级到九年级如此大跨度的学业表现。这对于学生来说，是一笔成长的财富。

班上有这样一位女生，胆子很小，平时不怎么讲话，在班级中基本没有朋友。三年级时心理老师了解下来，认为可能有点轻微自闭倾向。平时上学经常迟到，晚上做作业要熬到十二点才睡觉，同时完成作业效率低质量差，前一天晚上睡得晚，第二天白天精神状态和注意力都不佳，如此循环往复，恶性循环。因此她的订正作业、完成作业以及书写情况一直处于 B、C 档，学期初，我给她的评语是：课堂上你听讲认真，但如果你能多发言，表达出自己的想法，你会学习到更多。另外，老师希望你能按时认真完成作业，并交作业。

家长与老师沟通后，了解到孩子自身存在的问题，开始高度重视。家长首先从书写和完成作业两方面入手，在家完成的作业只看书写是否工整，作业是否在规定时间内完成。经过一段时间的监督，孩子的学习习惯和态度有所转变，再也没有出现过晚上十一二点钟才完成作业的情况。这种好习惯也让该学生在第二天有更充沛的精力听讲。

过了半学期，这个孩子的学习状态有了明显好转，这一次我写的评语是：相比开学初，最近一个月你的学习态度明显有了改善，继续加油吧！家长说孩子看了老师的评语后，非常兴奋，学习劲头十足。可以看出，孩子的学习热情已经被调动起来了。

学期末自评，该学生是这样写的：三年级第一学期，明显感觉学业较以前有增加，前期因为晚上写作业较慢，导致睡觉也较晚，后期在爸爸妈妈和老师同学的帮助下，加快完成作业，晚上睡得早之后，第二天上学不迟到也能有保证。学习习惯改善后，成绩也有一定的提高，这增强了我的自信，让我越来越喜欢学习。在平时学习中，如果遇到问题，我自己也愿意思考解决的方法，不断改善自己，这让我非常开心。

家长的评价是：上学期因疫情在家学习，孩子起床时间比上学时延迟，导致这学期开学后迟到次数较多。但疫情期间，在家视频上课，孩子反而回答问题的次数和积极性有一定增强，说话声音也比以前更响亮了一些。这学期中后期，孩子不断调整自己的学习习惯和作息时间，学习主动性和学习成绩都有所提高，也增强了自信，学业上迎头追赶……

以上除了老师的评价，还有自评以及家长评，从中都可以看到孩子的点点进步与转变。这与开学初每天都被老师催促交作业，甚至会拖欠四五天作业的情况完全不一样了。

升入四年级,该生保持着良好的学习劲头,进步更大了。各项评价维度基本在 A\B 两档。例如:四年级时我的某一次评语是:一直以来,你都非常努力,完成作业很自觉并对自己严格要求,这学期你取得了进步,尤其是写作部分,恭喜你! 希望你能继续努力,以后的课堂上越来越积极,多举手发言!

正是由于学习态度的改变,该生养成了良好的学习习惯,成绩也显著提高。这些都是老师对孩子每次的过程性评价,家长对孩子的成长轨迹一目了然,也能知道孩子哪些地方欠缺,哪些方面需要努力。

二、家校沟通更有针对性

以语文学科为例,该评价系统中语文学科评价分为学习习惯和学习态度。其中,学习习惯又从平时的课堂表现和学科特色习惯培养两个方面评价,学习态度从作业反馈的表现上评价。

最重要的是,每个年段学生哪些能力应该得到怎样的发展,家长都能清楚地从评价系统中获知。根据年级不同,课堂表现、学科特色习惯和作业反馈的评价标准是不同的,比如:低学段的学科特色习惯培养重在"书写端正、姿势正确",而中高学段的特色习惯培养重在"阅读批注、整理归纳和复述转述"。这些评价标准看似意思相近,但非常值得细读细品,多一个词或换一个词,两句所表示的意思就不同。比如四年级阅读批注的评价中:

A. 有边读边思的习惯,能在阅读的过程中进行圈画。

B. 能在阅读后进行思考,并做到少量圈画。

虽然都提到批注,但二者还是有很大的区别,标准 A 更强调学生学习的主动性。

上个学期,班中一位家长和我联系沟通:这个孩子在班级中是个很乖巧的孩子,老师布置的作业基本是第一个完成,平时词语抄写工整,认真及时完成作业,但是为什么每次做阅读理解时就一塌糊涂,完全不理解意思呢? 于是,我把在课堂教学中,孩子存在的问题告诉了这位妈妈:他的作业表现确实非常好,甚至可以说是班中的榜样。但是孩子在思考性上还有所欠缺。课堂上,当同学们阅读课文思考问题时,简单的问题他基本上能够回答,但一旦有些思考性的问题,他总是回答不出,再看一看他的书本记录,有些关键词句并没有圈画出来。这些反映了他在阅读上思考并不深,课内阅读与课外阅读是相关联的。这也是为什么这一项评价上我给他打B的原因。听了我的解释,这位妈妈恍然大悟:这些评价太细致了!孩子的每种学习行为都能找到相关的不同层次的学业评价,帮助我们引导孩子如何学习某个学科、如何更有效地学习!

从那以后,孩子在家课外阅读时,家长格外重视培养孩子的思考力,要求孩子阅读时圈画好词好句,并提出些问题与家长交流。这学期的语文课堂上孩子明显更愿意主动思考,甚至愿意尝试回答有一定难度的问题。

学业质量评价系统针对学科特点、年段特点细致地划分了几个评价维度,梳理了不同阶段的学科目标,记录了孩子的成长轨迹,犹如一盏夜航灯,给学生、家长以指引。

师生合作发展学生自我评价力

静教院附校　冯宇婷

五(5)班的小蔡同学,老师和同学一提起他,免不了把"调皮、捣蛋"等词和他联系在一起。他虽然头脑灵活,但自控能力差,上课经常干扰其他同学。作业经常少做、迟交,学习习惯比较差。通过和班主任及他妈妈的聊天中得知:他生活在单亲家庭中,生活都由阿姨照料。他妈妈平时工作很忙,没时间关心孩子的学习情况。妈妈对于孩子的奖励是通过考试A档给零用钱这样的方式,只关注结果,而忽略了过程性的关心。在和他妈妈的交流过程中,还得知了已经给孩子办理了美国移民,让孩子心理上对在学校学习产生了无所谓的态度,然而小蔡的妈妈却告诉我他对英文兴趣仍很浓,常常在妈妈开视频会议的时候和老外进行口语交流。了解到这样的情况,结合小学生学业质量个体综合评价平台,我对学生的学习态度、学习习惯、学习兴趣和学业成果这几项做了个性化的评价设定,帮助他稳步进步。

我给他提出了以下几点要求:

学习态度:作业按时完成不漏做,字迹端正。订正尽量能在校内独立完成。

学习习惯:我特别关注他的听课习惯,要求他在课后给我检查课堂上的笔记。积极参与小组讨论,并勇于发言。对于他出彩的发言,立刻给予评价和鼓励。

学习兴趣:更注重基础作业的完成。口语上坚持抽查课文背诵的情况。笔头上关注作业的完成效率和独立完成的情况。

一周都能做到在小学生学业质量个体综合评价平台评价 A。三周都能坚持做到通过晓黑板告知妈妈小蔡阶段性养成的好习惯。

通过坚持不懈的努力,小蔡各方面表现都取得了较大的进步。在 5A 的期末练习中给自己交上了一份比较满意的答卷。

及时有效地督促学生改正坏习惯的法宝

静教院附校　严晓彤

"评价"在教学过程中有着重要的作用,准确而又正向的评价能够帮助学生成长。但在实际生活中,虽然老师能够及时对学生的品德、习惯等多个方面给出评价,但这些"评价"似乎总有"时效性",学生在接受评价的那一时刻会对老师有所反馈,过一段时间,甚至是一夜之后却又需要老师"旧事重提",提得多了,评价的效力似乎也会下降。这或许是因为家长与老师之间信息不对等,老师在校进行教育,学生回家后家长对他目前需要改进的地方或是需要达到的要求不够清楚,自然也不可能和老师达成默契的配合,教育的成果也就打了折扣。

老师和家长当然知道家校沟通的重要性,但实际操作中又会有些许不便。一方面,班级里学生数量较多,学生的问题多且杂,老师不可能事无巨细地每天都把每个学生的情况私信给他们的家长;另一方面,家长缺乏经验,在家也不能及时发现学生的问题,想要询问学生近况又怕打扰老师而瞻前顾后。一来二去,家校间的沟通之路便没有那么畅通了。

我校小学生学业质量个体综合评价平台的有效使用能够改善这一

情况。

在平台上，主要评价的是学生的学习态度和学习习惯，而这两点又是以学生的实际行为为依据的评价标准。例如在评价学生的学习态度时就以学生的作业为依据，对学生作业的完成情况、订正情况、书写情况等方面进行评价。为了更好地呈现学生情况，同时也是为了更好地指引学生，在这些类别下有非常明确的评价标准，例如在评价作业书写情况时，如果作业整洁、字迹端正、格式正确就是 A，如果作业有修改痕迹、字迹较端正、格式基本正确就是 B，当然，如果这个小朋友的作业有明显涂改、字迹很不端正，那就是 C。家长不仅能够通过评价平台知道学生哪方面做得不足，还可以知道他为什么做得不好，后面应该怎样努力，继而对学生的家庭教育也能够更有目的性、更加有效率，而不是像以前那样只能反反复复地对学生说"要认真、要努力"。

在我帮助我们班的小姜同学改正拖欠作业的坏习惯时，评价平台就起到了很大的作用。小姜同学的爸爸妈妈工作非常繁忙，经常出差，没有办法做到经常和老师沟通，关注小姜的在校情况。小姜自己的自觉性也比较差，经常不能按时完成校内作业，需要老师三催四请，紧紧地跟在后面。但是借助小学生学业质量个体综合评价平台，家长能够及时知道小朋友的学习状态，配合老师对小姜进行教育。小姜也知道老师和家长都非常关注自己的学习，有意识地对自己提高要求。在他稍有进步的时候，我就会在平台上留言鼓励他，他的家长也能够及时鼓励，小姜自己也很有成就感。

由此可见，小学生学业质量个体综合评价平台是家校沟通时的坚实桥梁，是老师提升评价效果，改善教学的好帮手。

校内外及时评价提升学生"获得感"

静教院附校　　胡梦璇

教学评价不仅能帮助教师判断学生的学习情况、了解自己的教学效果，还能促进学生的有效学习。后"茶馆式"教学的课堂与教学评价有着密不可分的关系。

　　教学评价除了课堂中的即时评价，后"茶馆式"教学还将信息技术作为一种辅助手段，搭建了小学生学业质量个体综合评价平台。以语文学科为例，课堂表现和作业反馈分别体现了学生的学习习惯和学习态度。课堂表现细分为倾听发言、转述话语、整理归类、表达想法和阅读圈画五个方面，作业反馈细分为订正情况、课前预习、完成作业和作业书写四个方面。前者关注学生的学习过程，后者关注学生的学习结果，小学生学业质量个体综合评价平台的加入使得教学评价更精确，覆盖面更广。

　　评价平台对学生产生着激励的作用。从学习心理中学习动机的角度来看，行为的强化对于学生的学习动机有着较大影响，学习动机的强弱又影响着学习的效果。当学生的某一行为得到老师的表扬和肯定后，除了会感到高兴，还会坚持这一获得表扬和肯定的行为，甚至还会进一步在这方面提高对自己的要求，付出更多努力。这里学生的学习行为受到正强化，而老师的表扬和肯定就是强化物。

　　我班的小杨同学就是一个很好的例子。他对于新知识的接受速度略慢，自尊心又强，学习非常不自信。但是他的态度非常端正，每每得到肯定评价时，他会很有动力并付诸行动。发现孩子的这一特点后，除了平时课堂教学中鼓励他，我还会使用评价平台对他进行课堂表现和作业反馈的评价。孩子登录校园网后发现自己得到了老师的肯定，学习积极性有了进一步的提升。课堂上他的发言更积极了，即使回答有误，在老师对他进行引导后，也愿意积极修正，不会觉得"丢面子"，从而产生畏难情绪。在学习的过程中，他始终保持着一种"获得感"和"成就感"。

　　小学生学业质量个体综合评价平台对孩子的激励作用不仅体现在他的校园学习中，还体现在校外的学习中。通过和他家长的交流，我了解到孩子即使是在家里，也有主动学习的意愿，复习时非常认真，有强烈的求知欲。孩子对学习有了兴趣，愿意付出努力，老师发现他进步后能及时在小学生学业质量个体综合评价平台上得到及时评价，得到老师的表扬后，孩子的学习动力更足了，对待学习更加认真，自然会保持着进步的态势，这样也就形成了良性循环。经过不断努力，本学期期末他的成绩达到了

B档,付出有了回报。

小学生学业质量个体综合评价平台使学生的学习过程和学习结果都得到评价,在课堂内外建立起了一套比较完备的教学评价体系,对于教师改进教学有着积极意义。

描述性评价数据指导家长科学育儿

静教院附校　熊梦艺

我校五年级英语学科教师对学生的评价分两个维度进行:学生学习态度和学生学习习惯。

学习态度主要由作业完成度反馈,其评价标准分诵读课文、作业效率和规范订正三方面。学习习惯则包含课堂表现和学科特色习惯培养。其中,课堂表现包含合作互动与集思广"议";学科特色习惯培养包含课外阅读和语篇写作。

由此可见,教师对学生的评价不仅是课堂表现,更包括课后作业的完成度;不仅是学业成绩的表现,更包括学习态度和学习兴趣的综合评价。教师通过定期在系统上对学生进行等第评价,家长哪怕因工作繁忙而未能及时与教师进行沟通,也能通过平台查看孩子的综合表现。针对特别需要说明的情况,教师还可以通过书写评语的方式与家长进行沟通。同时,不同于微信或晓黑板等其他平台的家校沟通,小学生学业质量个体综合评价平台更利于记录学生阶段性的问题。

以某学生家长为例,由于该家长日常工作繁忙,又不好意思打扰老师休息,因此通过学校评价系统可以及时查看孩子的各项表现。例如孩子学业成绩的不稳定,到底来自于课堂不认真听讲,还是课后作业完成度较低。通过记录与观察,必要时,与老师进行电话沟通,作进一步的咨询。在教师给予建议后,家长也进行了配合,学生的学习效能得到提升。

因此,此评价系统提高了家校沟通的效率,既避免了家长与教师事无巨细、频繁沟通而引发的焦虑隐患,又发挥了家长能够通过各项评价数据来及时

177

了解孩子学习情况并进行调整的评价指南作用。

评价让学生更自律

静教院附校 葛佳俐

教学评价是学生学习中很重要的反馈,上课需要教师对孩子有生成性的、实时的评价,学生才能知道自己薄弱之处在哪,并进行及时的改进。不仅仅在课堂中,课后教师更应该进行对学生方方面面的评价,不仅是督促孩子的成长,也是及时地告诉孩子自己的问题在哪里,毕竟一个教师对应着很多孩子,如果一个个口头点名,既没有时间,也没有效率。

为此,学校开发的小学生学业质量个体综合评价平台非常具有针对性,分学科、分类别地设计评价标准,不仅教师可以在课后及时对孩子近期的问题进行针对性评价,家长也可以在工作的碎片化时间内了解到孩子在各个学科上的表现,如果近期有变化也可以及时进行调整。一来一去,增加了家校的互动频率,也增加了家长关注孩子的时间、增加了家长对学生在校内表现的了解。教师也可以在同一时间段评价多个孩子,增加了工作效率和家校互动的效率。

在语文学科方面,学业质量评价分为两个板块,分别是学习态度和学习习惯。其中还分了6个小类,学习态度分别是针对孩子的"作业书写""订正情况""课前预习"和"完成作业"部分进行评价。这四部分分别囊括了孩子在语文学习中课前、课中、课后三方面的学习习惯,在我的日常教学中常用。我们班的小金和小秦就是一个很好的例子。小金和小秦的书写比较潦草,所以我经常会给他们在学业质量上进行评价,家长回家看到了也会及时关注孩子作业的书写,孩子都会存在惰性和偷懒的情况,所以需要教师和家长进行督促,但是教师不可能时时刻刻和家长联系,评价就在其中起了一个很好的沟通桥梁作用,每次我评价两位同学的书写不够端正后,家长都会进行及时的调整和检查,孩子也在这样"密不透风"的关注下可以将书写做到从原来的"龙飞凤舞"到现在的"一目了然",这就是评价中学生的成长,也是利用信息技术之后的家校沟通新方法。

我们班的小孙在升上四年级之后,学习表现出现了"两极分化"的情况,上课更加积极了,每次上课总能看到她专注的眼神和积极举起的手,胆子也越来越大,上课发言条理更加清晰;但是她却因为懒惰和畏难,经常不做作业,甚至还用各种借口逃避作业。这样喜忧参半的情况也可以用小学生学业质量个体综合评价平台进行点对点清晰反馈,比如在学习习惯的"合作互惠"和"倾听思考"中我常常给她打高分,并在对应评语中大力表扬她,每次收到老师的正面评价和表扬,她都十分高兴,对上课充满了期待和"斗志",希望今天也能够得到老师的嘉奖,这就是一个正向的鼓励。学生会愿意多看评价,家长也会根据评价进行表扬和激励。同时,我也在"完成作业"这一板块中给出了截然相反的低分,吸引了孩子和家长的注意力,让他们更有方向,知道自己下一步需要重点改进的是哪一部分,家长也可以结合评语对孩子的学习进行调整。这学期,在这样的评价体系下,小孙同学的课堂学习效率更高了,作业习惯态度也慢慢端正了!

好的教学方式不仅要钻研课堂教学,还要在教学评价中下功夫,在家校沟通上动脑筋,充分运用好信息技术,掌握学生的心理,动员起家长的积极性和引导力,这样才能达到效率最大化。

激励性评价在小学语文学习中的运用

静教院附校　　吴咏颐

教学评价在教师的"教"和学生的"学"中都占据着重要的地位,是研究教师的"教"和学生的"学"的价值的过程。在"双减"政策下,教师的课堂教学效率不断提高的同时,也应该给予学生的学习能力、学习态度和学习习惯同样准确、切实、有效的评价,不应该再是对学生成绩进行单一、片面、短时效性的评价。基于小学生学业质量个体综合评价平台不同于以往教师对学生的教学评价,依托信息技术的支持,根据多维评价的理念,不仅是评价形式的改变,更是评价理念的改变。小学生学业质量个体综合评价平台中所采取的分项等第制评价与评语并行的方式,提供了长期的评价,能够减少学生的竞争感,还可以提高评价的诊断性和激励性效能,使其在教师的教学目标中关注自己的成长和学习。

四年级上学期的语文学科教师评分板块中一级指标分为两个内容:学习态度和学习习惯。学习态度的评价主要依据学生的作业反馈,分为作业书写、订正情况、课前预习和完成作业四个模块。作业书写根据学生作业是否整洁,字迹是否端正,格式是否正确,分为三个等第;订正情况根据学生能否及时订正,是否需要反复订正,分为三个等第;课前预习根据学生能否课前主动预习,提出自己的疑惑,解决难以理解的词语,分为三个等第;完成作业根据学生能否按时认真完成作业,分为三个等第。学习态度和学生的学习能力没有直接的关系,考察的是学生是否按照老师的要求和标准完成作业、完成订正和进行课前预习。学习习惯的评价依据学生课堂表现和学科特色习惯培养,课堂表现中分为合作互惠,倾听思考,评价的是学生能否积极参与小组合作学习,乐于和组员有序交流,积极发表自己的看法,并且在他人发言和老师讲解的过程中能够认真倾听,并且有自己的思考,做到不走神、不插嘴。学科特色习惯培养则和不同年段的语文素养形成有关,四年级上学期主要的语文要素和习惯培养重点为批注和简要复述,因此阅读批注、整理归纳、复述转述就成了教师评价学生特色习惯培养的标准,主要评价学生能否边读边思考,在阅读的过程中进行圈画,定期、主动地将部分所学知识进行整理归纳,能否清楚地复述、转述他人讲话内容,做到先想再说。这几部分的评价既包括了对学生日常学习表现的评价,也囊括了四年级这一阶段学生主要需要培养的习惯。

小学生学业质量个体综合评价平台不仅可以分门别类准确地对学生的各项行为进行评价,还可以为他们提供长期的、可见的鼓励和支持。我在一学期的学期初,就会将这学期的评价标准告知学生,学生便能够知道自己这一阶段需要注意哪些方面,而他们的课堂行为和活动表现便有了"目标",能够更加自觉地规范自己的课堂表现,也能够注意学习的侧重点和目标。此外,针对表现特殊的学生,我不但会对他们进行等第评价,还会给他们留下评语,描述学生今日课堂的表现,让等第评价更加具体。我们班级有几位学生的思维比较活跃,会不由自主地在课堂上插嘴,这种学习习惯会影响教师的教学效率和其他学生的听课质量。面对这种情况,我向他们强调了学生评价系统中的"倾听思考"这一板块,并且和他们说清楚这一板块的三个等第的表现形式。在我给他们重新复现评价的依据和标准之后,他们的课堂表现会有所改变,通过他们上课习惯和反应的变化中可以看出,是评价标准使得他们对自我产生了更多的约束。紧跟着,我便对他们提出表扬和鼓励,这让他们更加有动力做出更好的表现。这不仅在慢慢地培养他们的习惯,也提高了其他学生听课的质量和教师教学的效率。

小学生学业质量个体综合评价平台系统能够给学生提供更准确、更多维度、长期跟踪、透明可见的评价,将评价融入学生的课堂学习,提高他们的学习积极性和自我要求,使学生能够更加自觉、自主地进行学习。

实时评价让妈妈看见你的努力

静教院附校　　杨梦露

学生学业质量的评价是指在一定的阶段学习时间内进行的,对学生所获得的学习结果的测量与评价。有效的学业质量评价不仅有利于教师发现教学中所存在的问题,以改进教学、提高质量,还可以促进学生更好地掌握知识,并能适时进行应用和迁移,是衡量教师教得如何和学生学得如何的一个重要标志。以往的学生学业评价存在不少问题,比如:缺少过程性评价,只注重结果;评价主体、评价方式相对比较单一,等等。

学生学业质量评价改革是基础教育课程改革的一个重要组成部分。《基础教育课程改革纲要》指出,要"建立促进学生全面发展的评价体系。评价不仅要关注学生的学业成绩,而且要发现和发展学生多方面的潜能,了解学生发展中的需求,帮助学生认识自我,建立自信。发挥评价的教育功能,促进学生在原有水平上的发展"。学生学业质量评价,无论是功能性还是价值性都应与时俱进,改革发展,形成适合学校实际的学习评价内容、形式、手段,更好地贯彻"以学生发展为本"的理念,积极关注和帮助每一位同学全面、持续和终身的发展。

我校采用小学生学业质量个体综合评价平台全面考评学生的综合素质。

一级指标分为学习习惯和学习态度两大板块，不同年级、不同年段的评价内容各不相同，充分体现学生评价年段性的特点。小学生学业质量个体综合评价平台的主体比较丰富，不单是老师给学生评价，更增加了家长对学生的评价以及生生之间的评价，多维度的评价更具有参考价值。小学生学业质量个体综合评价平台的评价方式采用等第制评价与书面评语评价相结合的方式，注重过程性评价，真正做到把学生的综合素质发展放在第一位。

我们班级有一位比较特殊的孩子。小刘同学在校学习期间注意力极不集中，学习兴趣因个人心情而变化，有抑郁倾向，情绪比较难控制，学习成绩在班级中也是吊车尾。在一次谈心中我了解到，她是二胎家庭，家里有个低龄的妹妹，家里人的关注力不由自主地集中到妹妹身上，对此她也有些情绪。她甚至认为自己的在校表现爸爸妈妈也不是很关心，他们也不知道她在校发生的事情。为此，我特地和小刘的爸爸妈妈进行了一次深入的交谈，发现爸爸妈妈很关心她的在校情况，有时她自己不愿意说，他们也不好意思天天向老师询问。于是，我提议利用小学生学业质量个体综合评价平台打开密切的家校联系通道。

小学生学业质量个体综合评价平台是电脑和手机都可以操作的平台，随时可以进行实时评价。一级指标中的两大板块下各有不少比较细致的评价内容。比如：当小刘同学完成书写作业时，就可以在"学科特色习惯培养"板块中的"书写端正、姿势正确"一栏进行 ABC 三个不同档次的评价，"完全做到、基本做到和没有做到"三个层次也比较清晰直接。低年级学生课堂表现是家长能够了解学生在校学习情况的重要指标，评价从"学会合作、敢于表态；遵守纪律、坐姿端正；专心听讲、学会倾听；主动参与、积极发言"这 4 个不同的方面进行测评，同样以 A、B、C 三个等级区分，避免了单一化的好与不好的评价。小刘同学思维活跃，在积极主动发言这块是做得比较好的，因而有时可以得到 A 的评价，但是她稳定性比较差，所以在专心听讲与学会倾听这块就会有 B 或 C 的评价，这样一来家长就可以直观全面了解当天或这段时间小刘在校课堂表现的情况了。学习态度方面主要是以"作业"作为评价的内容。由于低年级没有回家书面作业，因此在校完成作业的情况就很清楚地体现了小刘当日或一段时间在学校的学习态度。小学生学业质量个体综合评价平台的实时评价可以显示日期，单日可以做评价，一段时间也可以做评价；评价主体中老师的部分涵盖了所有任教学科的老师，不只是主科老师；评价可以是简单的等第制，也可以是文字形式的评语。

使用了评价平台之后，小刘说每天最期待的就是妈妈打开评价的网站，看到网站上显示出来的评价或者评语。有时是语文老师夸奖她今天遵守纪律，认真听讲，上课没有开小差；有时是数学老师提醒她数学数字书写要端正，不要马虎；有时是音乐老师表扬她今天勇敢地站起来展示新学的歌曲了；有时是体育老师表扬她练习跳绳有进步，突破了 200 个……偷懒的、不足的地方会让她脸红傻笑，优秀的、进步的地方又会让她自信满满，她也越来越期待每天的表现能被爸爸妈妈知道。另外，小学生学业质量个体综合评价平台每学期有设置额外的家长加分，学生校外表现好的可以每学期得到家长评价中的加分，小刘同学上学期末由于进步很大，得到了妈妈给自己的额外加分。

一个学期结束，评价平台会根据学生一学期的表现情况在"个人评价"板块中找到综合评价的结果，通过一学期的努力而获得的成果更让学生和家长一目了然，知道做得好的需要保持的方面以及仍有努力空间的方面。

从最初在校表现和在家表现都存在问题的特殊孩子，到积极主动改变自己，小学生学业质量个体综合评价平台细致全面，多元化，多维度的过程性评价起到了很关键的作用，帮助老师、家长、学生找到问题所在，维系家校合作的桥梁，提升学生自身的信心和对学习的兴趣。

职初教师的评价初体验

静教院附校　　周敏玥

作为新教师，我第一次使用小学生学业质量个体综合评价平台来评价学生。我发现它的评价机制非常全面细致，从学习态度和学习习惯两方面来评价学生，其中学习习惯又分为课堂表现和学科特色习惯培养，学习态度主要基于作业反馈对学生进行评价。由此可以看出，小学生学业质量个体综合评价平台不只是看重分数，更看重学生发展的过程、习惯养成的过程，以促进学生提高学习自觉性和主动性为目的。

一、改善课堂表现

我每学期都会定期对本班 24 位同学进行阶段性的小学生学业质量个体综合评价，并提醒家长和学生及时上网查看，便于促进家校沟通联系。学生 A 上课很难集中自己的注意力，总是忍不住东张西望，做小动作，学习习惯不佳，但是动手能力很强，并且爱思考，经常有很多异想天开的想法和问题。在看到平台上我对小朋友的评价之后，家长也积极应对，时时与我沟通交流，思索解决之法帮助学生进步。我了解到，家长规定了孩子每天一个小时的自主阅读时间，必须读出声音，并且阅读完能够回答出家长对阅读内容的提问，以此帮助孩子培养集中注意力。在校内，我也经常表扬该生爱动脑筋、不懂就问的优点，并在课堂教学方面设计更多有意思的活动，来提升学生学习兴趣。经过一学期三方的共同努力，学生在课堂表现方面有了明显的进步，从最初的眼神迷离到如今上课经常积极举手发言，即使没有被请到回答问题，也会认真倾听其他同学的发言了。

二、端正学习态度

B 同学上课积极，可每日的学习仅限于上课的三十五分钟，从作业的反馈来看，每日布置的口语任务基本没有认真完成，读一遍应付了事，我在小学生学业质量个体综合评价平台上如实评价。家长得知后与我沟通，因工作繁忙，疏于管教，平日里只是看着他读过了，却没有关心作业质量，看到评价才得知孩子的学习态度，于是便每日监督检查，关注完成效率，孩子也就不敢马虎了。

三、培养学习习惯

学生 C 与 A、B 相反，课堂上总能认真听讲，积极思考，学习态度认真，但是却不常主动举手发言。我发现他不是不会回答，而是害怕在大家面前讲话，怯于表达自己的想法。发现这一点后，我鼓励孩子不要怕说错，并在评价平台上对小朋友作出评价，和家长沟通。家长表示孩子确实从小比较胆小，正苦于没有办法解决，于是我提出建议，家长可以每日设置一段亲子时间，询问孩子在学校里的情况,请孩子在全家人面前说一说当天发生的趣事,家长作为一个倾听者,不去打断孩子的表达,并在最后适当提出自己的建议,长此以往,孩子与人交流的欲望更加强烈了,自然也就不害怕在公众场合说话了。慢慢地,B同学对自己更加自信,从刚开始的不举手,到学期末自己主动开口交流了,培养了浓厚的学习兴趣。

因此,小学生学业质量个体综合评价平台是架于家校间的桥梁,有效促进了家校沟通,能够及时反映学生学习问题,端正学生学习态度,培养学生学习习惯,提升学生学习兴趣,为学生健康发展保驾护航。

评价激发学生学习潜能

静教院附校 叶 茵

附校的小学生学业质量个体综合评价平台有效地助力教师的精准评价和家校互动。学校采取了多种评价形式,既有过程性评价,又有总结性评价;既有描述性评价,又有量化评价;既有客观评价,又有表现性评价;既有自评,又有互评。评价主体也是多元的,既有教师评价,又有学生和家长的共同评价。每位学生的评价报告都是个性化的,实现了因材施教,把准了国家教育评价的方向。

我的二年级学生们,从入学至今的两个学年来,在各位班主任老师和各科老师的鼓励和引导下取得了非常大的进步。其中一部分要归功于学校的小学生学业质量个体综合评价平台,此系统在信息技术支撑下为家校沟通建立了一个高效的多维度评价渠道。

一、综合评价促进学生激发内驱力

综合评价让不同学生在不同基础上从不同角度来审视学业成绩,学习成绩不再是一个分数,而是反映与学习有关的各个方面的评价。

(4)班的吴同学是一个性格内向且对自己有高要求的男孩,自从他主动关注了小学生学业质量个体综合评价平台后,教师明显能感觉到他开始在乎各个学科老师给他的评价,学科的分项评价让他自己更容易找到强项及短板,而且有了一定的好胜心。课堂上，他开始主动举手发言；回家后，他也努力练习，清楚表达。并且他逐渐建立了自己良好的学习习惯。他会自主地去安排各个科目的口头表达、书面练习和自主探究项目。综合评价不再是对学科的单一评价，而是根据学科特点、年级特点分项目进行评价，便于让学生和家长清楚地了解学生的学习现状，从而进行个性化的自我完善。

二、分项评价促进学生投入各活动

个体综合评价，为因材施教提供了科学的依据且不仅限于学业成绩评价，还有对学业成绩以外的丰富的各类学科活动。

小学生学业质量个体综合评价平台的 JECAS 章和各类校级、区级、市级的各项活动关联。这激发了整个二年级学生积极参与、积极争章的意识。他们在四次英语学科活动中脱颖而出，有的绘声绘色地进行了英语配音，有的大胆自信地进行了英语迷你演讲。不少学生在年级里的最终选拔中获得了理想的名次并欣喜地获得了附校 A 章积分币。

在校外市级的英语展演和比赛如："华夏学子说""中国故事我来说""希望英语"中，我所执教的(4)、(5)、(6)班的学生踊跃报名，大声流利地说出了中国故事，并纷纷获得金银铜奖和特等奖的好成绩。

多种评价形式不仅对提高学生整体学业水平起到了不可替代的积极作用，而且淡化了分数概念，减轻了学生的精神压力，创造了一个宽松的学习氛围。教师有效实施因材施教，学生进行个性化的自我完善，促使学生发挥自己的强项。

评价推动家校共育

静教院附校　詹嘉妍

今年在执教一年级新生的时候，我遇到了非常焦虑的小 C 家长。在开学的第一周，她就给我打了整整一小时的电话。在通话期间，她反反复复问我孩子在学校的表现，在英语课堂上的各种表现。之后她还给我讲述了很多小 C 幼儿时期在学习和与人交往时的表现，幼儿园老师对他的评价以及他在大班时学习英语的一些基础，等等。作为一个一年级新生的家长，用她自己的话来讲，她对孩子在学校的表现是非常"忐忑不安"，非常"担心"的。担心他在学科学习、课堂表现、校内活动、团队协作、同学关系等各个方面是否能适应以及具体的表现究竟如何。

孩子进入到一个新的环境，尤其是一个以学习为主导的集体中时，家长的担心与焦虑我是完全可以理解的。只不过这位妈妈对于孩子的关心和担忧程度比其他的家长要更多一些。在第一次正式的交流中，我首先肯定了小C在开学第一周的表现，安抚了家长焦虑的情绪。同时也告诉她，目前孩子尚处在学习准备期、适应期，如果有些情绪上和学习上的波动也是完全正常的。孩子在适应了学校的学习生活并趋于稳定之后，再去评价孩子的状态会比较客观一些。我们家长也要相信孩子天然拥有去适应新环境的能力，并发挥出自己最佳状态的。

接着我就给她介绍了我们学校的小学生学业质量个体综合评价平台，并告诉她每一位老师都会仔细观察孩子每天的学习生活情况并悉心记录下来，每隔一段时间就会针对孩子近来各方面的表现，给家长一个多维度的反馈。当然在必要时，老师也会通过电话、微信等方式和家长做及时的沟通、交流，所以孩子在学校的点滴情况，家长都能通过这些方式获知并实施适切的家庭教育跟进。

实际上小C是一个好学的孩子，上课注意力集中，且十分愿意在课堂上分享自己的观点。他也有些敏感和好强，一旦抛出一个问题只要我第一个请的同学不是他，他就不愿意再举手回答了。于是我在小学生学业质量个体综合评价平台给予其文字评价的时候就格外注意突出他积极主动和勤于思考的优点，比如我会这么写："你总是能积极认真参与课堂各个环节，认真地模仿、大胆地表达，是个爱思考、善于表达的小男孩。"而在和小C妈妈线下交流的时候我也非常突出小C在班里的努力和主动。

有一次我在课上布置了一个小组同学合作表演的任务，小C和其他几位同学都十分想争取同一个角色。听到些许争执声，我特别留意了他们小组，但没有急于去干涉，想看看遇到问题之后孩子们是怎么去处理和解决的。只见小 C 发现自己争取无果同伴又有情绪时，主动提出自己担任另一个角色，并劝了劝身边的同伴，意思是大家都谦让一点，如果你实在喜欢这个角色，我们也可以给你。之后小组活动便顺利展开，他们组也在规定的时间内完成了表演。我在全班同学表演过后分享了他们小组中小 C 同学的做法，并鼓励班级同学以后遇到同样的问题时也可以借鉴。

在这堂课之后，我在评价平台上留下了这样的话："你不仅善于分享自己独到的观点，勤学善问，更乐于与同伴合作。在小组同伴意见不一或发生分歧时进行调解，也愿意主动放弃那个大家都想争取的角色，甘当绿叶。所以，每次组内活动的顺利开展都有你的一份功劳哦。"

小 C 的妈妈也非常关注我在平台上给孩子的评价，在线下也频频与我交流。她告诉我，通过小学生学业质量个体综合评价平台上我给她具体而翔实的评价，他们家长就能及时了解并清晰知晓孩子在学校各方面的表现情况。包括：认真的学习态度、积极的课堂表现和分享表达以及独立思考的能力，团队活动中的友好协作与沟通等。小 C 妈妈后来多次对我表示，她对孩子能很快适应学校的英语课学习并且能积极表现感到很欣慰，同时也感受到了我对孩子细腻的关心和持续的鼓励。她也会将这些评价给小 C 看。她反馈说孩子看后，也感受到了老师对他的关心和肯定，对他个人的英语学习起到了极大鼓舞的作用。孩子不仅在家自觉复习，甚至自己主动制定了每天的课外英语学习和阅读打卡计划，落实得也非常到位。

同时，针对我给出的具体评价，小 C 妈妈也了解到孩子对英语学习的浓厚兴趣和积极态度。她告诉我每次复习英语时，儿子总是非常主动而且情绪也非常高涨。所以小 C 妈妈在家庭辅导时也做出了相应的调整：除了每天对孩子进行日常校内英语的辅导之外，还增加了亲子口语对话、英语课外阅读等内容，以全面提高孩子的英语学习兴趣和学习水平。

小 C 妈妈在学期结束前，写了这样一段文字给我："感谢英语詹老师通过系统评价，让我们能及时发现并了解到孩子在校的英语学习相关表现，发现孩子英语学习的优势，便于我们根据老师的评价及时调整对孩子英语学习的辅导和教育，提升对孩子的英语学科学习、家庭教育及相关辅导的针对性，发挥学校和家庭对孩子学习成长教育的协同效应。"我非常感谢有小学生学业质量个体综合评价平台这样的高效互动平台，建立并时时维系着家校的联合共育。

教学评一体化让评价更有温度

静教院附校　王诗雅

在今年颁布的新课标当中，对于教育评价的改进提出了明确要求：要求"改进结果评价，强化过程评价，探索增值评价，健全综合评价"，由此可见，"教—学—评"一体化已经成为了新课标背景下教学改革的重点。学校开发并一直使用的小学生学业质量个体综合评价平台就很好地做到了"以评促教，以评促学"。

在学业质量评价方面，小学生学业质量个体综合评价平台的每个年级与每个科目都有不同的评价标准，教师定期会根据学生的表现进行细致而有针对性的过程性评价，并书写评语进行适当鼓励。以一年级第二学期的语文学科为例，一级指标下有"学习习惯"以及"学习态度"；在"学习习惯"中有"学科特色习惯培养"和"课堂表现"两方面的评价；而在"学习态度"中则重点关注学生的作业反馈情况，评价板块与得分标准清晰而明确。

我在日常的教学当中，常常会在平台上给予学生阶段性学习情况即时的评价反馈，而家长也能通过查看评价平台，动态地掌握学生当前的学习状态。例如我们班级中小 A 同学学习的态度很是认真，但是在书写汉字时总是笔画写不到位，歪歪扭扭，做不到工整。在上学期的线上教学期间，因为无法做到面批，所以对于他的课堂作业，我总会在评价平台上耐心地写上不少评语留言，指导他笔画的书写，与家长及时反馈跟进学习情况。在他取得进步时，我也不吝赞美，并告诉他哪里还有进步的空间。终于，在多方不懈的努力下，小 A 同学的课堂作业被评上了班级线上优秀作业，尽管他的书写不是最漂亮，但是他的进步是多么喜人！而他的进步是与即时的过程性评价分不开的，小学生学业质量个体综合评价平台能够有效协助教师"关注学生真实发生的进步,积极探索增值评价"。

班级中的小 B 同学平时的作业和练习反馈情况都较好,但在课堂上经常开小差,总是不够专心,学习习惯方面还有提高的空间。我与家长多次联系沟通了这样的情况,但是对于学生的评价也并不只是出现问题时一次两次的反馈,而应是持续的、发展的。小学生学业质量个体综合评价平台就很好地关注到了这一点,我通过平台定期进行评价,起初小 B 的"学习习惯"中的"课堂表现"一直得分不高,引起了家长以及小 B 同学自己的重视。在之后的课堂上,小 B 的小动作明显少了很多,我通过平台的评价对她进行了肯定与鼓励;而当她有所懈怠时,我又会及时地在小学生学业质量个体综合评价平台进行打分、书写评语,对她进行适当的提醒。在这样持续的长期的过程性评价的帮助下,小 B 渐渐养成了良好的课堂学习习惯,每一个来之不易的"A"都是对小 B 同学努力的由衷肯定。小学生学业质量个体综合评价平台"注重提高学生自我评价、自我反思的能力",引导孩子不断根据评价结果,有针对性地自主改进自己的学习。

此外,附校的评价体系也并不只是教师的"一言堂",家长也可以根据学生在家的表现进行定期的评价,对学生予以激励;而学期末学生也可以对自己以及同学伙伴一学期以来的表现进行评价,既是回顾与总结,也是共勉与希望。正是这样的家校共同参与评价,让教学评价变得更有对话交流性,也更具人文温度。

个体评价实现家校沟通零距离

静教院附校　　盛碧云

在我校小学生学业质量个体综合评价体系中,三年级英语是从作业分享、订正效率、作业完成三方面来评价学生的学习态度。学生的学习态度从其作业中能有很直观很清晰地呈现,我根据日常孩子作业完成的情况做好记录,然后进行等第评价,并附上评语进行补充。对于作业完成认真、出色的孩子评语中进行表扬,尤其是对不但完成基础作业,还积极完成荣誉作业的孩子更是给予充分的肯定。而对于作业有些马虎,或是上交拖拉,或是订正低效的孩子,除了评价的等第不理想外,在评语中我也会说明学生近阶段需要尽快改进之处在哪,提醒之余有时也给出一些建议,希望可以帮助孩子调整自己的学习状态。绝大部分家长和学生都很重视老师的评价,但家长平时也未必可以很了解孩子的学习表现,通过这个评价体系的反馈,家长可以一目了然地得知孩子的学习近况,和孩子进行沟通,帮助孩子保持较好的学习态度。学生也可以从老师的评价中了解自己的优缺点,在下一个学习阶段进行改善。

学习习惯是依据学生的课堂表现和学科特色习惯培养的评价标准来综合考量的。在和家长的沟通中,我们发现不少家长并不清楚在英语学习方面如何帮助孩子培养较好的学习习惯,或者家长很难判断自己的孩子是否拥有较好的学习习惯。我校的评价系统中的评价维度就可以给他们一点提示或帮助。在课堂上,学生是否乐于参与、是否认真地与同伴老师交流对话、是否愿意与同学互帮互助,这些细节都能反映孩子的学习习惯。在学科特色习惯培养的评价标准中,我们着眼于学生的口语和书面表达的情况。我们会根据孩子英语学习习惯的变化不断更新评价,家长能够掌握孩子英语学习中需要努力的方面和进步或退步的情况。不少家长在看到平台上老师的评价会主动地找我沟通,希望得到老师的一些建议,在家就可以更加有效地帮助孩子,不断改进学习习惯,取得更好的学习成果。

在我的班级中有一位学习能力较弱的陶同学,但是他的学习态度很端正,作业尽管错误率高但还是尽力完成,上课有些授课内容他一知半解,但仍然积极举手、敢于表达。而他的家长也非常负责,他的母亲是全职在家,对于孩子的学习倾注了大量的心血。尽管她知道孩子的学习能力偏弱,依然很有耐心地陪伴孩子学习。她一直留意老师在小学生学业质量个体综合评价平台上写给孩子的评语和打出的等第。她可以从中很清晰地全面地了解孩子近阶段在英语课堂的表现、作业的情况等。可以说学校的评价体系指引了家庭教育,陶同学的妈妈陪伴孩子在家学习时,根据评价平台上的信息,心里清楚了孩子的薄弱之处,有个大致的方向查缺补漏。对其中有些需要老师提供帮助的地方她也经常来询问我,我和她一直保持着密切的联系。

综上所述,我校的小学生学业质量个体综合评价平台让家长能够实时了解学生的情况,让我们的家长和教师间的沟通变得更加高效,学生从中受益。

基于评价数据的教育诊断

静教院附校　殷韦君

小学生学业质量个体综合评价平台在我校推广已有数年,可以说,从教师到家长到学生,都越来越适应通过此平台了解孩子的在校情况。它在评价学生学业质量方面发挥的作用不小。其评价标准具有鲜明的学科特色,以语文学科为例,分为学习态度与学习习惯两大维度,并在此基础上细分为"课前预习"情况、"完成作业"情况、"订正"情况、"书写"情况、"倾听思辨"情况等板块,这些评价内容恰恰与语文学科的核心素养息息相关。教师每月要对学生的学习态度、学业质量等做两次等第制评价,每两个月要以文字的形式评价学生的整体学习情况。有了小学生学业质量个体综合评价平台的支持,不仅让评价个性化、及时化、精准化,也保留了学生的"成长"数据。试想,一学期一门学科10次评价,一学年一门学科20次评价,五年的小学生涯,累积了多少评价。在重视学生综合素质评价的今天,我想,这些数据是对学生客观真实的评价,是对学生及家长有力的说明,是教育公平的体现。

我班的小Z同学,经历了两年前的网课,成绩可谓一落千丈。因是两孩家庭,且父母工作繁忙,对孩子的学习情况并不清楚,只觉得孩子是速度慢的原因。今年疫情,孩子们再度迎来网课,家长恰逢在家。小Z的爸爸发现小Z作业经常迟交,订正永远在返工,各学科老师似乎都"盯"着孩子。经过和老师的沟通,才发现早在两年前的那一轮网课就已露出端倪。老师提醒过了,我校的学业质量评价也清楚记录下了小Z的课堂学习表现:上课听讲方面,课堂的专注度、参与度有所退步。作业方面退步尤为明显,老师多次对孩子的作业完成及订正情况给出了"B""C"档的评级。以2021学年第二学期学生总评统计为例,小Z同学语数外三门学科的"学习习惯"得分均低于年级平均水平,

"学习态度"得分均明显低于年级平均水平。在这些客观的数据面前,小 Z 的爸爸意识到,"冰冻三尺非一日之寒"。在之后的学习活动中,积极关注个体综合评价平台上各学科老师的过程性评价记录,和班主任一起结合孩子每天的学习情况,共同面对,陪伴孩子共同成长。

　　这些年来,我校在信息技术应用方面敢为人先,高投入的同时取得了不俗的成绩。信息技术助力科学评价,我校教师、家长、学生作为受益者,无疑是幸运的。

第五章　撬动:追求科学育人的综合素养评价

概 要 陈 述

融入"红领巾争章"活动的学生综合评价实施研究

静教院附校　翁慧俐　何　华　张聪辉

2021 年《中共中央关于全面加强新时代少先队工作的意见》中明确指出:应坚持把增强少先队员光荣感作为工作主线,构建阶梯式成长激励体系,引导少先队员从小学先锋、长大做先锋;应建立健全覆盖队前教育、队中培养、团队衔接的阶梯式成长激励体系,持续激发少先队员光荣感,全面开展"红领巾奖章"争章活动;应将"红领巾奖章"、实践活动、荣誉激励等学生在少先队组织中的表现纳入学生综合素质评价体系。支持少先队开展校内外实践活动,简化审批流程。

一、学生综合评价的研究缘起

本研究是应用性研究,应用性研究往往是从学校研究的实际出发。本研究的逻辑起点来源于新中考改革制度和"双减"背景下所产生的三个突出问题。

1. 如何攻坚课程评价的难点

课程评价的研究大多聚焦于学生学科学习中的基础知识和基本技能的掌握情况,教师在课堂教学中教学设计和教学过程的检测。本课题将尝试开展学生跨学科主题学习、社会实践活动的综合评价研究,尝试评价学生的关键能力水平及学生关键能力的提升,攻坚新中考背景下产生的综合评价新领域和能力评价的难点。

2. 如何融入"红领巾争章"的特点

本课题尝试与少先队的"红领巾争章"活动相融合,少先队的争章活动是符合队员年龄特征,极具上海特点,深受少年儿童喜欢的一种激励机制。我们将少先队"红领巾争章"与学生综合评价紧密结合,既传承少先队的优良品牌,又为"红领巾争章"活动注入时代的特征。

3. 如何研发信息技术在综合评价中的应用

本课题尝试依托信息技术精准、快捷、大存储、易操作的特点,设计开发出队员综合评价的信息平台,支撑起教师、队员、家长全员参与、全程记录、实时互动、可视化的评价系统。实现过程性评价、总结性评价、激励性评价、描述性评价、表现性评价等多元评价方式的综合应用,形成一个完整的评价链,引导队员培养关键能力,增强综合素质。

二、学生综合评价的设计实施

(一) 概念界定

争章活动:争章活动面向全体队员、儿童,人人可为,天天可为,鼓励少先队员和儿童从日常生活及学习的具体环节入手,通过定章、争章、考章、颁章、护章,不断为自己确立新的目标,发现自己的潜能,看到自己的进步,证明自己的成功。

综合素质评价:初中生综合素质评价主要指四方面:品德发展与公民素养、修习课程与学业成绩、身心健康与艺术修养、创新精神与实践能力。

(二) 研究目标

1. 设计学生综合评价的框架,确立评价领域、评价的角色、评价检测点、评价形式和评价表达。

2. 开发具备积累、归纳、清晰表达和初步智能化处理等功能的学生综合评价信息平台。

3.构建与综合实践活动课程相匹配,与少先队仪式教育相结合的阶梯式成长激励体系。

(三) 研究内容

1. 设计学生综合评价的框架

(1) 评价对象:静教院附校全体少先队员。

(2) 评价领域:JECAS章包含每个红领巾奖章中的基础章和JECAS积

分章。JECAS章涵盖创新实践(J-Job)、活动经历(E-Experience)、品德修养(C-Character)、成就达成(A-Achievement)及学业表现(S-Subject)五大领域，这五大领域与上海市初中学生综合素质评价有机对接。

（3）操作框架：

① 附校JECAS章争章评价共分"金章、银章、铜章"三类，每一类奖章的获得都以红领巾奖章中基础章的获得为前提条件，以JECAS章积分排名为依据。

② JECAS章以积分形式累积评价，以红橙黄绿蓝五种颜色分别对应5、10、20、50、100五种分值，学校根据队员在"JECAS"五大领域的表现，发放相应的实体积分章和线上网络平台积分。

③ 附校每位队员都能通过参与校组织的少先队活动、学科老师评价、中队辅导员评价、家长评价等不同渠道获得五大领域的JECAS实体积分章，在获取这些实体积分章的同时队员们还会在网络平台中获得相应的线上积分章。

④ 学校开展"金、银、铜章少年"评比，奖章颁发方式：铜章每学期评价一次，以红领巾奖章基础章获得作为必要条件＋JECAS章积分年级排名为依据，按年级积分排名前20％，表彰学期"铜章少年"获得者。

银章每学年评价一次，以红领巾奖章基础章获得作为必要条件＋JECAS章积分年级排名为依据，按年级积分排名前10％，表彰学年"银章少年"获得者。

金章以小学五年和初中四年毕业年级为评选年段，以红领巾奖章基础章获得作为必要条件＋年段内JECAS章积分累积为依据，按年级积分排名前3％，表彰附校"金章少年"获得者。

（4）机制设置：

① 发放机制：中队辅导员、学科教师、队员、家长可以根据五大领域的内容及评价的检测点给予相应的实体JECAS积分章。

② 积分兑换机制：

兑换时间:每周四中午 12:20—12:50		兑换地点:陕北校区:利思楼一楼大厅 江宁校区:红领巾议事堂
积分可兑换项目	校园服务岗位	升旗手、主持人、志愿者资格、社团理事会理事资格、自主管理委员会资格等
	体验活动	个人画展发布会举办资格、个人乐器演奏会举办资格、迎新晚会等演出机会、外出职业体验机会、与校长共进午餐体验等
	实物奖品	根据队员们的喜好购置的礼品等

③ 审核机制:积分累积和金银铜章获得者,需经校各行政部门审核通过,且各部门有监督职责,不定期进行抽查。

④ 举报机制:对于积分上传存在不诚信情况,队员、老师、家长可进行举报,一经查实,将取消该队员一学年所有积分。

2. 开发学生综合评价信息平台

为了便于全程记录队员成长的轨迹,我校开发了初中少先队融入队员综合素质评价的信息平台。

学生综合评价信息平台结合四个身份、五大领域,对队员的综合素质进行客观的评价。同时,形成可积累、可视化的评价结果导入上海市综合素质评价平台。四种身份的人利用网络优势,使得看似复杂的评价体系,在任务分解以后变得简便易行。学生对自己的"J""E"领域及"A"领域进行评价,在实践活动中的准备阶段、实施阶段、总结阶段上传相应的方案、照片、任务单、感想等。中队辅导员对队员"C"领域中的校内行为规范以及"S"领域中的学业表现进行评价。趣谱课程以及各学科老师对任课中队队员的"J""S"领域进行评价。家长对孩子在"C"领域中的校外行为规范进行评价。在成果界面中,每个孩子可以看到自己在各领域的积分以及动态上升与下降的变化趋势,同时还可以看到自己的总积分的变化,如果争到金、银、铜章,在相应的奖章上会发出光芒激励队员不断进阶。

平台主界面及不同身份登录后的视角呈现。

1. 队员视角

主界面

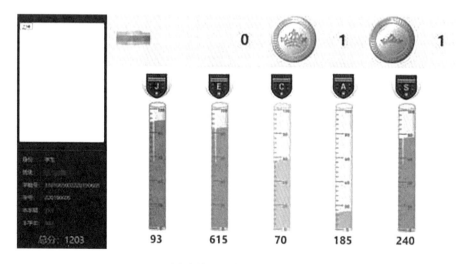

金银铜章及积分动态呈现页面

每学期、学年获得奖章时的颁章页面

2020学年第二学期J领域所有活动得分

序	活动类型	活动次数	评价等第	操作
1	探究学习	5	A	查看
2	科学实验	5	A	查看
3	社会考察	4	A	查看
4	创新作品	5	A	查看
5	职业体验	5	A	查看
6	道法实践	5	A	查看
7	探究学习	5	A	查看
8	科学实验	5	A	查看
9	社会考察	4	A	查看
10	创新作品	5	A	查看
11	职业体验	5	A	查看
12	道法实践	5	A	查看

查看 J 领域各项主题学习的积分页面

填报 E 领域少先队活动时的选择页面

亲爱的家长，请先使用你的独立密码进行登录！

登录

密码：

👤 登录

队员点击 C 领域时的页面

A 领域获奖成就申报页面

J领域得分明细

序	活动	得分	评价人	时间
1	探究学习	A	教师	
2	科学实验	A	教师	
3	社会考察	A	教师	
4	创新作品	A	教师	
5	职业体验	A	教师	
6	道法实践	A	教师	

队员查看 J 领域积分明细

C领域得分明细

序	活动	得分	评价人
1	——	10	家长
2	——	10	家长

队员查看 C 领域积分明细

E领域得分明细

序	活动	得分	评价人	时间
1	其他活动:大队委…	30	admin	2021-06-28 13:10
2	其他活动:七年级…	5	admin	2021-06-28 13:10
3	其他活动:结业式…	5	admin	2021-06-28 13:10
4	其他活动:自管会…	20	admin	2021-06-28 13:10
5	其他活动:参与J…	10	admin	2021-06-28 13:10
6	其他活动:参与年…	5	admin	2021-06-28 13:10
7	其他活动:担任三…	5	admin	2021-06-28 13:10
8	其他活动:升旗仪…	15	admin	2021-06-28 13:10
9	其他活动:4月行…	5	admin	2021-06-28 13:10
10	其他活动:参与	40	admin	2021-06-28 13:10
11	"对她说"——三八…	30	自评	2021-06-17 20:20
12	寒假生活——社会…	30	自评	2021-06-17 20:01
13	"永远跟党走 奋进…	30	自评	2021-06-17 19:59
14	"读红色经典 庆建…	30	自评	2021-06-17 19:46
15	"读红色经典 庆建…	30	自评	2021-06-17 19:36
16	三月春风行动——…	30	自评	2021-06-17 19:20

队员查看 E 领域积分明细

A领域得分明细

序	活动	得分	评价人
1	21世纪杯英语演讲...	60	自评
2	上海市中学生"做...	20	自评
3	语文"生成性作业...	5	自评
4	自管会副秘书长	5	自评
5	"第十届上海中小...	60	自评
6	优秀少先干部	5	自评

队员查看 A 领域积分明细

S领域得分明细

序	活动	得分	评价人
1	学科表现	20	谷
2	学科表现	20	杨
3	学科表现	20	薛
4	学科表现	20	蔡
5	学科表现	40	戴
6	辩论赛	5	陈
7	古诗文阅读大赛	10	谷

队员查看 S 领域积分明细

2. 中队辅导员视角

中队辅导员 C 领域赋分页面

中队辅导员查看队员积分情况页面

3. 任教学科老师视角

姓名	评价次数	评价
	1	＋增加　－减少
	0	＋增加　－减少
	0	＋增加　－减少
	1	＋增加　－减少
	1	＋增加　－减少
	0	＋增加　－减少

学科教师 S 领域赋分页面

4. 家长视角

家长通过独立密码进入 C 领域后赋分页面

5.管理权限视角

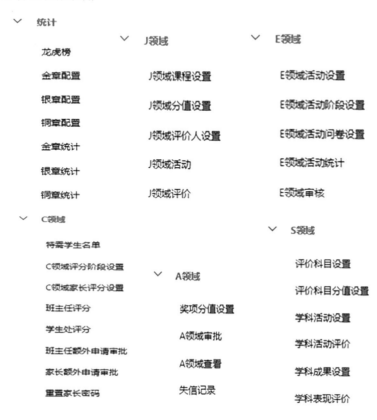

全领域查看及设置页面

我校的 JECAS 评价平台已累计 J 领域评价 1671 条、E 领域评价 13769 条、C 领域评价 8802 条、A 领域奖项 6067 项、S 领域评价 17939 条,五大领域总点击次数超 10 万次。

3.构建静教院附校阶梯式成长激励体系

为深入贯彻落实习近平总书记致中国少年先锋队建队 70 周年贺信精神,结合 2019 年共青团中央办公厅印发《关于构建阶梯式成长激励体系增强少先队员光荣感的指导意见》,学校应构建阶梯式成长激励体系,以"红领巾奖章"为核心载体,将其评价结果用于贯通同一层级的荣誉、岗位激励和实践。

一个有效体系的建立,是整体框架和内在逻辑的有机结合,即纵向维度和横向维度的合理呈现。

(1) 静教院附校阶梯式成长激励体系整体框架

为了攻坚队员综合素质评价的难点,我们将初中少先队争章活动与队员综合素质评价相结合,既传承少先队的优良品牌,又为少先队争章活动注入时代的特征。以"红领巾奖章"为基础,取静教院附校的首字母JECAS,形成涵盖静教院附校全体队员在学校所有学习和生活的静教院附校阶梯式成长激励体系(以下简称:JECAS体系)。JECAS体系面向学校全体队员,包含每个年级必修的红领巾奖章基础章和JECAS积分章。JECAS章包括创新实践(J-Job)、活动经历(E-Experience)、品德修养(C-Characters)、成就达成(A-Achievements)及学业表现(S-Subjects)五大领域。

领域名称	领域评价的具体内容
J-Job 创新实践	记录队员"趣谱"课程(即跨学科课程)探究学习的情况
E-Experience 活动经历	记录队员参与校内少先队活动和校外社会实践活动的情况
C-Characters 品德修养	记录队员校内、校外的行为规范表现
A-Achievements 成就达成	记录队员各领域内的获奖情况
S-Subjects 学业表现	记录队员参与各类学科活动和最终学业表现的情况(提倡教师对队员的进步加分)

JECAS体系凸显综合,包括创新实践、活动经历、品德修养、成就达成和学业表现;凸显即时,动态的评价结果及时反馈给师生及家长;凸显交互,运用表现性、过程性和增值性评价,打通各领域边界,评价结果按需互通。平台由队员、中队辅导员、家长、教师四种身份的人多角度全方位对队员进行评价,引导队员科学发展。

（2）以 JECAS 积分章排名构建纵向维度

JECAS 体系在积分章的基础上，另设铜、银、金章，分别在每学期末、每学年末和毕业年段（五年级、九年级）颁发，在确保红领巾奖章基础章获得的前提下，取年级排名前 20％、10％、3％作为附校铜章少年、银章少年和金章少年的获得者。

金章　红领巾奖章基础章+"JECAS"章总积分排名年级前 3％

每学年评价一次

银章　红领巾奖章基础章+"JECAS"章总积分排名年级前 10％

每学期评价一次

铜章　红领巾奖章基础章+"JECAS"章总积分排名年级前 20％

JECAS 积分章　　及时评价
100％的队员都能获得

中小学毕业年级评选

（3）以"红领巾奖章"基础章的争章活动和"争章推优入团"搭建横向维度

根据红领巾奖章基础章的争章要求，即：

① 红星章。了解党的历史，传承红色基因，培养热爱党的情怀。聚焦热爱中国共产党教育；牢记习近平总书记对少年儿童的教导和希望；革命传统教育；中国特色社会主义教育；社会主义核心价值观教育；共产主义教育等。

② 红旗章。了解"爱国七知道"，开展爱国主义教育。聚焦爱国主义教育、中国梦教育、国家成就教育、热爱人民教育、集体主义教育、公民道德教育、民族团结教育、法治教育、国防教育等。

③ 火炬章。了解少先队，做好入队准备。聚焦队前教育；少先队标志礼仪教育；仪式教育；初中少先队队建教育；党团队意识教育；组织生活教育；岗位服务教育等。

JECAS 体系在 E-活动经历领域内增设红星章、红旗章、火炬章板块，全校所有队员均可以在相应年段中勾选自己参加过的学校组织的少先队活动，学校根据每学年组织的活动情况规定争章所需的活动数量，当满足数量条件时队员即可获得该年级的红领巾奖章基础章。

年级	红星章相关活动举例	红旗章相关活动举例	火炬章相关活动举例
一年级	1）党史学习系列活动 2）争章入队系列活动 3）"童心向党"红色征文活动 4）我为党送祝福活动——制作生日卡活动 5）"永远跟党走——红色场馆打卡路线设计"活动 6）"温暖三月　与爱同行"红色文创慈善集市 7）"悦读百年辉煌传承红色基因"校园读书节活动 8）"承建党百年精神迎附校社团风采"社团大联欢活动 9）"红歌班班唱"艺术节活动等	1）"赓续红色精神　勇担时代责任"开学典礼 2）国旗陪伴下的红色足迹——红色实践基地考察活动 3）"国旗下成长"——上海市庆祝新中国成立70周年升旗仪式 4）"宪法小卫士"网络火炬传递活动 5）"自主管理同进步文明礼仪伴我行"升旗仪式 6）"绿色上网　护航花季"法治讲座 7）"安全科普进校园"应急安全科普教育体验营活动 8）国防知识挑战赛 9）禁毒知识竞赛等	队前教育
二年级			入少先队仪式
三年级			十岁生日仪式
四年级			红领巾与队前儿童牵手仪式
五年级			小学毕业典礼
六年级			换戴大号红领巾仪式
七年级			铭言宣誓仪式
八年级			十四岁生日仪式
九年级			离队仪式

除此以外,为进一步规范初中团员发展工作,保证新发展团员质量,提升团员队伍先进性,根据《初中学校实施推优入团制度实施办法》,我校将"推优入团星"与JECAS体系进行融合。

队员根据推优加星市级标准中的每一条要求逐一进行自我审核,并于网上进行加星申报,申报后由中队辅导员进行第一次审批,再由德育处进行第二次审批,最终交由校团委进行最终审核并决定是否授予推优入团星。

在融合方式方面,目前,推优1星和2星达标要求主要分为思想政治、道德品行、综合能力和其他,以评价指标是否可量化为依据。一方面,对于如政

治标准中考察对象是否具有坚定的理想信念、家国情怀和良好的道德品行,是否发挥模范带头作用,兼顾能力素质、作用发挥、纪律执行、群众基础等。较难用量化指标衡量的内容,我们将着重从队员参与学校组织的少先队仪式和活动的情况,以及其他队员、老师、家长的日常评价予以衡量。

另一方面,对于可量化指标,我们将市级标准充分地与现有"JECAS"体系进行融合,确保了推优入团的合理性、全面性和公信力。诸如参加不少于1次红色寻访活动,参加不少于1次的社会实践活动,积极参加市、区组织的各类共青团和少先队主题活动、赛事、服务等,寻访参观中共一大会址纪念馆和"渔阳里"团中央机关旧址纪念馆,培养教育期间参加不少于1次的共青团组织的志愿服务活动等均可与JECAS体系中的E领域相融合。而道德与法治课程学习成绩优良更可由JECAS体系中的S领域积分记录作为申报时的材料证明。"红领巾奖章"争章情况和校级及以上"优秀少先队员"可计入JECAS体系中的A领域积分记录。日常模范遵守行为规范计入JECAS体系中的C领域。

市级标准	所属领域
道德与法治课程学习成绩优良	S
参加不少于1次红色寻访活动	E
参加不少于1次社会实践活动	E
积极参加市、区组织的各类共青团和少先队主题活动、赛事、服务等	E
寻访参观中共一大会址纪念馆	E
寻访参观"渔阳里"团中央机关旧址纪念馆	E
参加不少于1次共青团组织的志愿服务活动	E
"红领巾奖章"争章情况	E
校级及以上"优秀少先队员"	A
日常模范遵守行为规范	C

为了便于队员进行网上申报,同时更好地呈现其在JECAS领域中的积分与推优入团星达标要求的对应关系,我们将在JECAS体系数字化网络平台中的组织章栏目中新设"争章推优"模块。队员可以在此模块中申报推优入团星。

　　在申报时,队员需要核对填写表格,表格中是相关具体细则。队员根据细则一一勾选是否已经达标,并需要对每一项要求进行佐证材料的勾选。如对"积极参加市、区组织的各类共青团和少先队主题活动、赛事、服务等"这一要求,队员在勾选"达标"后,网络平台将会呈现该名队员在附校学习期间所有的 E 领域已获得的积分条目,队员可以从中选择相应的条目作为材料添加,选择后网络平台将自动生成材料证明。对"道德与法治课程学习成绩优良"这一要求,队员在勾选"达标"后,可以附上其在 S 领域中道德与法治课程的表现情况。

网站页面

队员填报完成申报表格后,由中队辅导员和德育处依次进行在线审批,着重确保该名队员在政治标准方面符合要求,最终由校团委对其进行审核并决定是否授予"入团推优 1 星"或"入团推优 2 星"。如果队员被授予入团推优星,在其"推优入团"模块边上会出现相应的星星激励其不断进阶。

经过这样的融合,我校的"团前启蒙"更具吸引力,我校将团前启蒙教育纳入道德与法治的课程,进入 J 领域的评价范畴。少先队员们通过生动活泼的活动,在了解共青团的光辉历史和基本情况,学习优秀团员先进事迹的同时,也可以从任课老师颁布的课程任务中获取 J 领域中的 JECAS 积分章。这样的争章方式激励了队员们更投入地了解共青团先进性的各种表现;认识到成为团员对自己成长进步的意义和作用;了解入团程序,学习写入团申请书,从而培养珍惜少先队,向往共青团,把热爱共产党的真挚情感和意识,激发成为争取入团的动力。

我校的"少年团校"更具感召力。我们把团校教育活动与拓展型研究型课程相整合,共设 8 课时,课程设置从理论知识到社会实践,从参观寻访到座谈交流,充分体现了少年特点和时代特征,贴近队员实际的少年团校成为深受队员欢迎的课程之一,少年团校成为队员团员意识萌动的摇篮。少年团校的课外实践活动可以有效地丰富少年团校的资源和形式。E 领域中对课外实践活动的评价从活动准备、活动实施和活动总结三个环节,对参与少年团校的入团积极分子进行过程性的记录和评价,不同的参与度和参与质量可由网络平台自动结算成 JEACS 积分章计入 E 领域中,配合最后的团校考试,使整个团校学习形成了一个完整的教育过程,使得这一过程更具感召力。

我校的"差额推荐"更具公信力。争章推优后,由于融入争章活动的推优标准更加有形化,入团积极分子在差额推荐中可以从曾获得过多少次的附校铜章少年、银章少年中评选;在 J 领域的团前教育中,在 E 领域的少年团校里获得了多少 JECAS 积分章,曾经参与过哪些活动,在其中担任了什么角色等维度作自我介绍,这样一个全员参与的评价体系将会具有很强的公信力,帮助我们的少先队员们去客观地推荐出最优秀的入团积极分子和发展对象。

三、学生综合评价的实践成效

（一）少先队员的综合素养得到提升

根据上海市中小学生学业质量绿色指标评价显示:我校学生深度思考、认知能力高低的综合高层次思维能力指数远高于市、区平均值 30%,达最高值。反映合作能力高低的"接纳与包容,协作与交流,相互理解与尊重"的同伴关系指数高于市、区平均值 10%,达最高值。反映学生创新能力的上海市青少年科技创新大赛获奖人数增加,近两年来各年级队员获体育类奖项 79 人次,艺术类奖项 165 人次,科技类奖项 133 人次,两人荣获中国少年科学院小院士。学校荣获了上海市劳动教育示范校、上海市信息技术标杆校、上海市青少年科技创新大赛团体特等奖。

（二）少先队辅导员的幸福感日趋增强

通过课题的研究,静教院附校打造了一支政治信仰坚定,擅于实施 JECAS 体系,明学科、明学理、明学生、明育人的"明师"团队。通过 JECAS 体系的建立,给静教院附校的少先队辅导员们指明了方向。少先队辅导员们发现,JECAS 体系提供了一个全方位多元评价队员的方式;增加了一个评价、规范队员校内行为的载体;提高了队员参加中队、学校组织的少先队活动的积极性;并以一种全程记录的方式留下了队员们在校内学习、生活、成长的足迹。这些都为少先队辅导员的日常工作提供了抓手和便捷,提升了少先队辅导员的幸福感。

（三）家长对学校少先队工作的认同度与日俱增

自 JECAS 体系建立以来,根据每年对全体家长发出的满意度问卷调查,95% 以上的家长对学校的少先队工作和 JECAS 体系非常满意。家长从中可以更全面、更直观地了解孩子在校的情况,包括:孩子在校参加了哪些少先队活动;孩子在跨学科和考试学科中的实践表现及学业表现;孩子在校的行为习惯;孩子所获得的荣誉成就;等等。

除此以外,JECAS 体系给予了家长一个新的评价载体,帮助家长进行家庭教育指导。

（四）学校少先队工作不断优化

JECAS 体系的建立,是校少工委重视少先队工作的体现,它集聚了全校各个部门的智慧,让所有部门都真正地参与到了学校的少先队工作中来,为学校深化改革攻坚,培育时代新人,实行幸福教育培植了丰沃的土壤。学校获评全国文明校园、全国优秀少先队大队等荣誉。

在这样一种新型评价方式的导引下,全校的少先队工作得以不断优化,为少先队员拥有幸福童年提供了保障,为少先队辅导员成就幸福人生给予了帮助,为学校争创幸福校园打下了基础,为建设幸福社会创造了可能。

操 作 说 明

学生综合实践活动课程评价平台操作说明

JECAS综合实践活动课程评价体系面向静教院附校全体学生,JECAS章包含每个年级必修的少先队雏鹰奖章基础章和JECAS积分章。JECAS章涵盖创新实践(Job)、活动经历(Experience)、品德修养(Characters)、成就达成(Achievements)及学业表现(Subjects)五大领域。其中,J领域可记录队员们在创新实践方面的成果和表现;E领域可以记录学生参与的各种社会实践活动,并细化了对参与情况和参与质量的评价;C领域分为了校内和校外行为习惯,分别由中队辅导员和家长来评价,同时监督和激励了学生校内校外的行为习惯的养成;A领域可由学生上传获奖情况,为了保证获奖的含金量和可信度,我们会提供一个颁奖单位的数据库,只有在这个数据库中的颁奖单位颁发的证书才能被认可记录;S领域中,任课老师们可以及时地对学生的进步情况和优异表现进行记录和加分。

JECAS章争章评价共分"金章、银章、铜章"三类,每一类奖章的获得,都以少先队雏鹰奖章基础章的获得为前提条件,以JECAS章积分排名为依据,分别取年级前3%、前10%、前20%表彰金、银、铜章获得者,其中铜章每学期评价一次,银章每学年评价一次,金章毕业年级评价一次。

为了便于全程记录学生成长的轨迹,借助信息技术我校开发了初中少先队融入学生综合素质评价的数字化网络平台。

平台由四种身份的人多角度对学生的综合素质进行客观的评价。结合四个身份、五大领域,呈现出有过程体现,又有可积累、可视化结果的评价。四种身份的评价人利用网络优势,使得看似复杂的评价体系,任务分解以后变得简便易行。学生对自己的"J""E"及"A"领域进行评价,在实践活动中的准备阶段、实施阶段、总结阶段有选择性地上传相应的方案、照片、任务单、感想等。班主任对班级学生"C"领域中的校内行为规范以及"S"领域中的学业表现进行评价。学科老师对任课班级学生的"J""S"领域进行评价。家长对孩子在"C"领域中的校外行为规范进行评价。所有上传的评价方式都经过了优化,简单易操作,不给学生、老师和家长增加额外的负担,又可以由后台自动计分录入到学生的成果界面中。以下将从 JECAS 五个领域平台的操作加以说明:

一、J 领域(创新实践领域)

趣谱(TRIP)课程是我校开展劳动教育、学生开展创新实践的特色项目(T 代表 theme 主题,R 代表 research 探究,I 代表 interdiscipline 跨学科,P 代表 practice 实践)。J 领域主要是评价学生在趣谱课程中的表现。由趣谱任课教师在专门的课程评价平台中选择自己任教趣谱的班级、授课主题名称、评价时间,根据学生在趣谱课程中创新作品和实践项目完成的情况对每位学生进行评价。(详见趣谱课程评价平台操作说明)

二、E领域(活动经历领域)

E领域主要评价学生参与校内德育活动的情况。学校德育部门提前设置好一学期的德育活动安排,学生在参与活动之后,登录平台填报自己参与活动的情况。为了鼓励学生积极参与德育活动,评价关注学生参与活动的过程性指标,例如活动中承担的任务和角色、活动后是否有思考和总结。学生根据自己活动完成情况在系统中选择活动名称,填写自己在活动当中的参与情况,并上传活动材料。最后大队活动部会进行审核。学生处和年级组、班主任也可对积极参与校级、年级和班级活动的优秀同学给予额外赋章。

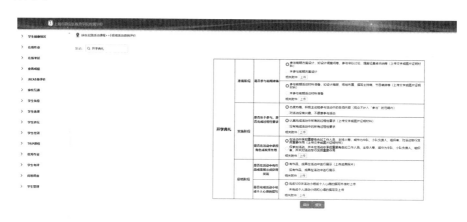

三、C领域(品德修养领域)

C领域评价学生的品德修养,由家长、班主任、学生处共同评价学生的品德表现。班主任每学期分别在期中和期末对学生进行加章奖励或扣分,学生处对品德表现优秀的同学进行加章奖励,并对违纪违规的同学进行不同程度的扣分。为了形成家校合力,家长也有权限在每学期期中和期末对学生在家的品德修养表现进行加章的评价。班主任和家长的评价次数有限制,但是如果超出评价次数,班主任与家长都可以向学生处申请额外的加章奖励。

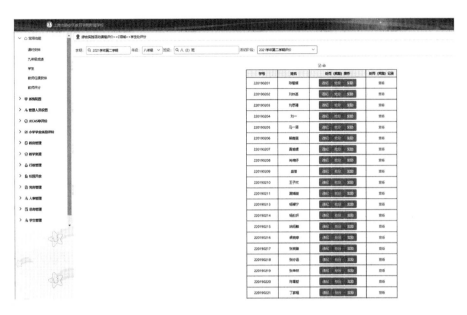

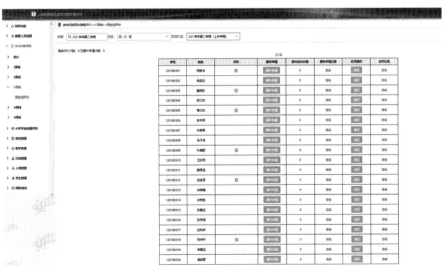

四、A 领域（成就达成领域）

A 领域评价的是学生在科技、艺术、体育等其他各方面的综合发展。由学生处设置好认可的颁奖单位、奖项级别和获奖等第的不同分值，学生自己填报自己在各方面获得的奖项并上传证书，从而获得成就章。大队部审核学生的填报情况。如果有不实填报，会被标记失信，该学生这个学期的 JECAS 章总分清零，并取消当年评优资格。

五、S 领域(学业表现领域)

S领域主要评价的是学生的学业表现,由任课教师评价学生在该学科的综合表现和学科活动参与的情况。学科教师每学期分别在期中和期末对学生的学业表现进行阶段性评价,不同学科的每个老师具有不同的赋章额度。

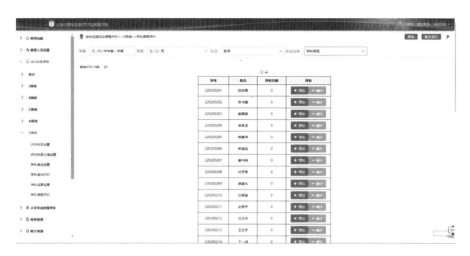

教师可以查看学生得分情况,包括 JECAS 总分龙虎榜、每个领域的龙虎榜,以及每个领域等分明细。

在评价之后,学生可以实时查看自己 JECAS 章的得分情况,看到自己在各领域的积分以及动态上升与下降的变化趋势,同时还可以看到自己的总积分的变化,如果争到金、银、铜章,在相应的奖章上会发出光芒激励学生不断进阶。同时,在每学期的最后,学生还能获得一份专属于自己的成果报告,其中包含了他所参与的每一次活动情况和每一次积分获得的时间和缘由,使得我们的整个评价系统构成一个完整的闭环。

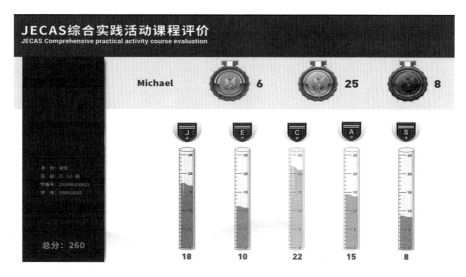

学生成果界面示意图

趣谱课程评价平台操作说明

　　趣谱(TRIP)课程是学校综合实践活动课程 J 领域的特色课程,指向学生关键能力的培育,学校为此类课程专门开发了 AICLASS 教学管理平台,为学生的主题学习开设了课前、课中、课后三个环节的评价操作。

【课前】

1. 建立知识 TREE:根据 TRIP 学习涉及的各学科内容创建知识库,方便教师在后期的课程准备和评价中便捷选取知识点并进行评价。

2. 制定教学规划:教师在主题课程开始前自主上传年度课程规划,随着教学的开展,系统会根据授课情况及时记录课程实际的知识点覆盖情况(是否覆盖、覆盖了几次),并即时反馈给教师,让教师关注和调整教学,针对多次覆盖的知识点适当调减、未覆盖的知识点及时增补。以保证基础学科知识点覆盖达到上海市教学基本要求,解决 TRIP 学习中可能存在的知识点遗漏/重复问题。

3. 教师备课:在教学平台中创建主题课本,根据教学内容编制课本目录。当前我校 TRIP 学习涉及四个阶段:学习准备、自主选择、合作探究、交流发

展。教师可以根据不同阶段学习要求和特点进行任务布置，任务类型包括资源类（文本、视频、音频、图片等）、研讨类、测试类、成果展示类等。让教师形式多样、内容丰富地开展教学活动，也让学生在后期开展探究学习中活动形式多样、资源选择多元、成果分享多彩。

【课中】

1. 任务及资源发布：根据教学实际，教师将课前在 TRIP 教学平台中准备好的活动任务单、帮助文件等发布给学生，引导学生确定主题、分组、分工，开展资料收集、自主探究和合作学习等。

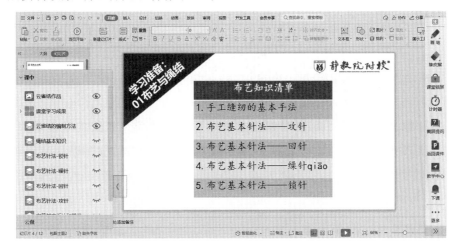

2. 学生自主/合作探究及成果上传:学生根据主题学习要求和教师帮助文件,开展自主探究、合作学习、资料收集,完成任务单并将成果上传至平台,可以是个人成果上传,也可以是小组成果上传。成果类型包括视频、音频、图片、文本(Word、PPT、Excel 等),学生的过程性学习资料和阶段性学习成果都能在平台中保存和沉淀。

3. 成果展示与交流:教师可通过平台即时查收学生提交的学习成果,并给予评价。学生也能够通过平台查看其他同学的成果,并进行交流和评价。

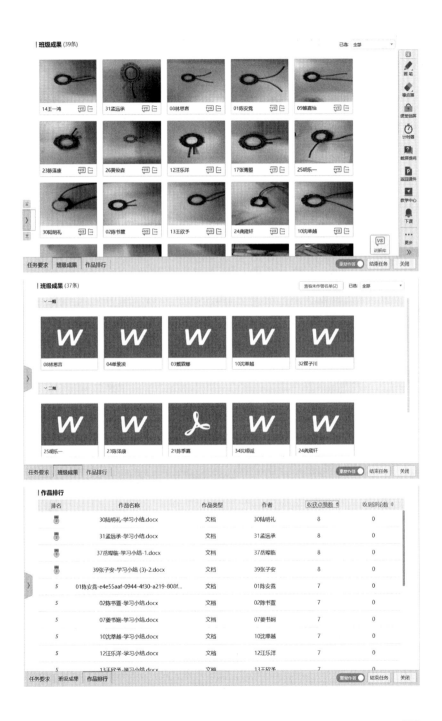

4. 学习评价:对 TRIP 学习任务从知识体系、创新实践、关键能力三个方面进行评价。

（1）知识体系标记:将知识体系细分为基础型课程、拓展型课程、探究型课程三个方面,里边包含不同类型课程、不同学科的所有知识点内容,教师可以通过勾选不同层级知识点来标记单个任务中所涉及的知识点,为后续的评价提供依据。

（2）创新实践标记:包含"探究学习、社会实践、科学考察、创新作品、职业体验、道法实践、其他"等类别,教师可以根据实际情况选择标记。

（3）关键能力标记:包含"合作能力、认知能力、创新能力、职业能力"四个方面,教师可以根据实际情况选择标记。

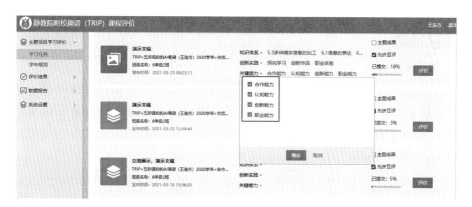

（4）评价:完成三个维度标记后,进入评价,评价完成后得分赋值给知识体系、创新实践、关键能力三方面,方便后期评价结果统计。教师既可以对学生个人评价,也可以给小组评价,小组评价得分会赋给学生个人。不仅可以教师评价学生,学生也可以相互评价。此外,评价方式采用评分＋评语模式,将结果性评价与过程性评价相结合。

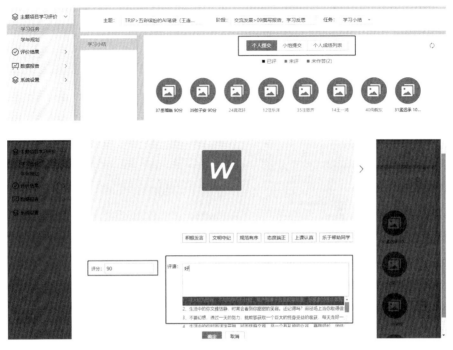

【课后】

1. 评价结果查看与反馈：分模块查看评价结果。知识体系模块可以查看到某个主题学习完成之后，各学科知识点覆盖情况百分比和具体覆盖知识点详情，教师可以据此及时调整教学计划。

创新实践模块可以查看学生参加各类创新实践活动的情况。

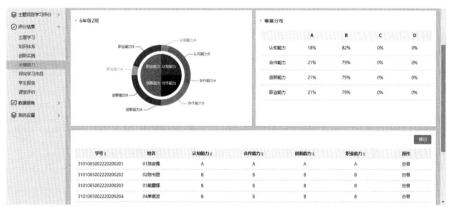

关键能力展示教师任教班级的关键能力培养情况，如能力等级比例、个人能力详情等。

2. 学生报告：所有评价数据汇总后，生成学生个性化 TRIP 学习报告，从主题学习、知识体系、创新实践、关键能力四个方面进行详细解读。

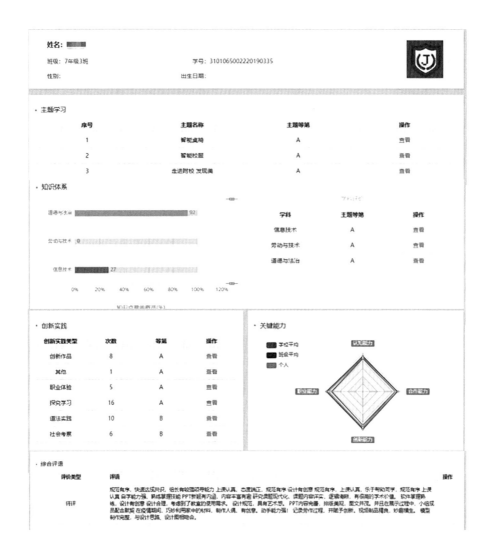

3.学科课程成绩汇总表:分年级、班级、学科呈现计分情况,帮助教师便捷地进行成绩管理。

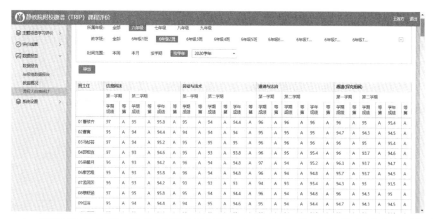

4. 探究学习作品:学生可以通过平台上传探究学习作品或报告,创新实践成果可复用于上海市综评平台;系统能够自动统计学生提交情况,供教师查看和点评。

5. 知识点对比:教师完成教学后,系统自动统计所覆盖知识点情况,已覆盖的呈现蓝色,未覆盖的呈现红色,保证基础学科知识点覆盖达到教学基本要求。

班级名称 ⬍	年级	主题名	基础课程		拓展课程		探究课程	
			学科	任务内容	拓展学科	任务内容	主要方法	任务内容
7年级1班	七(上)	玩泥巴	社会					
			劳动技术	*4.1淘泥... *4.2淘泥... 6.1木工... *4.4淘泥...				
			信息科技	7.1帮助... 7.2新技... 7.3不同... VR虚拟...			调查问卷法	
		走进附校	科学					
			信息科技	4.1信息... 4.2信息... 4.3信息... 4.4信息...	地理		调查问卷法	
		玩泥巴	道德与法...					
		走进附校	社会					
			劳动技术					
			道德与法...	1.1中学... 1.2少年... 2.1学习... 2.2享受...	历史			
		玩泥巴	科学					

6. 学校 TRIP 学习整体报告:根据所选时间段展示任务数量、主题数量、评价情况统计等。

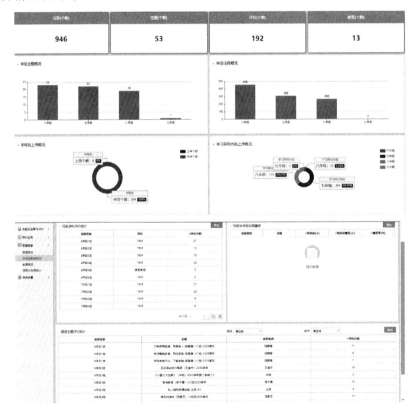

实 践 案 例

评价改革提升学生人文素养

静教院附校 范春芳

"中庭雅园"跨学科主题活动围绕家园、美、秀进行选材，以引导学生"关注所在的集体""关注身处的环境""关注社区""关注居住城市"为主线，基于学生需求和学科规划，整合劳动技术、信息技术、地理、美术、社会、中小学综合实践活动、拓展型探究型等课程内容与核心素养要求，旨在引领学生，通过探究活动，了解人类文明、华夏文明的发展历程；体验设计之美、感受手工艺之美；体验以敬业、精益、专注和创新为核心的工匠精神。

"中庭雅园"跨学科主题活动的设计目的是希望学生在教师的指导与帮助下，通过系列探究活动，了解中西方园林庭院的特点、感受园林庭院的魅力；通过参观考察、课题探究和项目制作，掌握主题活动项目学习的方法与流程。

一、"中庭雅园"跨学科主题活动的设计方案

1. 主题背景

人类历史发展的长河中、华夏文明上下五千年的演变中，积淀下了丰富的蕴含人类智慧与文化的瑰宝。随手掬起一捧都能收获满满。勤劳聪明的人们运用他们的精益求精、精雕细琢，推动着人类文明的变迁。五彩缤纷的布艺世界、神奇的榫卯结构、琳琅满目的陶瓷臻品、雄伟或典雅的园林建筑……都值得我们深入研究、细细品味。

（1）课标需求：由于我们的趣谱（TRIP）课程要求融入劳动技术、信息技术、道德与法治等基础课程和探究性研究型课程，因此，"中庭雅园"主题也参照和融合了这些课程的教学内容和课标要求。

"中庭雅园"参照了初中《劳动技术》六年级教材"纸艺"章节、"植物栽培"章节、"植物造型"章节、七年级教材"木工"章节的教学内容和教学要求；参照了《信息科技》教材第一册第三单元"电子文档设计"和第二册第二单元"我的数码天地"的教学内容和教学要求;融入了《道德与法治》第二单元"友谊的天空";参照了"初中探究型课程"课程标准中文献法、调查法、观察法、项目设计、成果展示的要求;参照教育部发布的《中小学综合实践活动课程指导纲要》的建议,观察调查分析,走进传统手工艺的世界,感受设计之美、传统手工艺之美,体验匠人精神。

（2）学生需求:六年级的学生思维敏捷、好学好问,他们对未知的世界充满好奇。中国传统文化崇尚道德、重视智慧、强调文化艺术修养,引导学生探究学习,不仅能满足他们"从哪儿来到哪儿去"的疑惑,也可以帮助他们形成正确的世界观、人生观和价值观,助力成长。TRIP课程的关键是全面转变学习方式。初中的学生对丰富的学习形式有了更强烈的期盼,因此,该主题设置了以探究活动和项目制作为主要活动形式的活动板块,还辅以参观考察等活动。

"中庭雅园"在分析中西式园林庭院经典的同时,结合新校区鱼园的景观,帮助学生理论联系实际深入了解园林庭院设计与布局方法、日常维护等知识技能,引导学生关注身边事身边物;设计制作"我心中的园林",既满足了学生参加社会实践的愿望,又满足了学生动手制作的期待,符合学生的需求。

（3）未来需求:未来社会对人才的需求,除了创新精神和实践能力之外,还需要一定的文化底蕴。文化是人存在的根和魂。不管是过去、现在,还是未来,人都需要有一定的人文底蕴。

探寻知识的过程,亦是提升文化内涵的过程。该主题帮助学生通过考察、探究和制作感受、体验设计之美、感悟工艺之美,增强人文积淀、提高审美情趣。既能培养学生的创新精神和实践能力,又能增强学生的文化底蕴,完全符合未来社会对人才的需求。

（4）开设条件分析:

课程资源:可以是来源于网络资料、图书文献等,文本资料也可以是来源于博物馆、校园等场馆资源。本主题的课程资源非常丰富。

教师资源:本主题由附校劳技教师、信息科技教师、美术教师、道德与法治教师等,协同自主开发。他们都是谙熟 AiClass 教学平台和 TRIP 课程开发与授课的成熟教师。可依托的教师资源丰富,文理兼有,能够优势互补。

2. 课程目标设定

（1）内容目标:认识纸艺、木工、植物栽培、植物造型的材料和工具,了解和掌握纸艺、木工、植物栽培、植物造型工具的使用。掌握纸艺、木工、植物栽培、植物造型的作品加工技能和设计制作方法。运用所学技术技能,根据自己的需求实现探究作品设计、制作与评价。

掌握文字处理软件的一些常用功能,运用 Word、PPT、视频编辑等软件,制作所需资料,完成探究过程中的活动任务、辅助交流。

建立正确的生命道德观,培养感激生命、热爱生命、敬畏生命的情怀,增强生命的责任感和使命感;培养对生命问题的辩证思维能力,坚守对待生命的道德底线,学会珍爱自我生命,关爱和善待身边其他人的生命;了解生命发展的自然规律,理解个体生命与他人、社会、人类之间的关系,明确自己生命的意义,懂得生命至上的内涵,理解对生命的敬畏。

掌握课题项目探究活动的流程和方法,并会灵活运用。

（2）方法目标:掌握 TRIP 课程中项目学习的基本流程,通过基本技能储备,体验布艺、木工技艺,能够发现并提出与主题有关的问题;知道多种查找资料的途径和方法,能够根据需要确定资料的内容和形式,学会对资料进行筛选和分类整理;小组合作完成项目学习的过程中,积极参与活动,认真完成自己负责的任务,体验合作的乐趣。

（3）过程目标:了解伴随人类社会的发展历程发展起来的工匠技艺,领略匠人之心,体悟巧手改变世界的时光变迁。接受劳动观念和创新精神的熏陶,养成良好的探究学习习惯和劳动行为习惯;形成乐于交流、善于合作的团队意识和不断进取的创新精神。

3. 主题内容设计

"中庭雅园"以"观察鱼园"等案例分析专题活动为载体,引导学生体验信息收集、资料筛选、观察分析、形成成果的文献研究过程;以"我心中的园林"为载体,引导学生体验团队组建,借助帮助文件、网络资源,探究知识、分析原理、设计制作、交流展示的项目制作的完整流程。

二、"中庭雅园"主题的实施过程

"中庭雅园"主题分为"园林案例分析"（园林视频欣赏、园林文本解读、鱼园考察等）、"园林要素分析"（鱼园中的鱼缸、鱼园中的植物）、"我心中的园林""技能储备"等几个模块的活动。

实施过程分为学习准备、自主选择、合作探究和交流发展四个环节。

1. 学习准备环节：学习准备阶段分为两个部分，"园林案例分析"和"知识技能储备"。

"园林案例分析"，帮助学生了解中西式园林的同与不同；归纳、体验感受园林庭院的五大基本要素及中式园林庭院的设计布局。主要活动：纪录片《园林》视频欣赏与分析；文本《院子》品读与景观要素分析；中西式园林经典案例鉴赏；新校区"鱼园"探访活动：鱼园的景观示意图绘制、鱼园中的景观要素分析，以及鱼园中的鱼缸、植物的分析。

"知识技能储备"，学习主题活动所需"劳动技术""信息科技"知识技能，为主题活动储备能力。主要活动过程：植物栽植、无土栽培植物挂饰、3D打印软件学习、纸艺花朵制作与纸艺花园规划布置。

2. 自主选择环节："中庭雅园"主题的自主选择阶段，采用组建"园林工作室"的方式，自述特长，双向选择的方式组队。在组建成功后，以工作室创始人、主创设计师、景观设计师、3D设计师、宣传与营销、后勤保障的角色贯穿探究活动的全过程。主要活动过程：撰写个人特长介绍、双向选择组建工作室、填写成员信息表。

3. 合作探究阶段：合作探究阶段的活动是模仿范例设计制作"我心中的园林"景观模型。主要活动过程：模仿范例，完成"我心中的园林"设计与物料规划；分工合作，完成房屋模型制作、3D景观饰品设计与制作、园林景观布局与安装；交流准备：作品制作过程视频制作、交流PPT制作、交流讲稿撰写。

4. 交流发展阶段：交流发展阶段主要完成组间交流、评价及主题的延伸。主要活动过程：抽签、交流、组间对话；在问卷星上完成组间评价；填写主题总结报告、完成组内角色分工评价、主题回顾自评；道德与法治专题讨论"生命的思考"；劳动技术技能拓展"植物造型（插花）"。

三、"中庭雅园"跨学科主题活动的评价

"中庭雅园"主题的评价采取自评、互评和教师评价相结合的方式进行。过程性评价和终结性评价有机结合、学习能力与行为表现评价有机结合、个人努力与团队协作评价有机结合。通过组间对话、组内评价、作品点赞、问卷星投票、成果评分等方式实现贯穿教学全过程的全方位评价。具体内容分为五方面:

1. 活动任务:以探究活动推进中的任务为评价内容、以涉及的学科知识技能要求为评价依据。

本主题中的活动任务,有 3D 建模作品、无土栽培植物挂饰、纸艺作品、纸艺花园设计图、我们的纸艺花园、吊兰养植记录、插花作品设计图纸、牛皮纸提篮插花、《道德与法治》练习册等。课后教师在评价平台对这部分任务进行评价,其中部分任务教师也会组织学生在课堂上利用点赞、讨论、允许互相评价等工具进行自评和互评。

2. 小组合作:指合作学习部分,即团队合作进行的课题研究和项目制作等。本主题中包括两部分,一部分是主题活动中的阶段性任务的达成情况。如鱼园的景观示意图、鱼园中的景观要素、观察报告(鱼园中的鱼缸)、生态鱼缸日常维护资料收集、日常维护建议手册(鱼园中的鱼缸)、鱼园中的植物分析报告、园林工作室人员信息表、"我心中的园林"企划书、房屋建筑设计、园林中的植物景观装饰部件、园林中的 3D 作品装饰部件、"我心中的园林"活动过程

记录、主题总结报告等。另一部分,是对在活动过程中组内成员的参与情况予以加减分的即时评价。

3. 行为规范:指主题学习中的行为表现,包括课堂表现的加分扣分情况,既有团队的加分扣分又有个人的扣分加分。这部分的评价也会在课堂教学中予以记录。

类别	具体说明	分/次
加分项	发言	+1
	帮助他人	+1
	服务班级	+1
减分项	插嘴	-1
	迟到	-1
	不爱护公物	-1
	游离在小组之外(有明确任务但不执行)	-3
	做与课堂无关的事	-3

4. 学习成果:以研究报告/设计成果的组间评价为主。本主题中的学习成果有"我心中的园林"作品、作品介绍铭牌、交流PPT、交流讲稿等。这部分的评价,本主题中是运用了问卷星的问卷功能来实现的。

5. 交流与表达:交流与表达,是学生们分享成果、交流想法的有效途径。分为探究活动中的交流与对话和成果展示中的演讲。本主题中的交流表达涉及主题活动任务交流、活动进度汇报、"我心中的园林"作品发布等。成果展示阶段的交流表达主要注重交流的形式和内容两个方面。在形式方面,要求学

生能够借助多种演讲辅助手段,如海报(纸质或电子)、PPT 或者是微视频等;内容方面,要求从作品展示的关键问题展开。

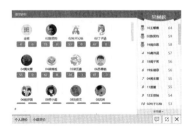 

指向学生科创素养的评价实践

静教院附校 王文娟

【主题背景】

学校引进了两台类人型教学服务机器人"小智",其设计秉承 STEAM 教育思想,运用自然语言处理、计算机视觉和深度学习等人工智能前沿技术。自从"小智"同学进入校园以来,深受学生们的喜爱。为了更充分地运用"小智"同学这一新教具,我将信息科技领域的"生活中的人工智能"、七年级"道德与法治"学科中"在集体中成长"与劳技学科中的布艺知识进行融合,设计并实施了"附校'大白'行动"这一跨学科主题活动。

1. 课标需求

《上海市初中信息科技教学基本要求》第七单元明确提出:新技术体验与探究是提高学生适应信息化社会、提升探究能力的重要体验活动之一,也是探索人机交互界面使用规律的实践和深化,并在此过程中感受信息技术的迅速发展,提高学习新技术的乐趣和信心。根据《初中道德与法治学科课程标准》,要求在课程设计中以初中生的生活为基础,引导学生热爱集体、热爱祖国、热爱人民、热爱社会主义,认同中华文化,继承革命传统,弘扬民族精神,有全球意识和国际视野,热爱和平;学习搜集、处理、运用信息的方法,提高媒介素养,能够积极适应信息化社会;了解我与他人和集体关系的基本知识,认识处理我与他人和集体关系的基本社会规范与道德规范;学会面对复杂的社会生活和多样的价值观念，以正确的价值观为标准，做出正确的道德判断和选择。《中小学劳动技术学科课程标准》中要求学生通过技术学习活动，掌握当代生产的基本知识与基本技能，通过体验与探究，进一步发展想象力和创造力，并具有初步与他人进行合作的态度和能力。

2. 学生需求

初中学生处于身心迅速发展和学习参与社会公共生活的重要阶段，处于思想品德和价值观念形成的关键时期，迫切需要学校在思想品德的发展上给予正确引导和有效帮助。而七年级学生处于青春期前期，对他们而言，日常的学习小组、班级、社团、学校等都是能够带来归属感的"集体"，集体生活是学生社会性发展的重要园地，社会性发展与个性发展是相辅相成的，需要学生正确认识并妥善处理个人与集体之间的关系。初中阶段是学生自我意识发展的重要时期，自我意识的发展是学生人格养成的重要基础。七年级学生能正确处理与同学之间的关系，能正确认识同学之间的竞争与合作，建立起和谐的同学关系，这是一种能力与修为，也是一笔人生财富。

3. 未来需求

2017 年国务院印发《新一代人工智能发展规划》，其中明确指出应在中小学阶段设置人工智能相关课程，逐步推行编程教育，建设人工智能学科，培养复合型人才。随着"人工智能"逐渐进入我们的视野，人工智能的应用也慢慢融入我们的生活。格物斯坦表示："人工智能将是未来 20 年内最重要的技术趋势。"在未来的几十年后，"能够操控人工智能，或是和人工智能携手共处"可能会成为每个公民的必备素养。基于以上原因，我将人工智能元素纳入了本主题中，借此来提升青少年对人工智能的学习兴趣，培养学生的实践和创新能力。

4. 开设条件

根据《上海市普通中小学课程方案》，我校七年级"趣谱"在主题准备、实施与评价中均已落实要求：融入"信息科技""道德与法治"与"劳动技术"等学科内容，项目式学习与探究式学习相结合，鼓励学生在独立学习与合作学习中提升素养并掌握新知，为学生提供品德形成与人格发展、潜能开发与认知发展、身体与心理发展、艺术审美、综合实践等方面的学习经历;以德育为核心,注重培养学生的创新精神、实践能力和积极的情感。同时将学校的信息化教学平台作为资料的来源、交流的平台、认知的工具和管理的手段,应用于主题的设计、实施、评价和管理的全过程,全面提高主题的信息化水平和学生的信息素养。

【主题目标】

1. 内容目标

(1) 对生活中的人工智能建立初步的了解。

(2) 通过观看视频,结合"小智"同学的特点,完成定制小包的设计图。

(3) 知道集体生活的特殊意义。

2. 方法目标

(1) 学习多用小包的制作方法,并能根据设计图进行手工缝制。

(2) 正确处理个人与集体的关系,学会处理个人利益与集体利益冲突的方法;学会调整自己的节奏,融入集体的旋律,排除角色冲突带来的烦恼。

3. 过程目标

(1) 在制作过程中经历观察、讨论、合作和展示的学习过程。

(2) 在信息表达与交流过程中,逐步养成文明、有效、安全、合法的信息表达与交流习惯,形成合理、规范地表达与交流信息的良好意识。

(3) 在浏览信息的过程中,体会分析信息需求,访问合适信息源的重要性。

(4) 在使用搜索引擎搜索信息的过程中,通过对关键字和搜索结果的分析,积累并提升搜索经验。

(5) 在学习与探究信息搜索工具使用方法与技巧的过程中,尝试鉴别并筛选出有用、可靠的信息,合理、审慎、负责任地使用互联网信息。

(6) 感受信息技术的迅速发展,激发学习新技术的乐趣,树立学习新技术的信心。

(7) 选择合适的软件,对原始信息集成、编辑和加工,形成更具价值的有用信息,体会信息加工的意义和价值。

【主题内容】

1. 道德与法治

第六课"我"和"我们":集体生活成就我。即"在集体中涵养品格"和"在集体中发展个性"。第一框包含两层意思:一是集体生活可以培养学生负责任的态度和能力;二是集体生活可以培养学生人际交往的基本态度和能力。第二框包含三层意思:一是集体生活为个性发展搭建平台;二是集体中人与人之间的差异是我们完善个性的重要资源;三是努力实现集体的共同目标有利于自己的个性发展。

2. 信息科技

学会熟练使用搜索引擎,通过网络收集主题所需的信息,并根据信息的真实性、时效性和相关性,对信息进行鉴别和筛选;学会通过 Office 软件设计框架结构,布局页面,集成多种媒体信息。能根据信息交流的目的、对象、内容,结合作品,以多种方式交流、分享、展示信息;尝试使用新技术解决问题,了解目前人工智能发展现状,提升青少年对人工智能的学习兴趣,并在力所能及的范围内完成创新作品。

3. 劳动技术

以上海科教版六年级劳技教材第四单元"布艺—多用手袋"中拓展性教学内容为基础,要求学生综合运用构思、设计、选料、裁剪、搭配、缝合、修饰等技能,制作一个自己喜爱的作品。

4. 综合探究

以小组为单位,选择感兴趣的相关主题,通过多种形式(信息检索、调查研究、小组研讨、心理剧等),结合自身、班级、学校和社会的实际情况,提升人际交往能力和如何与他人相处的方法。

【主题实施】

授课对象:七年级。

建议分组:分为 7 组,每组 5—6 人。

上课地点:七彩空间 A335 和教室。

课时安排:8 次课,每次 3 课时联排,共 24 个课时

学习环节	学习内容	课时	资源条件
学习准备	1. TRIP 课行为规范 1) 仔细阅读《课堂行规规范》《公物破坏赔偿制度》《静教院附校班级平板电脑使用及管理细则》等校园及课堂行为规范。 2) 圈画重点内容并讲解。 2. 我的开学宝典 1) 结合下列问题,绘制以"我的开学宝典"为题的漫画。 2) 完成漫画并在小组内分享。 3. 附校大白行动 1) 了解本学期四大任务:自媒体启航;在集体中成长;初识小智同学;做最亮眼的电子班牌。 2) 观看人工智能主题讲座视频。 3) 绘制"生活中的人工智能"思维导图	6	每个小组 2—3台平板电脑;场地为七彩空间(A335)
自主选择	1. 走进人工智能 1) 回顾上节课绘制的思维导图,结合"人工智能"定义与视频内容,初步归纳当下人工智能所涉猎的领域。 2) 4—5 人为一个团队,认领神秘任务;结合任务主题,进行活动;完成小组成员信息卡,拍照上传至信息化教学管理平台。 2. 走进人工智能世界 1) 以报名小组为单位,上台呈现设计作品; 2) 其他同学观看汇报,小组呈现; 3) 所有小组都呈现之后,在信息化教学管理平台上进行点评。 3. 反思行动与小智面对面 1) 讨论并回答以下问题: ① 在今天的活动中,你最欣赏哪个团队的表现,原因是什么? ② 在本团队中,哪些同学的贡献最大,最值得点赞? ③ 互动中你碰到了哪些困难? 你是如何解决的? 2) 完成相关任务单; 3) 自主报名"小智面对面"荣誉作业活动。	6	每个小组 2—3台平板电脑,8 张海报纸,7 套水彩笔;场地为七彩空间(A335)

（续表）

学习环节	学习内容	课时	资源条件
合作探究	1. 小智同学创意造型 1）回顾之前学习的布艺技能。 2）回答问题：如果你是小智同学的个人造型设计师，你会对小智进行哪方面的设计？ 2. 小智随身包进行时 1）根据本节课任务要求，完成作品并上传。 2）视频学习：每个小组两台平板电脑，登录信息化教学管理平台，学习针法及手作包包制作方法； 3）确定造型：以小组为单位，确定小智同学的背包造型，并初步确定造型图； 4）分工缝制：运用手中的材料，为小智同学定制一个实用小包，并将小智的背包造型图拍照上传至信息化教学管理平台。 3. 成果展示 1）每个小组用5分钟时间，汇报小组成果，其他成员为你们最欣赏的作品点赞及评论； 2）讨论并回答以下问题： ① 在今天的活动中，你最欣赏哪个团队的表现，原因是什么？ ② 在本团队中，哪些同学的贡献最大？最值得点赞？ ③ 互动中你碰到了哪些困难，你是如何解决的？ 3）完成相关任务单。	6	每个小组 2—3 台平板电脑，40 套布艺材料，7 组缝纫工具；场地为七彩空间（A335）
交流发展	1. 学习《道德与法治》课本与活动中的生成性问题，聚焦"集体生活"中的常见问题进行探讨与释疑； 2. 荣誉作业"小智同学进校园"的分享； 3. 完成七年级《道德与法治》练习册第三单元内容并完成答疑。	6	《道德与法治》课本及练习册；每个小组 2—3 台平板电脑；场地为七彩空间（A335）

【主题评价】

主题从活动任务、学习成果、行为规范、小组合作、交流表达五个方面进行评价。每个方面的满分是 100 分,成绩取五方面的平均分,按照平均分进行降序排列,前 80% 为"优秀",10% 为"良好",其余 10% 为"合格",对于个别学生可以给予"需努力"。

（一）活动任务

本次主题活动共布置了 5+1 项活动任务,其中 3 项为个人作业,2 项为团体作业,1 项为荣誉作业(选做,可个人完成也可团体完成)。所有的作业都有明确的评分标准(含自评与他评),学生上传后教师赋予一定的分数,并录入信息化教学管理平台。

（二）学习成果

对学生的作品进行评价,要求学生设计并完成一件作品,评价表由师生共同制定,评价的方式是教师将各条标准录入问卷星,上课时将评价表地址推送至学生电脑端,每位学生都是评委,最后按照最终得分的高低分别赋分,分数录入我校综合评价平台,得分处于较高位置的学生会获得学校的 J 章作为奖励,部分优秀成果也会在学校公众号"绿之桥"进行展示。

角度	评价标准	分值
探秘人工智能	团队分工明确,保证人人有事做,不游离于团队之外	10
	内容贴合人工智能相关主题,从多个视角进行探讨(科技、法律等)	10
	海报布局与配色合理,有一定创意与独特性	10
	完成任务后主动清理环境,收纳并归还工具	15
	微演讲/微情景完整呈现,声音响亮,大方自信	10
	时间严格控制:创作时间 40 分钟,汇报时间 5 分钟	10

（续表）

角度	评价标准	分值
我是小智造型师	团队分工明确,保证人人有事做,不游离于团队之外	10
	选择适合的难度,在规定时间内完成作品	20
	针脚细密、线迹匀直、封口牢固美观	15
	有个性化设计(如 logo、功能与造型等)	10
	有命名、完成小智上身效果图/视频,并配上 30 字内简介	10
	体现智能元素(附加分)	10

（三）行为规范

主要是针对个人进行评价,以每次课为单位进行评价,上课时由该周的行为记录小助手记录在名单上,课后汇总在 Excel 表格中,为了能充分调动学生积极性,方案大部分以加分为主。

类别	具体说明	分/次
加分项	发言	＋1
	担任小助手	＋3
	参与并完成荣誉作业	＋3
	活动室清洁	＋2
	为其他小组提供建议/帮助	＋2
减分项	谈论与课堂无关内容	－1
	做与课堂无关事情	－1
	未经教师允许打开并使用平板电脑	－3
	做危险动作	－3
	故意起哄	－2

(四) 交流表达

交流表达是学生们分享创造发明成果的有效途径。本阶段的评价主要从交流的形式和内容两个方面进行。在形式方面,要求学生能够借助微讲座/微情景剧/微视频/四格漫画等多种形式进行辅助演讲;内容方面,指导学生从与课题相关的各个问题展开。另外,还将在展示交流之后借助信息技术评选出最佳设计奖、最佳表演奖和最佳合作奖,并给予一定的分数进行奖励。

跨学科发展学生劳动素养的评价探索

静教院附校　王　爽

【主题背景】

本主题以为家人设计并手工缝制一款智能坐垫为载体,帮助学生理解家的内涵及意义,学会简单图形化编程软件及电子元器件的使用方法,学习布料加工技术,引导学生用实际行动表达对长辈的关爱之情。

1. 课标需求

本主题依据《上海市初中劳动技术学科教学基本要求》第五单元"布艺",《义务教育教科书(五·四学制)道德与法治》六年级第三单元第七课"亲情之爱",《上海市初中信息科技学科教学基本要求》第四单元"信息收集与管理"、第五单元"信息加工"、第六单元"信息表达与交流"、第七单元"新技术体验与探究"进行设计。

2. 学生需求

在中国的家庭文化中,"孝"是重要的精神内涵。《论语·学而》中说:"孝悌也者,其为仁之本欤!"孝亲敬长是中华民族的传统美德,也是每个中国公民的法定义务。孝敬双亲长辈,关爱家人,不仅仅是学生长大成人以后的事,从现在开始,就应该用行动表达孝敬之心。

3. 未来需求

以前总说,"能坐着绝不站着",但是对现在很多人来说,每天久坐,简直是折磨。世卫组织调查发现,久坐是生活方式中四大致死因素之一,全球每年近200万人的死亡与久坐有关,因此,无论如何也要避免久坐。而随着科学技术不断快速发展的今天,涵盖不同科学技术的智能坐垫也随之出现,有的能矫正坐姿,有的可以检测体质,有的提供久坐提醒功能,使坐垫变成不简单的坐垫,成为一部分人群不可或缺的"保健品"。

4. 开设条件

本主题需要配置 Micro:Bit 主控板,Kitten Bot 扩展板及相关电子元器件,这些硬件目前处于充分的市场竞争,价格低廉,品质优良,可以反复使用;为 Micro:Bit 主控板编写程序的软件也有很多,如慧编程,Makecode,Mind+等图形化编程软件,免费,简单易上手;需要 10 台左右台式机或笔记本电脑,平板电脑也可以完成程序编写和下载,因此,大多数学校都可以满足开设条件。

【主题目标】

1. 内容目标

(1)道德与法治:

① 理解家的内涵及意义,能用家的基本概念、原理说明或辨认家庭生活中的一些现象。

② 理解家中亲情的表现各不相同,能列举反映亲情概念、原理的社会现象,并领会这些现象背后所体现的亲情。

③ 理解亲子冲突的原因,能在家庭生活中运用解决亲子冲突的知识和原理,形成解决问题的方法。

④ 理解现代家庭的特点,结合家庭生活的实际情况,解释说明现代家庭的具体表现。

⑤ 运用家庭生活中的基本知识原理,分析和解决家庭生活中的实际问题。

(2)劳动技术:

① 学会攻针、回针、缲针、锁针四种基本针法;

② 运用四种基本针法完成单卡位卡套的缝制;

③ 知道图样的三种形式,以及它们之间的区别和联系;

④ 根据缝制需求编制合理的布料加工工艺流程。

（3）信息科技：

① 独立完成信息的浏览、搜索、鉴别、下载与管理；

② 独立完成文字信息、数值信息和多种媒体信息的加工；

③ 小组合作完成短视频的设计与制作，并发布研究成果；

④ 认识图形化编程软件的主界面，常用工具和指令的功能和使用方法；

⑤ 小组合作使用图形化编程软件为坐垫添加智能元素。

2. 方法目标

（1）在利用提示或者帮助信息进行操作和实践的基础上，经历体验、探究，归纳出新技术的主要功能、特点以及操作方法；

（2）在对比、尝试与探究各类信息加工软件的功能、特点及操作技巧的基础上，总结使用不同软件进行信息加工的规律和异同点；

（3）在分析信息表达的目的、特点和内容的基础上，设计和创作形象生动的短视频；

（4）学会选择合适的信息交流工具，使用恰当的信息交流方法，提升信息交流的效果与效率。

3. 过程目标

（1）在信息表达与交流过程中，逐步养成文明、有效、安全、合法的信息表达与交流习惯，形成合理、规范地表达与交流信息的良好意识；

（2）在尝试比较不同技术的适用范围和特点的过程中，感受信息技术的迅速发展，激发学习新技术的乐趣，树立学习新技术的信心；

（3）在浏览信息的过程中，体会分析信息需求，访问合适信息源的重要性；

（4）在使用搜索引擎搜索信息的过程中，通过对关键字和搜索结果的分析，积累并提升搜索经验；

（5）在学习与探究信息搜索工具使用方法与技巧的过程中，尝试鉴别并筛选出有用、可靠的信息，合理、审慎、负责任地使用互联网信息；

（6）在对信息进行合理分类的过程中，关注信息管理的条理性、规范性和有效性，提高使用信息技术获取和管理有价值信息的效率；

（7）选择合适的软件，对原始信息集成、编辑和加工，形成更具价值的有用信息,体会信息加工的意义和价值。

【主题内容】

"私人定制亲情坐垫"以手工缝制坐垫为切入点,融入图形化编程技术、视频编辑技术、布艺,以及《道德与法治》第七课"亲情之爱"相关知识和技能,通过调研活动发现问题、建立联系、合作探究、交流发展等环节的学习,培养学生对相关知识的理解、迁移和再创造的能力,在跨越较长时间的探究学习中融入合作,形成成果。主要学习内容如下:

(1)道德与法治:第七课《亲情之爱》中的"家的意味,爱在家人间和让家更美好"等相关内容。

(2)信息科技:《Micro:Bit 入门》之中的电子版任务单的填写;短视频制作。

(3)劳动技术:单卡位卡套的设计与制作;图样的类型及绘制技巧;参观上海市纺织博物馆。

(4)综合探究:确定主题、成立小组、撰写研究方案、制作作品(造型+功能)、作品分享与评价。

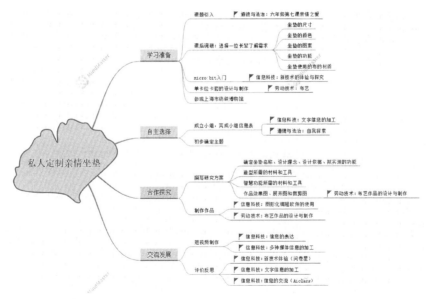

【主题实施】

授课年级:六年级。

建议分组:分为 7 组,每组 5—7 人。

上课地点:A315。

课时安排:10 次课,每次 3 课时联排,共 30 个课时。

学习环节	学习内容	课时	资源条件
学习准备	1. 亲情之爱,主题导入 (1) 观看教师提供的学习资料完成测试题; (2) 调查或观察自己的一位长辈需要怎样的坐垫,具体包括布的材质,颜色,图案;坐垫的尺寸;需要具备的功能等; 2. 单卡位卡套的设计与制作 (1) 观看视频教程学习攻针、回针、绷针和锁针四种针法; (2) 设计单卡位卡套,学习效果图、展开图和裁剪图三种图样的绘制方法; (3) 运用所学四种针法缝制卡套; 3. Micro:Bit 入门 (1) 认识 Make Code 图形化编程软件的主界面及基本使用方法; (2) 小组合作完成闪烁的爱心,振动时随机显示数字、显示当前光线强度(亮度级别)、显示当前温度,当光线强度大于 100 时发出音乐、彩灯闪烁、驱动舵机、驱动电机等任务; 4. 参观上海纺织博物馆 (1) 签收安全、文明参观须知; (2) 寻找三个在某一方面相似的布艺作品,但要表明它们各自区别于其他两个作品的特点;作品相似相异的方面可从以下几个角度思考,但不局限于此:创新与传承、文化背景、作品含义、创作手法; (3) 详细介绍你最喜欢的布艺作品,不限字数,可以但不限于从以下角度介绍:整体外观、有特色的细节、艺术特色、思想情感表达。	15	1. 关于亲情之爱单元的 PPT 学习资料;根据学习资料设计的测试任务;使用教学管理平台设置的课后调研任务; 2. 使用视频剪辑软件截取上海空中课堂关于布艺相关内容制作的学习教程;课前准备 40 套针线包,80 片 20 厘米×20 厘米的布料、40 片 A4 纸大小的无纺布;20 把剪刀; 3. 预约电脑房;安装最新版 Make Code 编程软件;准备至少 20 套器材(Micro:bit 主控板、Kitten Bot 扩展板、下载线、舵机、声音传感器;充满电的电池); 4. 预约上海纺织博物馆;落实车辆、参观时间、参观活动任务单。

(续表)

学习环节	学习内容	课时	资源条件
自主选择	1. 成立小组,明确组号,小组分工,制定合作宣言。 2. 初步确定主题。	1	1. 在教学管理平台上设置该班该主题的小组信息。 2. 小组成员信息登记表。
合作探究	1. 撰写研究方案:坐垫名称、设计依据、设计思想、打算实现的功能、电路部分和造型部分分别使用的工具和材料、作品效果图、展开图、裁剪图; 2. 作品制作并收集制作短视频的素材。	8	1. 研究方案模板;明确效果图、展开图、裁剪图的绘制要求;电路部分和造型部分可能用到的材料和工具清单;调动每个小组又快又好地完成方案撰写的激励措施。 2. 根据每个小组研究方案中提到的工具和材料进行课前准备,以小组为单位分别放在不同的收纳盒中。
交流发展	1. 选择合适的视频编辑软件制作短视频,视频要素完整,内容须包含: (1) 主题名称、组号、组长、组内成员; (2) 主题来源、设计理念、设计依据; (3) 作品制作过程; (4) 作品工作原理(脚本截图); (5) 作品工作过程; (6) 完成作品过程中的分工情况;	6	1. 视频作品的要素;视频必须包含的内容。 2. 将师生达成一致的评分标准设置成二维表,借助问卷星发布给每位学生,根据问卷星自动生成的结果确定。

(续表)

学习环节	学习内容	课时	资源条件
	(7) 制作时遇到了什么问题,怎么解决的? (8) 从这次主题活动中,每位成员有什么收获? (9) 作品草图、展开图、裁剪图; (10) 作品制作过程记录。 2.评价反思: (1) 师生共议制定评分标准; (2) 获取评价表,客观公正评价作品并提交; (3) 完成"争做合作先锋"研讨任务,撰写组内合作典型事迹并点评其他小组的事迹。		最佳作品奖;在教学管理平台中设置"争做合作先锋"研讨任务。

【主题评价】

主题从活动任务、学习成果、行为规范、小组合作、交流表达五个方面进行评价。每个方面的满分是 100 分,成绩取五方面的平均分,按照平均分进行降序排列,前 80％为"优秀",10％为"良好",其余 10％为"合格",对于个别学生可以给予"需努力"的评价。

(一) 活动任务

本次主题活动共布置了 10 项活动任务,每项活动任务均有明确的评分标准,学生上传后教师赋予一定的分数,并录入信息化教学平台。如左侧截图为 10 项活动任务,右侧截图为任务 3 的评分标准。

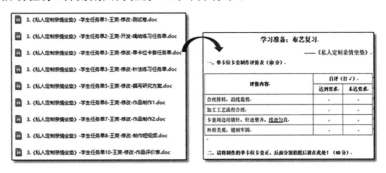

（二）学习成果

对学生的作品进行评价,要求学生设计并完成一件作品,评价表由师生共同制定,评价的方式是教师将各条标准录入问卷星,上课时将评价表推送至学生电脑端,每位学生都是评委,最后按照得分的高低分别赋分,分数录入我校信息化教学平台,学生也可以借此向大队部申请 J 章。

角度	评价标准	分值
坐垫	针脚细密	10
	线迹匀直	10
	封口牢固美观	10
	实用性强(主要从坐垫的智能角度评价)	20
	电子元器件与坐垫主体安装牢固美观	10
	装饰物美观新颖	10
视频	内容完整(包括 1.研究主题名称、组号、组长、组内成员;2.主题来源、设计理念、设计依据;3.作品制作过程;4.作品工作原理[脚本截图];5.作品工作过程;6.完成作品过程中的分工情况;7.制作时遇到了什么问题,怎么解决的? 8.还有哪些地方可以做得更好? 9.从这次主题活动中,每位成员有什么收获? 10.作品草图、展开图、裁剪图;11.作品制作过程记录),每少一项扣 1 分	10
	使用的图片、声音、动画等多媒体信息能够增强作品表现力	10
	色彩搭配合适	10
	口齿清晰,声音响亮	10
	视频要素完整(封面、封底、作者信息、标题、背景音乐),每少一项扣 2 分	10

（三）行为规范

主要是针对个人进行评价，以每次课为单位进行评价，上课时由教师记录在黑板上，课后记录在 Excel 表格中，基础分 90 分，考虑到扣分的情况毕竟少数，所以从易操作的角度出发设计了评价方案，方案大部分以扣分为主。

类别	具体说明	分/次
加分项	发言	+1
减分项	插嘴	−1
	迟到	−1
	下课不关电脑	−1
	鼠标键盘不复位	−1
	游离在小组之外（有明确任务但不执行）	−3
	做与课堂无关的事	−3
	旷课	−90

（四）小组合作

小组合作的评价应以能够促进学生有效合作为出发点进行设计，为此，评价分为加分项和减分项两个部分。加分项是按照每次课任务完成的先后顺序进行分别加分，如班级中有 10 个小组，那么最先完成的小组加 10 分，第二个完成的小组加 9 分，然后依次类推，借此调动每个小组的积极性，同时也是考验每个小组分工的有效性。减分项主要有两个指标：一个是教师在巡视时如果发现有学生游离在小组之外或者做无关事情时，询问他本人或组内成员他的任务是什么，如果他是因为组内分工时没有明确任务，那么给小组扣 5 分，教师再深入小组指导如何分工；另外，学生在小组合作时往往会不自觉地提高讨论的音量，为了不影响他人，也给予减 5 分处理。

类别	具体说明	分/次
加分项	按照每次课任务完成的先后顺序分别加分	第 1 名:10 分 第 2 名:9 分 第 3 名:8 分 ……依此类推
减分项	组内有成员无明确任务	−5
	大声讨论	−5

（五）交流表达

展示交流是学生们分享研究成果的有效途径。这一阶段的评价主要从交流的形式和内容两个方面进行。在形式方面,要求学生能够借助微视频进行辅助演讲;内容方面,指导学生从与课题相关的各个问题展开。另外,还将在展示交流之后借助信息技术评选出最佳设计奖、最佳表演奖和最佳合作奖,并给予一定的分数进行奖励。

科学素养评价新视点

静教院附校　张志伟　王　捷　周子晴

【主题背景】

人类自古以来就对宇宙充满各种好奇、各种遐想,人类渴望了解宇宙,渴望飞翔太空,渴望对未知领域探索求知。人类探索太空是一个漫长的历史过程,不少仁人志士倾其一生投入其中,甚至献出宝贵的生命,但是,无论有多困难,对太空的探索从来没有停滞。千百年来人类不断地探索宇宙的形成与演化、生命的诞生与起源的奥秘,揭示空间与环境对人类生存与延续的影响。这些对天文学、宇宙学、物质科学、生命科学和思想科学的发展有着巨大的推动作用。

2021 年 6 月 17 日 18 时 48 分,神舟十二号载人飞船航天员聂海胜、刘伯明、汤洪波先后进入天和核心舱,标志着中国已完成载人空间站的初步建设,同时也标志着中国人进入了自己的空间站时代。带领学生进行此主题的学习正逢其时。

1. 课标需求

新课程标准的修订更加关注学生的关键能力。本主题属于跨学科主题式研究,参照学科教学基本要求、《上海市初中科学课程标准解读》以及《中小学综合实践活动课程指导纲要》,融入了部分基础课程("信息科技"学科"信息收集与管理""信息表达与交流""新技术体验与探究")、探究和拓展型课程(做中学)以及综合实践活动课程(设计制作类)的部分内容。创设真实复杂的情境和问题,引导学生将单一的、细碎的、去情景的知识点转化为结构化、体系化、生活化的知识体系,习得并运用技能解决问题,形成一定的思维方式及价值观念,进而提升关键能力。本主题的课标需求来自以下几个方面:

《上海市初中科学课程标准解读》中"宇宙和空间技术"主题。要求学生知道力的大小、单位,力的作用,学会测量力的大小;了解与空间技术有关的力的知识,如重力、失重现象、摩擦力等。

《上海市中小学劳动技术课程标准》中指出:提高技术素养,关注学生终身发展;以基本知识、技能为重点,促进学生对技术的理解与应用;重视问题解决,培养学生综合实践能力;激发学生对技术的兴趣,开发创造潜能;实施多元评价,促进学生个性发展。

《上海市中小学信息科技课程标准》中指出:以信息素养的形成为主线,全面提高所有学生的信息素养,包括信息科技"基础知识""基本技能""解决问题基本能力""科技社会与个人"四个方面。

《上海市中学生命科学课程标准》中要求:以观察、实验、探究作为主要的学习手段,使学生在获得生命科学的基础知识、基本技能及其相关方法的同时,接受科学精神、科学态度和价值观的教育。

《上海市初中生命科学学科教学基本要求》(2018年)中指出:通过实验探究、调查、案例分析等方法,学会将所学知识用于解释或解决生活中的实际问题。

《上海市中小学研究型课程指南》中明确要求:研究型课程是以问题为起点,以研究为中心,面向整个生活世界,充分发挥学生自主作用,强调团队合作,重视实践体验的一门课程。

2. 学生需求

七年级学生对宇宙和太空概念的理解往往比较简单,对探索太空的好奇通常只是停留在表面,本主题课程从了解中国探索太空的历史、太空的环境以及宇航员的太空生活等知识入手,让学生认识到地球与太空的环境区别,拓宽学生认知,激发学生的思考,寻找一个值得研究的主题,进而深入开展探究型实验。学生在课程中组建小组,以小组为单位讨论探究方向,合作进行实验设计、探究活动、记录数据、分析结果得到结论,完成并分享探究报告。学生在探究过程中,培养了自主学习的认知能力、运用知识解决问题的创新能力、团队合作能力,体验和锻炼了职业能力。

3. 未来需求

未来15年,是我国航天事业发展重要的战略机遇期,也将出现世界航天发展的分水岭。航天事业的发展需要大量优秀的高素质人才,一个好的主题如果能激发学生崇尚科学、敢于创新的热情,将为学生向拔尖创新人才的方向发展打下良好的基础,同时也符合新中高考背景下深化课程教学改革的发展方向。

4. 开设条件

主题资源:本主题资源资料来源丰富,可以结合网络资料进行学习,例如国家航天局官方网站提供了丰富的航天科普知识、航天计划揭示、航天人物解读,上海天文馆的云直播等。学校提供了相关知识学习课程、探究实验室、互联网学习机房,探究实验材料丰富多样,还可以使用 NOBOOK 进行在线实验,为学生自主学习探究提供了多元化的资料与平台的保障。

教师资源:本课题由本校各科教师及社会学科教师资源合作打造,能够提供丰富多彩的学习课题及权威的教学方案,众多教师基于上海市课标需求,结合课本知识进行趣味化、多元化有机整合,大大提高了学生的学习兴趣,让学生在课堂上能够积极自主地参与到课堂中去,在课后能够进行自主学习及相关知识的探究验证,更利于学生掌握新知识,创造新作品。

【主题目标】

1. 内容目标

（1）初步了解宇宙，形成科学的认知；知道力的作用效果、重力的概念、作用力与反作用力的关系、影响摩擦力大小的因素。

（2）经历探究影响摩擦力大小因素的实验过程；经历与太空衣、食、住、行相关的探究性实验的设计过程，完成实验探究；形成一系列实验报告。

2. 方法目标

运用观察、比较的方法，激发学生学习的兴趣；经历小组协作，体验团队分工配合的合作学习方式；经历科学探究的完整过程，学会运用控制变量的实验方法。在多门学科融合的实际问题背景下，培养跨学科思维的能力、收集和处理信息的能力、分析和解决实际问题的能力以及合作学习的能力。

3. 过程目标

（1）提升团队合作意识，提高团队合作效率，学会合作。

（2）在实验探究及创意物化的过程中，学会采用科学的实验方法，规范的实验操作，体验科学的探究精神，培养正确的科学态度。

【主题内容】

以上海天文馆的云参观体验引导学生走进主题，激发学习兴趣。成立以八大行星命名的星舰小队，通过数字资料的收集与阅读，寻找课题，头脑风暴，确定主题，尝试解决问题并设计进行与空间站衣、食、住、行相关的实验。最后策划一场展示活动，通过小组自评互评评选出最佳星舰。主要学习内容如下：

1. 科学探究

七年级第二学期《科学》（牛津上海版）第 12 章"宇宙与空间探索"。了解宇宙的起源及人类飞向太空的历程，学习观察、测量和识图等基本技能，初步形成科学的宇宙观，树立关于自然界的物质性、整体性、层次性和系统性的科学思想与观念。

2. 信息科技

《上海市信息科技学科教学基本要求》第四单元"信息收集与管理"。在学习与探究信息搜索工具使用方法的过程中，鉴别并筛选出有用、可靠的信息。

第六单元"信息表达与交流"。形成多媒体作品,传递和分享观点和成果。

3. 道德与法治

《道德与法治(统编版)(七年级)》第七课"共奏和谐乐章"、第八课"美好集体有我在"。正确对待主题学习过程中的团结协作,并在主题任务和小组合作中各尽其能、分工协作,总结提升,与集体共成长。

4. 综合探究

确定主题、成立小组、制定计划、撰写研究方案、实施研究、成果展示与交流。

【主题实施】

授课年级:七年级。

分组建议:分为 7 组,每组 6—7 人(以八大行星的名字命名)。

授课地点:理科综合实验室、普通教室。

课时安排:12 课时。

学习环节	学习内容	课时	资源条件
学习准备	走进主题,云参观天文馆;按照行星分组;了解主题内容,明确预期成果 (1) 科学实验报告 (2) 实验解说视频 (3) 创意物化作品(加分项) (4) 答辩展示	2	场地:各班教室 条件:电脑/平板电脑、信息化教学平台
自主选择	头脑风暴,商议课题;查找资料,寻找课题;根据课题确定小组,收集课题资料	1	场地:各班教室 条件:电脑/平板电脑、信息化教学平台
合作探究	1. 了解太空健身 2. 实验探究(设计实验、规范操作) 3. 分组进行摩擦力实验,记录实验数据,拍摄实验过程,完成科学实验报告	1	场地:A211 理化实验室 条件: AiClass 平台 材料:弹簧测力计、木条、砝码、木块

（续表）

学习环节	学习内容	课时	资源条件
合作探究	1. 各个小组分工合作。 2. 进一步明确、细化太空生活的研究方向	1	场地:理科综合实验室 条件:各类硬件
	1. 了解火箭升空及飞船与空间站交会对接,了解力与空间探索 2. 分组进行作用力与反作用力验证性实验,完成科学实验报告	2	场地:理科综合实验室 条件: AiClass平台 材料:弹簧测力计、DIS 力传感器
	各小组根据之前确定的研究方向,完成空间站衣、食、住、行相关的物理、化学或生物实验的设计和实施	3	场地:理科综合实验室 条件: AiClass平台
交流发展	1. 制作介绍实验的PPT 2. 举办展览活动,交流展示成果 3. 太空探秘测试,获取宇航员勋章	2	场地:理科综合实验室 条件:电脑、信息化教学平台

【主题评价】

第一个方面:课堂任务,指在授课过程中,课堂中的学生任务单填写、资料查阅记录、思维导图绘制、课程问题的回答等。以参与次数和质量为评价依据,例如参观天文馆的活动分享、太阳系和空间站相关知识等。

第二个方面:小组合作,指在授课过程中小组表现的职位分工、小组探究性实验设计、实验实施等。以积极高效的小组为旗帜,激发小组激情,发挥小组效率。将任务搁置、无进展的行为作为扣分项。

第三个方面:课后任务,指在课后进行的探究性实验。对实验进度进展快、质量高的小组进行加分,对课后任务进程缓、质量一般的小组进行扣分。

例如课后探究性实验的实施。

第四个方面:行为规范,指主题学习中的行为表现,既有团队的加分扣分又有个人的扣分加分,既有教师打分,又有组长打分。加分项例如主动发言、按时完成任务;扣分项例如做与课堂无关的事情、不收拾工具材料等。

第五个方面:交流与表达,指在探究性实验分享阶段,积极分享实验成果,结果标准科学的组为高分小组,答辩展示阶段进行星舰小组的自评互评,根据互评成绩,选出最优星舰小组。

【评价方式】

本课程从学习成果、交流展示、行为规范、平时作业四个方面进行评价。学习成果 60 分,满分是 100 分,课程成绩取五方面的平均分,按照平均分进行降序排列,前 40％为"优秀",41％—80％为"良好",其余为"合格",对于个别学生可以给予"需努力"。根据静教院附校 TRIP 主题评价原则,根据学习成果、平时作业、行为规范和交流表达这四个方面。本主题采取以下评价方式:自评 20％、互评 20％、师评 60％。运用问卷星调查平台实施自评及互评。评价内容及评分标准如下:

评价标准	项目及分值	具体评分要求
学习成果 (小组)	活动方案	分工明确、安排合理,实施性强 与太空生活密切相关 体现科学性,需要全组参与 活动计划与实际成果相符
	探究报告	内容完整,有一定的科学性、新颖性 文献详实丰富
	汇报 PPT	图文并茂,突出重点 内容丰富,有一定的科学性 格式统一、排版美观
交流表达	交流汇报	语言生动,神态自然大方 声音响亮,演讲熟悉流畅 内容组织详略得当,主次分明

（续表）

评价标准	项目及分值	具体评分要求
行为规范	行为规范	主要是对学生课堂表现进行评价。包括:课堂纪律、课堂参与度(回答问题次数及质量)等等
平时作业 （个人）	平时作业	主题学习:思维导图、课题方案表、档案记录表等 主要是对每次学习进行评价

各项学习成果的具体评价标准及分值如下:

评价方面	评价内容	分值
探究报告 100 分	封面设计:美观,能凸显探究特色	20
	内容结构:完整,格式规范,突出主题	20
	探究过程:清晰呈现,层次清楚,逻辑性强	20
	探究目标:合理选用探究方法	20
	探究结果:观点明确,有一定实际价值	20
汇报 PPT 100 分	风格统一,排版美观,凸显特色	30
	紧扣主题,文字精练,内容准确	30
	图文搭配合理,清晰呈现探究过程及结果	30
	动画、页面切换、超链接等效果能辅助演讲	10
劳技作品 100 分 （加分项,小组创意 logo）	行星 logo 融合有创意,整体效果颇佳	30
	外观设计美观,凸显主题特色	20
	作品选材环保,粘贴牢固,做工精良	20
	作品具有一定的技术含量	20
	基本按照原规划实现,偏离部分有说明	10

（续表）

评价方面	评价内容	分值
交流汇报 100分	分工：任务明确、配合得当	30
	主讲：声音洪亮、语言简练、举止大方	30
	互动：善于调动观众热情、态度诚恳地接受不同意见、乐于反思	30
	加分项	10

JECAS 综合评价导航五育"星"发展

静教院附校　马世杰

学校 JECAS 学生综合评价与上海少先队的"红领巾争章"活动相融合，既传承少先队的优良品牌，又为"红领巾争章"活动注入时代的特征。

为了更好地发挥 JECAS 评价体系的辐射作用，作为中队辅导员，我结合了中队实际情况，做了进一步的细化处理。

一、上下结合，创新"星评价"体系

中队建立之初，我和各中队委员充分听取广大队员们的意见，结合双主体开发中队评价制度，以"德智体美劳五育并举"为目标，以中队名称"北极星"为主线，形成了五个板块的评价指标。

1. 美德星——各队员在中队中都有了自己的小岗位，结合队员们在校的行为表现与岗位表现，每周由队员互评与中队辅导员评价相结合，由中队正副主席负责汇总得分。

2. 智多星——由中队学习委员负责统计各个科目的优秀作业、学科之星、进步之星等，定期地更新温馨教室的版面，以营造队员们之间互相学习提高进步的中队氛围。

3. 健体星——由中队体育委员结合队员在体育课项目测试成绩、运动会参与度、学校特色体育活动如J舞等方面的表现来评价队员，激励队员们热爱运动，热爱生活。

4. 美艺星——由中队文艺与宣传委员负责，从多个角度进行评价。例如美术作品的打分、参与学校"明星闪亮30分"活动的积极性、各小队布置温馨教室的美观度等，提高队员们发现美、欣赏美、践行美的品质。

5. 勤劳星——由中队劳动委员及劳动干事主要负责，对每天值日生的值日情况进行评价，评价内容包括：劳动态度、劳动效率以及劳动成果。鼓励队员们以劳动为荣，淬炼队员们的劳动能力。

队员们在以上五个板块中的得分情况，都将汇总到学生的"积星库"中，以便学生能够及时查看优势与不足，也让每学期末的C章颁布有理可循，有据可依。

二、内外互通，打造"星舞台"模式

在JECAS评价体系中的E领域（活动经历）与A领域（成就达成）不仅体现了队员们参与校内活动的情况，更是学生在校外课余时间中，发挥自身特长所获得的荣誉光荣榜。我相信每位队员都是独一无二的存在，他的光芒总有闪亮的地方。作为中队辅导员要善于捕捉、发现孩子们的亮点，打造独属于他们的"星"舞台。

我鼓励各中队委员积极举办中队特色活动，例如：文艺委员组织的"节庆主题队会"活动、体育委员策划的"队奥会"活动、宣传委员发动的"队徽队歌征集"活动、劳动委员设计的"劳动小达人"打卡活动、组织委员策划的"爱心义卖"活动。

通过丰富多彩的校园活动的锻炼与经验的积累，进一步推动队员在各级各类校、区、市级竞赛活动中获得成长。中队中有数十人次获得学校铜章及银章少年称号；多人次获得上海市中小学优秀社会考察报告一二三等奖；多位队员受邀参加上海市交响乐团新年音乐会；数十人次获得上海市中小学生讲好党史故事英语演讲比赛优秀奖；多人次获得区科技明日之星等荣誉。

三、家校携手，提升"星幸福"指数

在JECAS评价体系中，家长可以更全面、更直观地了解孩子在校的情况，包括：孩子在校参加了哪些少先队活动；孩子在跨学科课程中的实践表现；孩子在校的行为习惯；孩子所获得的荣誉成就，等等。同时，除了中队辅导员及各学科教师的评价外，也为家长开拓了评价的渠道，每位家长每学期都有两枚C章的评价权利。这一来就给予了家长一个新的评价载体，助力家长进行家庭教育，提升队员与家庭的幸福感。

例：在我们中队有一位小Y同学，提到这个男孩，教师们纷纷摇头，男孩的学习状况很糟糕，自信心不足，很少和其他同学有交流。

但是小Y同学十分热爱科技创作，只要提到相关话题，他就会兴奋异常，眼里充满了自信。所以他在JECAS评价体系的A领域（成就达成）方面表现尤其突出。于是，我进一步与家长商量，达成共识，提供更多让孩子才华得到发挥的机会。

我鼓励小Y担任小老师，结合我校TRIP课程中的编程板块，教授同学们编程技术。开始畏难胆怯的小Y以最大的热忱投入到了这份工作中。他寻找视频资料、制作PPT、摹写示例，撰写教案。短短一周，他准备资料的丰富让人咋舌，显然，这份工作唤起了他久违的热情。不仅如此，我还提议召开孩子的编程软件发布会，渐渐地，小Y同学赢得了更多人的赞赏，家长也利用C章激励的制度，鼓励他在学科上要有科技创作般的热情，慢慢地，他在学科学习上的进步也是大家有目共睹的。

近两年来，通过将学校JECAS评价体系与中队实际情况有机融合，队员在校内外各级各类比赛中屡获佳绩，在属于自己的舞台上，发光发热，开辟了一片新天地。同时，中队也在各项活动中多次获得优秀组织奖等荣誉。这些成长都离不开JECAS评价体系深入人心的认同感和外化于行的可实践操作性。相信未来附校学子能够在JECAS评价的舞台上绽放更加灿烂的光芒。

JECAS综合评价我们想说

一、中队辅导员感言

我校的JECAS章综合实践活动课程评价体系，从五个不同的维度，对队员的学业成绩、探究活动、社会实践、行为规范表现以及艺体荣誉进行全方位的评价。同时也突破传统,开拓了除中队辅导员、各学科老师以外,家长评价队员行为表现的渠道,增强家校协同育人的效果。借助信息技术的平台,可以全程记录队员在学校的各方面表现,便于家长和队员明晰优劣势,从而精准地扬长避短。该评价体系也着重提升了队员参与校内外各项活动的主动性,让队员在学习中体会成功的喜悦,同时也将队员参与的活动过程化与量化,让队员非常清晰地看到自己的发展过程。

——七(2)中队辅导员　马世杰

JECAS章涵盖了创新实践、活动经历、品德修养、成就达成及学业表现五大领域,形成全方位评价队员的体系。中队辅导员可以以此作为评价标准,有计划、分阶段地落实教育内容。使得目标更细,内容更具体,要求更明确。这样操作性强,队员也更易接受,通过登记获得积分,提高队员的积极性,既能使队员全面发展,也能发展队员的个性特长,帮助他们通过不同的途径和多样的形式来树立体验成功的积极心态、具备乐观向上的精神、养成良好的行为习惯、拥有稳定的情绪,对促进队员全面发展具有重要作用。

——一(3)中队辅导员　胡懿芃

附校积分和网络平台相结合的评价体系不仅加强了队员们参与各项活动的热情,而且在辅导员规范队员行为、培养队员学习习惯的过程中也起到了积极的作用。现版本的附校积分分类明确,能够帮助队员更加清晰地记录自己在校生活的点点滴滴。网络平台能够帮助辅导员及时记录队员的日常表现,根据他们的实际情况奖励相应的附校积分。在学期末,队员和家长整理上传附校积分时,他们会获得巨大的成就感,同时也能让他们知道自己还需要在哪些方面努力。

——三(4)中队辅导员　严晓彤

自从有了这个机制和奖励办法后,队员在各项活动中的参与度明显提高。教师一动员,队员就会因为本身对活动的兴趣,以及对JECAS章的收集渴望而踊跃参与。参与过程中，开动脑筋，培养了队员的创造力，也增强了班级的凝聚力和活动的参与度。

除了活动，JECAS章的评价体系可以从多方面多维度评价队员，也可以帮助老师记录一学期下来队员的进步与变化。到了学期末，队员和家长可以直观、清晰地看到自己哪一领域表现活跃，哪一领域仍需改进，也方便了家校沟通。

——四（4）中队辅导员　葛佳俐

随着新中考改革的不断深入，学校JECAS综合实践活动课程评价体系的建立，能够更全面、更系统地去评价队员德智体美劳等各方面综合素质的发展。首先，队员对于中队及学校组织的各项活动的参与度和积极性大大提升。学校对于积极参与活动的同学奖励"附校币"并在网络平台上的相应领域进行加分登记。一方面奖励机制可以激发队员的积极性，另一方面也可以系统地记录队员初中四年参与活动的情况。其次，除了在活动方面，JECAS综合实践活动课程评价体系在行规方面也对队员有着一定的约束力。对于违反校纪校规的队员，综评系统也会有相应的扣分。另外，JECAS综评系统可以全方位多元评价孩子的各方面表现，比起单一的评价标准，它更具有全面性、科学性和针对性。最后，学校会根据队员的综评系统得分评选出"铜章"和"银章"少年进行表彰，到了初三阶段会评选出"金章"少年，它可以全程记录队员在校的各方面生活、成就，为队员、老师、学校提供了一个更科学、更全面的评价工具。

——八（4）中队辅导员　肖　潇

二、家长感言

静教院附校首创的JECAS章评价体系，从创新实践、活动经历、品德修养、成就达成和学业表现五个方面，全面评价学生综合素质，是一套科学、有效、全方位且极具激励作用的评价体系。

JECAS章的设定让孩子和家长清楚地看到，不仅学业成绩优异可以得章,参与校外校内的各类社会实践活动也可以得章,体育、艺术项目获奖可以得章,具备良好的行为规范和优秀的品德修养同样可以得章。家长和孩子们的目光不再局限在学习成绩上,这对培养和提高孩子的综合素质非常有帮助。

JECAS章将少先队争章活动与学生综合素质评价相结合,充分调动了学生参与的积极性。以前女儿有点内向,不太喜欢参加课余活动,但自从有了JECAS章,女儿的积极性被调动起来了,一开始为了赢积分而参与活动,时间久了真的开朗活泼起来,校内的活动不论文体还是科学都积极参与,也有了志趣相投的小伙伴,大家一起赢积分,乐此不疲。进入六年级以来,经常听到孩子喜滋滋地表示又得到了几个附校积分,目前的积分在班级里名列前茅,前不久还获得了一枚J章。看着女儿能拥有如此积极正面的生活学习状态,比获得优秀的考试成绩更让家长放心。

同时,JECAS章赋予家长发章的权利,让家长有牌可打。父母手持C章,可以根据孩子在家的表现来决定是否给予孩子。这个办法直接增加了亲子之间的有效沟通,面临青春期的孩子,父母往往无计可施,而手中有章的家长则可以章为桥梁,适时鼓励和引导孩子。家长还可以通过JECAS章及时了解学校开展的各项少先队活动,更全面地了解孩子在学校的整体表现,只要打开电脑,登录学校的综合评价系统,不但可以看到孩子的学习成绩,还能了解到孩子的兴趣、学习态度甚至学习习惯。

——崔月然家长

静教院有一个争章活动,分别对孩子在5个方面的表现进行综合评比和打分。对于这些少先队员们来说,已经不仅仅是看学业成绩,而且是衡量德智体美劳多个方面的综合评比。作为家长,我们通过JECAS争章活动,更加了解了学校的少先队活动是怎么具体开展的。同时,孩子在这样一个少先队活动平台上学习和成长,他们不仅仅学到文化知识,而且是多方面的学习和进步,是综合素养的培育和发展。

就我们孩子而言,我们家长看到她在静教院附校这几年有了长足的进步,除了跟上学业的步伐之外,在文艺活动、语言表达和沟通能力、科技创新活动、积极参与各项社会活动等各个方面都有着均衡的发展。

我们感受到，通过该项争章活动，学校是在为国家和社会培养和输送多方面技能都精通的、更加面向未来的社会栋梁。祝争章活动越办越好，并希望能发扬光大，走出校园，让更多孩子受益。

——徐子倩家长

我感到 JECAS 章综合评价体系是一本记录孩子成长的笔记本。作为一名家长，我希望孩子能在求学的过程中均衡发展，成为更好的自己。通过每学期帮助孩子登记整理 JECAS 章，我也仿佛再一次经历了孩子在这个学期所参与的各类少先队活动，也能切身感受到孩子的成长与进步。因此，我更愿意把这种评价体系理解为是一本记录孩子日常表现的笔记本，他们的每一次尝试、每一次努力、每一次进步都被"记录在案"，是最能体现孩子在学习成绩之外的综合表现。

我觉得 JECAS 章综合评价体系是一条激励孩子成长的新路径。学校通过对目标的设立调整，个性化地关注每个年龄段孩子的成长过程，不断引导孩子们更主动地自我学习、自我发展、自我实现，实现从被动约束到主动追求的转变，让孩子们体验不同的成功，并在这个过程中不断完善自己。因为能从中看到越来越多的改变和提高，我也更加重视和支持孩子参与学校的少先队活动。

我认为 JECAS 章综合评价体系是我在家庭教育中的好帮手。由于学校针对不同年龄段的学生的认知水平、心理状态和解决问题的能力等差异，设计了不同的 JECAS 章，客观上给我提供了许多有效的指导，帮助我根据孩子的具体情况、年龄特点开展相匹配的家庭教育，从而更加主动地参与到孩子的学习教育中来，形成对孩子教育的合力。

——许牧音家长

每次有新的章发到小朋友手里，他们就会认真地把获得章的项目、经历、时间记录在积分手册上，并拍照留念。到了期末，和我们家长一起上传到学校官网。这样,不仅小朋友养成了整理记录的好习惯,更令我们家长非常清楚地了解学校举办的各类丰富的少先队活动。这种积分章的鼓励形式,清晰而生动,更能激发同学们参加少先队活动的热情,也能让家长们更加重视学校的少先队活动。

JECAS章中的C章,是品德修养章,包含校内、校外行为规范表现。C章评价是每学期由家长进行的,这样多了一个很好的能够对孩子进行家庭教育指导的载体。除此之外,同学们在校外获得的各项荣誉、奖状,也能带去学校,申请获得相应的JECAS章和积分。对孩子的校外学习也是很好的鼓励。

JECAS章真是同学们和家长的好帮手!

——单凡泽家长

随着时间的流逝,孩子在渐渐地长大,转眼间她已经是四年级的学生了。在"JECAS章"的陪伴下,孩子的校园生活变得更加丰富多彩。

一年级,孩子用JECAS章满心欢喜地兑换文具用品。二年级,孩子用JECAS章兑换了升旗手的岗位,她觉得做一名升旗手,看着鲜艳的五星红旗从自己手中缓缓升起,很光荣。三年级,孩子用JECAS章换取了梦寐以求的周一升旗仪式主持人的岗位,如愿以偿地站在台上主持了一次升旗仪式。如今孩子四年级了,在附校这个大家庭茁壮成长,并成了一名光荣的大队委员,她每周四中午放弃休息时间,为同学们服务——附校积分兑换,看到同学们兑换礼品后的灿烂笑容,感到十分快乐。

每学期,家长也有10分JECAS章用来奖励孩子,我便和孩子约定,每天自觉弹琴1小时,学期末奖励她10分JECAS章。由于JECAS章的激励,孩子弹琴变得快乐和自觉了,因弹琴产生的家庭矛盾大大减少。JECAS章已成为孩子在附校学习生活中不可缺少的部分,陪伴她不断成长。

——曹忻源家长

静教院附校的JECAS章不仅被孩子们视若珍宝,还帮助家长们更多了解学校和少先队活动,也成为家校共同做好孩子的品德教育以及学习习惯培养的法宝。通过孩子获得的 E 章,家长了解到学校日常开展的国庆主题活动、春风义卖以及六一活动等,可以鼓励孩子更多地参与并了解少先队的优良传统和美德,也从中锻炼孩子的综合能力。C 章更受家长的欢迎,因为每学期除了校内行为规范的评定以外,家长手中都有 10 分可以对孩子在校外和家庭中的表现进行评定,让家庭教育也有了一把"尚方宝剑"。A 章是对孩子在校内外体育艺术等领域所获荣誉的肯定,让家长们不但要重视学科学习,也不忘加强孩子在素质、美育和体育方面的培养。JECAS 章的评价体系,让家长和学校在统一的目标和方向下共同促进孩子的健康成长。

——吕墨扬家长

后　　记

　　教育评价是新时代中共中央、国务院对教育的重要变革要求,教育评价牵引着学校高质量教育体系建设的方向,评价应该成为我们教育工作者义不容辞的职责和使命。

　　本书以科学育人为价值取向,以归纳学生评价的弊端为逻辑起点,建立综合评价框架体系,嵌入信息科技手段,形成符合科学育人、功能分层递进、直面评价关键领域、可供普适推广的信息化评价平台。

　　本书共有五个章节,第一章对校本学生评价变革进行了国内外的情报综述,由翁慧俐、倪继明主要撰写。第二章对关键领域校本学生评价的变革的缘由、成果、效果进行了阐释。由张人利、倪继明、翁慧俐、周璐蓉主要编写。第三章到第五章分别从学业成绩评价、学业质量评价、综合素养评价三个方面进行概要陈述、操作说明以及实践案例。由何华、王婧、杜婷玉、汪浩、邢弋夫、王文娟、付梦瑶负责编写。

　　本书由于疫情,历时一年,付梓在即,感慨万千!感谢华东师范大学终身教授、教育部中学校长培训中心原主任陈玉琨教授通读全书并赐序!感谢中国教育学会副会长、上海市教育学会会长尹后庆;"青浦实验"的开创者、华东师范大学特聘教授顾泠沅;上海市教育委员会教学研究室原主任、上海市PISA研究中心核心专家组成员徐淀芳和浦东教育发展研究院原院长顾志跃等教育专家的悉心指导!感谢教育专家张人利校长全程引领和指导!本书汇集了众多教师的实践智慧,在此感谢参与此书编写的所有教师!

　　由于水平有限,书中欠妥之处,敬请各位专家和同行予以斧正,不吝赐教!

图书在版编目（CIP）数据

科学育人：关键领域校本学生评价变革 / 倪继明主编；翁慧俐副主编. — 上海：上海教育出版社，2023.4
ISBN 978-7-5720-1768-1

Ⅰ.①科… Ⅱ.①倪… ②翁… Ⅲ.①课堂教学－教学研究 Ⅳ.①G424.21

中国国家版本馆CIP数据核字(2023)第048667号

责任编辑　朱剑茂　顾　翙
装帧设计　周　亚

科学育人：关键领域校本学生评价变革
倪继明　主编
翁慧俐　副主编

出版发行　上海教育出版社有限公司
官　　网　www.seph.com.cn
地　　址　上海市闵行区号景路159弄C座
邮　　编　201101
印　　刷　常熟市华顺印刷有限公司
开　　本　700×1000　1/16　印张 17.5　插页 2
字　　数　258 千字
版　　次　2023年4月第1版
印　　次　2023年4月第1次印刷
书　　号　ISBN 978-7-5720-1768-1/G·1618
价　　　　50.00 元